# 女人的战争

◎ 韩小恒 编著

## Women's war

女人的战争正如火如荼……

内蒙古文化出版社

**图书在版编目（CIP）数据**

女人的战争 / 韩小恒编著 . — 呼伦贝尔 : 内蒙古文化出版
社，2009.6
ISBN 978-7-80675-715-4

Ⅰ . 女⋯ Ⅱ . 韩⋯ Ⅲ . 女性—生活—知识 Ⅳ . ① Z228.4

中国版本图书馆 CIP 数据核字（2009）第 087382 号

## 女人的战争
NÜREN DE ZHANZHENG

韩小恒　编著

| | |
|---|---|
| **责任编辑** | 吴桂荣 |
| **封面设计** | 书心瞬意 |

| | |
|---|---|
| **出版发行** | 内蒙古文化出版社 |
| **地　　址** | 呼伦贝尔市海拉尔区河东新春街4 – 3号 |
| **直销热线** | 0470 – 8241422　　邮编　021008 |

| | |
|---|---|
| **排版制作** | 鸿儒文轩 |
| **印刷装订** | 三河市华东印刷有限公司 |
| **开　　本** | 710×1000毫米　1/16 |
| **字　　数** | 210千 |
| **印　　张** | 19 |
| **版　　次** | 2009年7月第1版 |
| **印　　次** | 2024年1月第2次印刷 |
| **书　　号** | ISBN 978-7-80675-715-4 |
| **定　　价** | 58.00元 |

# Women's war

## [前 言]

首先,原谅我在这个和平的年代又提起了"战争"这个让人联想到暴力、血腥和硝烟的词语,因为在今天,我们每个人都面临着不见硝烟的战争,尤其是女人。

当我还是一个孩子,看到妈妈为了我们、为了家庭起早贪黑地劳作时,我就渐渐明白:女人,不再是弱者,她可以挑起一个家庭的重担。

当我成为一名学生,读了不少关于女性的书籍时,我意识到:女人,你的未来充满诱惑。

当我成为一名职员,亲历职场间种种明争暗斗时,我知道了:女人,原来你的争斗是永无休止的。

当我看到大街小巷林立的美容、美发、健身、SPA 生活馆等时,我意识到:女人,你与容颜的战争是那么漫长。

男人的战争让人想起古罗马的决斗场面,悲壮而震撼;女人的战争,不再是泼妇骂街式的逞强,而应该上升到另一个层面:思维与智慧。

据说女人是由男人的一根肋骨做成的,虽然这起源于一个神话,但是女人为男人而生,这一点任何一个女人都不会试图去辩驳。因为,没有男人的世界,女人活得枯燥,这就是不少剩女忧愁之所在。

女为悦己者容,女人永远在为自己的容颜做着各种各样的工作,唯一目的就是借助一些化妆品的力量遮掩即将逝去的年华。女人与时间的战斗一直在延续,要不,请看那化妆品专卖店里一张张企盼的面孔……

漂亮的女人惹人怜爱,正因为这样,青春、漂亮女性成为社会的一道靓丽的风景线。同时,漂亮也会招来不必要的麻烦,这就是性骚扰层出不穷的原因。作为一名女性,反性骚扰、战咸猪手,成为女性的又一个战争焦点。

几千年来,中国处于男权社会,封建思想的禁锢,让不少男士都固执地保守着自己的大男子主义思想。在他们看来,女性,只是泪水和软弱的代名词。在这种传统意识的作用下,女性,受着不公平的性别歧视。有用人单位称:我们宁要武大郎,也不要穆桂英。为什么?值得反思。这种思想摆在女性面前,等于说是给女性发展道路铺设了路障,如何跨越这道路障,女性得用行动来证明。女人与传统观念的战争正如火如荼……

女人的战争,从最基本的争风吃醋到最高端的商界挑战,无处不在。在这个物欲横流的年代,新时代女人每天都在面临战争:生活、婚恋、职场、容貌、才艺、朋友、财富等。在一个又一个战场上,女人取得了骄人的战果;但是,战争没有结束,战争仍在持续……

本书从不同角度阐述了女人战争的各方各面,给女人提供了良好的参考建议。成则为王,败则为寇,但愿天下女人都是这一场场战争的胜利者!

# 女人的战争

## Women's war [目录]

### 第一章
### 女人为容貌而战

容貌。

男性用大炮、火枪作战，让大地满目疮痍；女子与岁月作战，让世界充满鲜花、芬芳与美丽。如果没有这场女人与岁月无休止的战争，世界一定会黯淡许多。

1

时尚

## 第二章
# 女人为时尚而战

时尚女人总是走在流行的前端,时尚的女人是城市流行的风向标,她们站在时代的最前列,引导着消费的走向,同时也吸引着众多男人的目光。

时尚的女人很少在乎别人的眼光,做事的风格就是随心所欲。时尚的女人不想打扮的时候就素面朝天,想妆扮时就会把最鲜艳的颜色涂在脸上。

## 第三章
# 女人为恋爱而战

恋

爱

爱情是人类永恒的话题。爱情对女人更具有至高无上的位置，爱情代表女人的生活质量。女人的表情是由爱情书写的，而男人的表情却是由事业来写。正因为如此，女人不仅会在爱情中找到感觉，同时也通过爱情来展示自己的地位与品位。

# 第四章
# 女人为家庭而战

家庭战争的最高境界就是永无休止,使双方时刻保持清醒和斗志昂扬,时刻在乎对方的一举一动,认真的对待与分析。使用的武器就是自己的魅力,来吸引对方,并不断开发和发觉对方的魅力,日日更新!要的就是平等、宽容与尊重!

家庭

职场

## 第五章
# 女人为职场而战

　　假如有人把你比作狼，你会认为对方在夸赞你，还是贬损你？通常狼在我们眼中是阴沉、凶狠、丑陋的。即便是作风硬朗、叱咤职场的女强人，潜意识中都希望给人留下"温柔婉约、落落大方"的印象，最起码别像狼一样让人望而生畏。其实，女人身上都潜藏着狼的天性——没事儿的时候很慵懒，喜欢大家聚在一起，但是，一旦发现目标就会发起猛烈攻击，不达目标誓不罢休。这样的天性，假如在职场上充分发挥，无疑增添了成功的筹码。

## 第六章
## 女人为财富而战

财富

女人必须懂得在自己最灿烂的时候,创造和利用自己的资本去获取财富。不管你信不信,有诸多证据表明女性比男性更善良、更善于理财,对财富有一种天生的敏锐力。

**健康**

## 第七章
## 女人为健康而战

健康是人类永恒的追求，健康是人生的第一财富，有了健康就有了希望，失去健康就失去一切。健康是通向成功的必备能源宝库，开启大门的钥匙就在你自己手中。人生和时间一样，是一条单行线，让我们关爱自己，选择健康，使生命之树常青，使生命的春天常驻。

**第八章**
# 女人为敏感期而战

　　有人曾比喻女性拥有两座花园:表象花园——脸,秘密花园——私处。女性渴望花园……虽然给我们带来月经这样的烦恼,但月经却行使着许多重要功能,让女人更女人、更青春……

# 第九章
# 女人为反性骚扰而战

长期以来，由于害怕被人"非议"，很多女性在遭受"性骚扰"时，往往选择沉默。而一些勇敢站出来维护自身权益的受害者，同样面临取证、概念界定等一系列司法难题。"性骚扰"维权的难点在哪里？地方立法能否为"性骚扰"撑起绿色保护伞？社会各界再次把目光聚焦到"性骚扰"这个话题上。

# 第十章
# 女人为心态而战

心
态

女人最需要轻松的自我，假如生活给你太多的挫折，你一定要相信自己，才能抓住生活中一束束幸福的阳光。善待自己的每一天，就等于给自己生活沙盘上多置一粒幸福的种子。

生命的质量取决于每天的心态，女人对幸福的感觉来自于健康的心态。

# Women´s war

## 第一章
## 女人为容貌而战

男性用大炮、火枪作战，让大地满目疮痍；
女子与岁月作战，让世界充满鲜花、芬芳与美丽。
如果没有这场女人与岁月无休止的战争，
世界一定会黯淡许多。

一个女人保养和不保养的差别实在太大了，一眼就能看得出来。而且不管是什么年龄，身体素质怎样，受过多少心理或者身体上的创伤；或者天生体质虚弱，有着各种各样身体疾病，只要你下足了功夫，并且方法得当，立刻就能收到回报。••••••••••

## 投资美丽——女人容貌 "养" 出来

一个人的容貌与他人的视觉距离和角度最为舒适和直接，是彼此交往中最引人注意的部位。女人对容貌的认识不应仅仅是漂亮和美丽，还有眼睛、肌肤、表情和女性心灵、内涵、才智、情感、情绪、个性等等方面的直接呈现。因此，女人应该高度重视容貌对他人的视觉影响。

不少女人对容貌没有足够的重视，我们经常看到不少女人甚至在重要场合，也不修饰容貌。我想这是对容貌的重要性认识不足，否则最低限度也会做点什么，如化一点口红、修一修眉毛等等，方法差一点不要紧，至少表明你知道这是重要的。

身为女人，应该力求使自己容貌达到最佳。"只有懒女人，没有丑女人。"人与人交往，最初的印象非常重要，心理学上称为"首因效应"，这是说人与人第一次见面形成的第一印象，对日后的交往起着至关重要的作用。这种"首因效应"在整个交往中的作用力达75％以上。女人初次交往给人的视觉印象美不美，直接影响到别人对她的评价，这是因为人们在潜意识中，通常容易受到自少儿时期逐渐形成的观念的影响。那些童话故事中天使和美女等同于美好和善良，巫婆和丑女等于丑恶和邪恶的观念影响着人们对女人善恶和好坏的评价，这是原初的审美记忆产生的"触媒效应"。

增强容貌的美感，总体来说应注意两个方面的问题：一是长期地坚持肌肤养护，让自己容貌达到最好的生理状态；二是即时利用化妆修饰等等方法，让容貌得以最佳表现。具体一点说，你要长期坚持诸如防晒、运动、保健、营养、肌肤护养等等事项，让皮肤尽量少一些皱纹、斑点，多一点弹性和光泽；当出席你看重的场合时，用一点高品质的粉底霜和适宜的口红，你与同龄人容貌方面的优势和风采就显示出来了。

女人的容貌是会变的，这倒不是常说的年老色衰的变化，这种变化排除时间因素也会向好坏两个方面变化。我的一位朋友，某大学的知名教授一次和我闲聊时说："女人的长相是会变的，长得不好不要紧，有些人会变好，长得好的，有些人也会变丑。"

女人的容貌30岁以前靠父母，30岁以后靠自己。30岁以前，容貌多由遗传因素和客观环境决定，30岁以后的容貌，简直就成了教养、个性、阅历、人生观等等方面的复合体。因此，我喜欢说，女人的容貌是"养"出来的，既然是养，这个"养"字，包含了营养、调养、修养三个层次的内容，具现为内养和外养两个方面，就不是一天两天的事情，而是一个长久的渐变过程，女人们应该明确和认识这一过程。

首先是内养。内养的养分是"形而下"的，是学识、阅历、见识、品行、世界观等等，这些"养分"是源泉，透过一根根血脉，一条条经络浸润着你的容貌，如同计算机的内设资源作用于"窗口"。或许养育得你越来越美好和谐；或许养分中含有"病毒"，积年累月，侵蚀或摧毁着你的美丽。

外养是美容、护肤、饮食、养生、化妆等"形而上"的一些方式。

内养外养需要很好的互为作用，互为协调。只靠内养的女人生硬、呆板；仅有外养的女人浅薄，缺少韵味。唯有内养外养结合的女人才会散发出长久的风情、风韵和品位。这都不是一天两天的事情，而是一个长期的渐进的过程。

聪明的女人，就是懂得爱护自己的女人，不仅能让自己的生活有品质、有情调，还要懂得投资，投资青春、投资美丽。因为一个女人保养和不保养的差别实在太大了，一眼就能看得出来。而且不管是什么年龄，身体素质怎样，受过多少心理或者身体上的创伤；或者天生体质虚弱，有着各种各样身体疾病，只要你下足了功夫，并且方法得当，立刻能收到回报。投资美丽，让自己活得更精彩。

在熙熙攘攘的人群中，总有那么一种人光彩照人，虽然一闪而过，却总会让人久久回眸，难以忘记。那一举手、一顿足总是惹人注目，与众不同，这就是气质的魅力。气质是一个女人的含金量，是由外在的漂亮上升到内在美的主要条件。气质是生命炫目的花朵，绽开在自信人生的枝头，随四季轮回，花开不败，香袭魂魄。

# 气质——女人的暗香

在我们的日常生活中，常常可以听到这样赞美女人："这个女的挺有气质！……这个女人不是特别漂亮，但有一种说不出来的气质"。在网上的聊天室里，也可以常常看到这样的发贴"找气质女"、"寻高雅气质女人"，可见气质二字在女人身上所体现出来的魅力。男人，在美丽的女人和气质的女人之间选择，可能大多数都会选择后者，因为美丽只是短暂的外表，昙花一现。而气质是长久的内在，永不枯萎。

女人的漂亮往往流于表面，气质却会永驻于他人的印象之中。但与漂亮相比，气质无法从先天继承而来，只能经后天培养、维护而实现。太年轻的女人不能给人以足够的信任感，太老的女人则无法给人以梦想，而太炫目的女人又容易遭到同类的嫉妒，唯有气质女人，才能充当各种场合都受欢迎的角色。

相对身体而言，气质则是厚重的、内涵的，气质是文化底蕴、素质修养的升华。现代版的西施们越来越讲究"内外兼修"，在气质的修炼上纷纷找准从"文化"入手的捷径。于是乎，女人的气质便演化为高贵、性感、情趣、妩媚或者神秘。

女性真正的魅力主要表现在她特有的气质上。

男人说，有气质的女性远看雍容华贵，高不可攀，近看文雅妩媚，是贤惠的妻子、热情的女孩、慈祥的母亲、圣洁的天使、可信的朋友。有时她能倾听他的话语，对他百依百顺，并且能够抚慰他的心灵；有时则任性撒娇，让他扮演保护者的角色。

气质美又是一种有形的美。女人的气质是一种香水。香水是无数花蕊成就的一段精华，却不再与美颜有关，她现在是无色透明的了。它是通过一个人对待生活的态度、个性特征、言语行为等表现出来的。女性独具的气质涉及到她深层的品质，它带有一种自发力和亲切力，可以净化心灵、温暖人心，使社会充满祥和、同情、友爱。女性独具的气质特征，是温柔、可爱、可亲。具备这种气质的女性，有人称之为有十足女人味的女性，她感情深沉，只有真诚，没有虚伪，她心胸宽大，总是那么乐观，从不气馁；她豁达大度、善解人意，体谅别人，很少抱怨，她遇到困扰不慌张，处事得体不过分，受到他伤、委屈不流泪。她总是自尊、自信、自强、自爱地抗拒干扰。她对人不苛求、不忌妒、不猜疑、不发火。她总是彬彬有礼，从不拒人于千里之外。她总是和颜悦色、内秀矜持、端庄贤惠、淑雅安详。

曾听过一个真实的故事：有个女人，发现自己的老公受到外界地吸引，她为了找回自己逝去的青春容貌，忍受疼痛去做了整容手术。然而，她的老公对此仍然熟视无睹，依旧不停地在她面前夸奖自己的助手，并且邀请妻子一起去探望。见过老公的助手后，她意外地发现，那个令老公赞不绝口的助手，并没有想象的年轻漂亮，但是每个同她接触的人都无一例外地能感受到一股强烈地吸引力，她那新颖独特的思想，渊博的学识，敏锐的谈吐，优雅的举止，她的自信、乐观、仁爱、宽厚、善良无不透过些许衰老的容颜焕发出迷人光芒，这是任何一位美容师都无法给予的。

一个人的真正魅力主要在于其特有的气质，这种气质对同性和异性都有吸引力。这是一种内在的人格魅力。

气质美首先表现在丰富的内心世界。理想则是内心丰富的一个重要方面，因为理想是人生的动力和目标，没有理想的追求，内心空虚贫乏，是谈不上气质美的。品德是气质美的另一重要方面。为人诚恳，心地善良是不可缺少的。文化水平也在一定的程度上影响着人的气质。此外，还要胸襟开阔，内心安然。

气质美还表现在性格上。这就涉及到平素的修养。要忌怒忌狂，能忍辱谦让，关怀体贴别人。忍让并非沉默，更不是逆来顺受，毫无主见。相反，开朗的性格往往透露出大气凛然的风度，更易表现出内心的情感。而富有感情的人，在气质上当然更添风采。

于女性而言，气质包括以下几个方面：

有吸引力：气质来源于内心的涵养、对礼仪的理解、优雅的谈吐和得体的穿着。

良好的形象：包括仪容、仪表和心态。

好修养：有修养（包括品德修养和文化修养）的女性是最有气质的女性。

好心态：良好的心态不仅是让现代女性在感情、事业生活中如鱼得水的保证，而且是增添自身魅力的重要法宝。

以上四点是气质的源泉，只有在这些因素中的一个或几个方面具有突出的个人优势，一个人才有可能在别人眼中是个有气质的人。记得有人说过：外表美并不是真正的美，只有内在美才是真正的美。女性漂亮的标准可以写在脸上，但最能打动人心的却是她的文化修养，是她的宽容、大度，内在与外在的和谐才能使女性最具有自然力。所以说，美丽的容颜可以让一个女性很有气质，但是最终的因素却是那由内外散发出来的、无所不在的迷人魅力，它体现在你优雅的举手投足之间，体现在你日常的待人接物之间。

**气质修养支招：**

①站：站一定要挺，抬头挺胸收腹，头别仰上天，胸别挺出去了，一切要平，这是最起码的站姿。不管在哪里，在哪种场合，只要是站就要保持这种形态，长久下来就会形成一种习惯。如果你说不行，我站不出那效果，那就回家后，脚跟、臀部、两肩、后脑勺贴着墙，两手垂直下放，两腿并笼做立正姿势站上个半小时候，天天如此，不相信你站不出那效果来。

②坐：坐姿一定要雅，上身要正，臀部只坐椅子的三分之一，腿可以并笼向左或向右侧放，也可以一条腿搭在另条腿上，两腿自然下垂。但切忌不能两腿叉开，腿也不能翘椅子上，如果你还没习惯的话，就利用工作中休息的时候来锻炼一下自己。

③走：和站立时一样，要抬头挺胸收腹，别总是低头数自己的脚指头。走在路上就把路当你家的，你的 T 型舞台，但也不是要你走得横行霸道，要走得旁若无人，目不斜视，走出自己的气势，不要急步流星，也不

要走得生怕踩了路上的蚂蚁，要不快不慢，稳稳当当。剩下的就是走姿了，可以扭，臀部地扭动更显你的腰姿，但不要上身全跟着动起来，给人看上去轻浮感。两手垂直，轻轻前后摇摆，别是走军姿，也不是走正步，要自然。

④ 外形上还有一点要注意的就是服装了，不一定是非要名牌，但是一定要适合自己的年龄、身材，要穿出自己的个性。

⑤ 外型已具备，那现在要的就是自信，自信你是最美丽、最优秀的。不要摆在嘴上，做人要谦虚，聪明的人一直都是在夸别人的。也千万不要在网上这样宣传自己怎么怎么样了，给的希望越大，大家看到你的时候失望也就越大。要放在心里，从心里往外散发，表现在你的脸上。

⑥ 说到脸那就要说说脸部表情，要微笑，记得是微笑，不要呆若木鸡，也不要笑得花枝乱颤。做不到笑不露齿，那就轻轻上扬一下你的嘴角。最重要的就是你的眼睛，听别人说话，或者跟人说话时一定要正视着人家，不要左顾右盼的，记得有本书上说女人的眼睛是她心灵的一道闸门，那就好好利用这道闸门，把你的自信表现出来。

气质与修养对于女人来说是一种永恒的诱惑，因为气质与修养不仅仅靠外貌就能获得，而且还要拥有智慧与常识。著名化妆品牌羽西的创始人靳羽西说过："气质与修养不是名人的专利，它是属于每一个人的。气质与修养也不是和金钱权势联系在一起，无论你是何种职业、任何年龄，哪怕你是这个社会中最普通的一员，你也可以有你独特的气质与修养。"

在现实生活当中，有些女人为了增强自身气质与修养，不惜余力地模仿别人追求时尚，认为这样的女人才会拥有气质。从一般意义上来说，这虽然有助于修养的增加，但是气质与修养主要来自于内在心灵的闪烁，来源于人格的造就。所以，女人要有独立的人格，要走自己的路，这才能保持女性的气质与修养。

有位名人女性曾经说过："世界上最美丽的服饰也比不上一身美丽的肌肤。"皮肤美有四要素：肤色、润滑、弹性、香味，它代表着女人的修养、生活品质，在当代生活中，肌肤护养是女性最关心的美容话题之一。

# 皮肤——追求如凝脂的细腻

生活在繁忙的都市里，工作的压力、空气的污染、饮食的不正常，都像无形杀手一般摧毁肌肤的健康。爱美的女士们让我们来展开护肤之战吧。皮肤保养虽然简单，但是在忙碌了一天之后，身心的倦怠往往使女性忽略了皮肤的保养，在此提醒你，只有按部就班、持之以恒地每天做基础保养，才能让你拥有健康美丽的肌肤。

脸部的保养有一定的程序，一般而言，可以分为五个基础步骤：清洁、平衡柔肤、滋润、防护。

## （1）首重清洁

每天的脏空气、彩妆以及皮肤本身的分泌物，都会在皮肤表面形成覆盖，以致堵塞毛孔，进而造成皮肤的不健康。

清洁是基础保养的第一步，让皮肤上的污垢被祛除。清洁做得不够彻底，会造成毛囊堵塞，使皮肤看起来粗糙、没有光泽，更可能产生粉刺衍生其他皮肤的问题，如此一来，即使再好的保养品也无法发挥应有的功能，甚至可能使皮肤变得更糟。

专业皮肤科医师认为，许多人都有一种错误观念，认为在洗脸的时候，用力搓洗才能达到彻底清洁的功用，其实使用脸部清洁用品只需轻轻搓揉，并用清水彻底冲洗干净，便能有效带走脸上的脏东西。过于用力或过度清洁都会招致反效果而破坏肌肤表面的皮脂膜。因此，以正确的方法加以清洁是非常重要的，如此才能保持健康美丽的肤质。

**（2）平衡柔肤**

在基础保养的过程中，非常重要但也常被人忽略的步骤便是爽肤，也就是化妆水的使用。平衡柔肤是保养的第二步，它有三项功能。

①再次清洁。在清洁步骤中，有可能清洁不够彻底，让清洁性产品残留在皮肤上，使用平衡柔肤性产品，可达到再次清洁的效果。

②收敛肌肤。在洗脸的过程中，毛孔受刺激而微张，借此步骤，可有效收敛毛孔。

③平衡天然酸碱度。皮肤所分泌的皮脂膜，保护肌肤不受细菌、微生物地侵扰，但洗脸时可能会破坏皮脂膜的酸碱度，使肌肤抵抗外物的能力减弱，因此需以爽肤水来恢复皮肤的天然酸碱度。

**（3）惯用眼霜**

相信许多人常在心中对眼霜打上一个问号——我那么年轻，需要用眼霜吗？其实女人一旦迈入 20 岁，眼睛周围便会开始变得敏感脆弱，尤其眼部是脸上皮肤最薄、最脆弱的部位，眼睛每天眨动高达一万多次，而且受紫外线、寒风、冷空气的刺激，皮肤就更为干燥，水分蒸发比平时快两倍，容易形成小皱纹，这也是女性泄露年龄秘密的地方。因此，日常应对眼部加强保养，防止眼部周围干燥、产生小皱纹。以前，眼霜的成分大都以高度滋润为主，但因保养年龄层的下降及保养趋势的改变，许多品牌陆续打出"预防老化"的口号，而在眼霜中加入了增生胶原蛋白、植物精华等成分，都能有效帮助眼部周围敏感的肌肤恢复自然状态，进而有效修护。

**（4）善用精华液**

精华液提供肌肤所需的营养成分与水分，让肌肤拥有健康的肤质与弹性，呈现亮丽动人的神采。而精华液更是解决肌肤问题的高手，因为它的质地细嫩，容易被肌肤吸收，同时能够适用于各种肌肤，达到解决干燥、预防细纹产生、强化肤质的效果。尤其到了入冬之际，保养品市场便开始因气候的转变，针对防老、抗皱推陈出新。当然，这反映着女人心中"永葆青春"的期望，为了让皱纹少一些、脸色青春一些而努力不懈！也确实，皱纹遍布的脸孔、暗沉无光的气色，会让人顿时变老！所以选择一瓶正确的精华液绝对是每位女性保养的重要课题。

### （5）最后防护

保养的最后步骤是保护，它在皮肤表面形成一层保护膜，避免肌层受到外界不良环境因素的伤害。所以在守成以上基础保养后，务必擦上一层乳液，不但能再一次滋润肌肤，更能有效巩固精华液所带来的深层保养。

保护肌肤小贴士：在外养的基础上，护肤还需要内部调理。

选好化妆品，真正找到适合你的化妆品。保证充足的睡眠、坚持运动、愉快的心情，也是保护肌肤的秘诀哦。

化妆品市场风波不断。先是"SK－Ⅱ"被指含有烧碱，而后"强生"被爆出所谓含有对婴儿皮肤有害的矿物油，紧接着美宝莲、欧莱雅、妮维雅等九大品牌因未经安全鉴定遭到美国警告……可以说这些洋品牌化妆品遭遇到了前所未有的信任危机。·········

# 化妆品选购——请你擦亮眼

许多大型商场一楼布置的是化妆品柜台，琳琅满目的产品，色彩斑斓的包装，价值不菲的标签，华丽诱惑的广告词，售货小姐的热情服务，都让爱美的女性目眩神迷。

如果细心你会发现，售货小姐向你推荐购买某一种品牌化妆品的理由，大都是因为该品牌含有一些华丽又有些扑朔迷离的"科学成分"，比方"矿泉活性成分"、"植物草本精华"、"天然保湿因子"、"天然矿物质"……但是进一步询问这些科学成分究竟是什么、使用后会不会过敏时，售货员只是强调"都是纯天然或植物成分，不会过敏的"。

尤其在一些进口化妆品的包装上，根本看不到与售货小姐的宣传相对照的成分标注。首先，在产品宣传彩页和外包装上看不到，包装里面的彩页上才会注明，也只有买了才能看到。其次，目前市场上销售的进口化妆品一般都采用英文说明，对普通的消费者来说，那些专业的化妆品英文名称根本是云里雾里，不知所云。试问，谁能真正明白所谓的"专利元素"、"Niacin 活性因子"、"结构蛋白及骨胶素"等都是些怎样的化妆品成分，用在皮肤上会有怎样的效果？

### （1）巧辨纯天然产品

纯天然护肤品是采用天然原料，产品的质地淡泊、气味芬芳、手感细腻、不含有害物质。同时，它不像美饰性化妆品那样能够遮盖斑点、脱色增白，而是通过对皮肤的营养和保养，增强皮肤自身的生理功能，并在皮肤表层形成一层微酸性保护膜，以隔离细菌、阳光和污染，真正延缓皮肤的衰老，帮助皮肤恢复应有的光泽和弹性，从根本上实现皮肤的健康。

而传统护肤品含有化学制剂、防腐剂、人工色素、黏稠油质、粉质，这些会阻塞毛孔，破坏皮肤的生理功能，降低皮肤的抵抗力和免疫力，长期使用会加速皮肤衰老。有些护肤品自称是纯天然，但只是单纯地添加了一些动植物成分，比如一些丝质紧肤水，虽然含有天然物质丝，但是其中使用了乙醇。

### （2）从外观检查

选择护肤品时，首先要观察它的气味，试试手感，然后从外观上判断产品的真伪。要看一看产品的说明书上是否说明所有成分的名称；最好不要购买塑料瓶包装的产品，因为化妆品中往往有防腐剂或其他化学成分才能保证产品的质量在较长时间内不变质，而塑料瓶会影响产品的质量；要确认成分内的抗氧化成分是天然的还是化学的；是否把植物或草药的生产地或制作过程列明；产品的成分是否是"生化自然溶解"，即不会对生态造成任何破坏。在挑选时首先要注意产品的质量，产品的有效期或生产日期，检查包装是否密封良好。

### （3）成分的习惯标示

护肤品种类很多，但是外观上却大同小异。如果不是标有产品的品名及名称，实在很难从外观加以区别。现在的护肤品，尤其是来自美国的化妆品及保养品，都清楚地标示着所含的成分。近年来许多欧洲国家的产品，例如瑞士、意大利、法国等国家也在包装上标示所含的成分。

日本进口的化妆品，也只标示防腐剂及少数规定需要标示的成分，欧美的化妆品及保养品的成分标示，依规定是根据所含成分中其含量的多少依顺序标示，也就是标在最前面的含量最多，最后面的含量最少。依照我国化妆品卫生管理条例，规定化妆品需标明品名、成分、用途、用法等，但是国产的化妆品及保养品，很少有清楚正确地标示出所有成分的，大多数只标示一两样成分而已。

### （4）从多方面选择

通过皮肤性质选择。油性肌肤的人，要用洗净力较强的洁肤用品和具有收敛性的化妆水类用品，可选用水质的膏霜类护肤用品。干性肌肤的人，应该使用含有油脂成分的洁肤用品，或者是含油量较高的冷霜类护肤品，不宜使用甘油，因甘油吸水性较强，尤其在秋冬季，使用后会使皮肤更加干燥。中性肌肤的人，则选用洗净力较弱的洁肤用品，以及奶液、润肤霜类的护肤品。

根据季节，选用的护肤品也不同。春夏季温度高，皮脂腺分泌较旺盛，毛孔张开，容易吸收，为了防止吸收过量，选用的产品不宜太过油腻，油脂及油溶性成分应该较少，以防止太油腻而生出粉刺等。秋冬季温度低，毛孔紧闭，皮脂腺分泌较少，应选用动植物油脂较多的产品，以帮助营养的吸收。春秋季节风沙较大，则可选用奶液类的油性护肤品。

根据性别、年龄选择。人的皮脂不仅因年龄、气候而不同，而且和性别也有很大关系。对于男性，特别是年轻男子，他们的皮脂分泌量较多，皮肤更是强烈地偏于"油性"。男用护肤品的主要作用是吸取分泌旺盛的油分，保持皮脂的平衡。女用护肤品中，也有适用于少女、孕妇及中老年妇女的各类护肤品，即使是女用护肤品，老年人用的一些营养润肤品也不适合年轻人。这些营养护肤品，为防止皮肤的迅速老化，常加入激素类药品，激素药品有防止皮肤萎缩的作用，但对激素分泌正常的年轻人来说，不但没有积极作用，反而会刺激皮肤，甚至罹患某些皮肤病。婴幼儿皮肤细嫩，皮脂分泌较少，可选用专供婴幼儿使用的各种护肤品。老年人皮肤较为干燥，应选用油脂含量较高及含有维生素 E 等营养成分的护肤品。

翻开铺天盖地的时尚杂志，那一张张铜版纸上的模特总是一张完美的脸，让人羡慕不已。除去天生丽质，高超的化妆才是零缺点面容的真正法宝！美丽是可以精心打造的。·····················

# 脸——化妆重头戏

中国古代有句俗语："女为悦己者容"，可见女性早已懂得用化妆品来美化自己的容颜。到现代社会的今天，女性的化妆成为大千世界最靓丽的一道风景线。

对职业女性来说，化妆似乎是很轻描淡写的一件事，质地较好的合体套装是必备的，发型也应显得清爽利落，而化妆，在大多数办公室里的女士看来，有时间的话可以抹抹口红、画画眉，有时早晨时间匆忙，干脆就素面朝天。

其实，花些心思在妆容上，塑造一个典雅、干练、稳重的职业形象，不仅可以增添你在外形上的自信，带给你8小时的好心情，更可以博取上司及同事的好感与信任——你永远都这么容光焕发，似乎再棘手的工作都难不倒你，真是个能担大任的人才！

虽然，让脸颊变得干净无瑕的方法有很多，如做手术、脱色，还可以借助护肤品慢慢治疗，但是，最简单快捷的方法应该是化妆遮盖法。一个完美的办公室妆容，并不会花你太多的时间，只是你得先学会一些实用的技巧。

**（1）粉底是化一个好妆的基础**

杂志上那些皮肤透明无瑕的模特儿令人羡慕，那大多是优质粉底产生的效果。你应选择与肤色接近的粉底色，若粉底色太白，会有"浮"的感觉。粉底不可涂抹过厚，可用拍打的手法薄薄施上一层，注意发际及颈部，要有自然的过渡，以免产生"面具"似的感觉。另外，应在营养霜完全吸收后再上粉，以保证均匀的效果。

### （2）眉形是左右面部表情的关键

高挑的细眉，很有女性柔媚的韵味，可是在办公室里，你最好的选择应是稍粗而眉峰稍尖的眉形，这样会显得能干而精明。如果你的眉毛比较杂乱或眉梢向下，可利用周末比较宽松的时间拔除杂毛，用小剪刀修剪出比较清晰的眉形，你会发现你的脸瞬时焕发出清朗的神采。

### （3）精美的唇妆色彩是主题

许多职业女性都有这样的经验，因熬夜而苍白憔悴的脸，只需抹上一层口红便可大为改观，显得精神许多。所以许多女人即使平时不怎么化妆，手提袋里也会有一支口红。粉色、橙色系口红在办公室里很受欢迎，而各种沉暗的红与紫色以及亮光口红就不太适合办公室的工作气氛了。不用唇线的自然唇妆如今又成为时尚，在办公室里若不用唇线，则应用唇笔细心勾画出圆润清晰的唇形。

### （4）色彩组合重在协调

办公室妆容的色彩不能过分炫目，亦不能含混模糊，应给人一种和谐、悦目的美感。以暖调为主的色彩，如粉色及橙色系能使肤色显得健康而明快，很适合在办公室使用。妆容的色彩应是同色系的，如眼影与口红的色彩应该协调呼应。在办公室里眼线可以不用，特别应避免用深色的下眼线，因为那会让你的妆容显得做作而生硬。

### （5）睫毛膏让你的眼睛焕发清亮神采

睫毛膏能使睫毛显得浓密而富有光泽，是塑造"剪水双瞳"的秘密武器。一种不用事先卷睫毛，刷上即卷的睫毛膏，很适合化妆时间有限的职业女性。以睫毛液强调眼睛中央的睫毛，会令人感到聪明、机灵而有知识灵性；强调眼睛尾部睫毛，则可营造深邃的有质感的眼神。

### （6）漂亮表情是完美化妆的最后一步

即使严肃的工作场合，也不要把你的表情固定化。精致合宜的妆容配上单调无变化的表情，总让人觉得有些遗憾。你的表情应该显得轻松、机敏而生动，当然夸张的神情是应该避免的，过多的眼部运动会让你显得有些神经质，缺乏稳定性和承受力。那种发自于内心的微笑，是不用花钱的最佳化妆品。

手是最能体现出优雅女人味的部分，很多男人看女人是先从手看起，所以柔滑细腻的双手能为你加不少分。••••••••••••••••••••

# 手——女人的第二张面孔

手是造物之宝，又被称为"女人的第二张面孔"，因为它常常表达着一定的信息。如握手时，一双饱满、修长、圆润的手，会给别人留下美好的印象，而参加舞会时，一双柔软、光滑的手，也一定会使对方感到无比的喜悦和兴奋。纤细之手多柔顺，尖长之手总缠绵，短粗之手表直率，糙大之手表勤劳。

时至今日，手已成为人类在生活、学习、工作、娱乐中不可缺少的重要部分。手的另一种非现实的、抽象的功能——审美功能，正悄然兴起并日益被人们接受与重视。

一双修长、细腻、红润的纤纤玉手，给人以健康、纤柔、灵巧之感，更添女性魅力。柏杨曾说："粗糙，是玉手的第一大敌；短秃，则是玉手的第二大敌。"现在随着手镯、手链、戒指、指环的佩戴，随着指甲染色、妆巾、人造指甲的发展，原本为劳动而生的手被装点得色彩斑斓，风情万种。

在社交场合中，手与人、手与物都有着频繁的接触。在举手投足之间，人们有意无意地都会注意到你的手，会给你的手打分，甚至以手来看你的为人及修养，推断你的际遇及境况。脸上的表情是可以假装的，但手不能，它把内心的真实信息毫无保留地显露出来。摩、擦、伤、酸、冷、热很容易损伤手，轻则皮肤粗糙，重则伤筋断骨。同时，手又比身体的其他部分更能显示出年龄的痕迹。因此，无论从手在社交场合中的作用来看，还是从手在日常生活中的境遇来看，或是以手本身的生理特点来看，手的美容护理都是必需的。

护手的概念并不是所有的人都只用一种方法或一种护手产品就可以得到解决的。或许你也曾遇到过这样的情况：买到一款朋友介绍说用起来很滋润的护手霜，自己试过却觉得保湿的效果还不够好。其实，手部肌肤也是因人而异，天生肤质不同，再加上不同的工作性质，对双手呵护的需求就不尽相同。所以，护手霜也应该选择适合自己的。

对双手好一点，还应该从日常生活中的点点滴滴做起。

**（1）洗手也需注意方法**

手部保养是为了使手部皮肤光滑细腻，防止手部产生异常，增加手部的美感，而这一切的前提是保持手部清洁。手接触的东西多，无论从卫生的角度讲还是从手自身的保健看都应及时清除手部的污物、灰尘等。

洗手应用温水或冷热水交替使用。过热的水使手的皮肤干燥变粗，过凉的水又不能完全洗净手上的污垢。洗手的水最好是软水，因硬水中含有较多的无机盐离子，一则影响去污剂的作用效果，二来对皮肤有害。

**（2）用专用护手霜**

手部清洁之后，要用柔软干爽的毛巾细心擦干，特别是指间、甲沟等处不遗留水渍，否则将为细菌生长提供滋生地。最好用专用护手霜，含甘油、矿物质的润手霜，特别适合干燥肤质。涂护肤品时认真按摩双手，可加速指甲生长，使手指变细，皮肤细嫩。按摩的方法是用一手的手指按摩另一手，先从手背开始，轻轻画螺旋形直到手指，活动每一个手指，特别是关节处，画螺旋形按摩直到指尖，再按摩指缝，上下按摩十次以上；用一手的拇指按摩另一手的手掌，从手掌到肘部画螺旋形按摩。

**（3）闲暇时做手部按摩**

利用休息的时间来回揉搓、按摩双手，增加血液循环，不仅对手部肌肤有利，还能缓解冬日里手部冰凉的症状。

**（4）每周一次手部 SPA 护理**

利用周末做一做手部特殊护理，是养护的好方法。在手背均匀地涂一层去角质霜，去除老化角质。然后涂上手膜，或者将化妆棉浸透滋润精华素均匀地敷在手背上，戴上塑料手套或者裹上保鲜膜后，再用热毛巾包好，15分钟后除掉冲洗干净，再涂上护手霜。坚持一段时间，手部的皮肤会得到大大地改善。

诗经上说："窈窕淑女，君子好逑。"所谓窈窕，身材苗条婀娜，其腰纤细焉。妲己、褒姒我们无法得知其容貌到底有多勾魂，但我们知道她们必有一副诱人的身材。••••••••••••••

# 减肥——女人的终身事业

流行瘦身材已不是新鲜话题，减肥，是女人一生的事业。而且这项事业几乎是不分四季，不分年龄，不仅是贯彻50年不动摇的事业，而是要贯彻终生的事业。虽然，我们也会叹惋为什么没有出生在唐朝——这个以胖为美的朝代，但是惋惜归惋惜，不管减肥的路有多长，爱美的女性朋友们也会一直走下去。

社会发展规律是有求必有应，于是，各种减肥方法大行其道。其中，有不少减肥方法，声称可令人于短短两周内减去5磅之多，但是只属于治标不治本，长远来说，它们均是不太可取的。聪明的女性朋友们，要谨慎地挑选合适自己的瘦身良方。

正确的减肥态度和方法如下：

**（1）减肥以健康为前提**

减肥不光只是为了想拥有美丽、窈窕的身材，最重要的是为了身体的健康！不要以为只要能瘦下来就好，千万不要使用不正确的减肥方式而伤害了自己的健康！

现年20岁的陈某是浙江省温岭市人。从去年开始，她的身体渐渐发胖。陈某选择了多种减肥方法，始终不见其效。正当她为此苦恼时，她的好友"瘾君子"叶某向其吹嘘，只要吸几次毒，保证让她的身材恢复如初。陈某开始将信将疑，但后来看到叶某瘦骨嶙峋的样子，再加上叶某不断"游说"，不禁怦然心动，渐渐吸上了毒。等到她瘦了身，毒瘾也缠上了身，无法自拔。因为吸毒，陈某眼圈发黑、皮肤松弛，失去了往日的光泽，身材也因过分变瘦而看上去有些畸形。这种减肥方法结果是非常错误的。

### （2）了解导致肥胖的原因

很多人想通过节食、运动、服药来减轻体重，然而成效却并不理想。而且，有的人胡吃海塞也不胖，有的人喝凉水都长肉。造成自己身材肥胖的原因是什么？一定要先找出自己发胖的原因来，减肥起来才能有真正的成效。透过专业的医师或人士的协助，能帮助你更了解自己的身体。

### （3）避免过度激烈的减肥手段

马上不吃不喝或是猛做运动等，想要借由一次超激烈的减肥手段让自己快速地瘦下来，结果身材不一定能瘦，身体却先受不了啦！

24岁的陈小姐较为肥胖，身高不足1.6米的她体重一度达到了65公斤，她为此感到十分烦恼。今年以来，陈小姐买了多种减肥药吃。4月份开始，陈小姐每天只吃两顿饭，每餐只吃一小碗米饭。两个月后，她减轻了几公斤体重。6月份以来，陈小姐开始不吃米饭，每餐只吃一个水果，吞几粒复合维生素。

有一天，陈小姐没吃一顿饭，只吃了几个水果。当晚10时许，她肚饿难以入睡，便准备上街买点水果吃。哪知她还没迈出房门，身体一软倒在地上晕了过去。有关医学专家告诫，减肥者切忌擅自滥服减肥药物，节食也应有限度，否则不但达不到减肥目的，反会损害身体健康。

可见，想要让自己瘦得健康且瘦得美丽，实在急不得，放缓脚步一步一脚印慢慢来才行。

### （4）每日热量不低于1000卡

即使是在减肥，每日热量的摄取也不要低于1000卡喔！1000卡是每人每日最低的热量摄取底限，不要以为为了减肥就可以不吃不喝，热量摄取不足，很容易危害到自身的健康，结果得不偿失！

### （5）避免暴饮暴食

日本人小林尊曾在 12 分钟内吃掉了 50 个热狗，今年他又向 12 分钟内吃 51．5 个热狗进军。这一壮举引发出一系列疑问，无数人热衷节食减肥认为胃小了就会瘦下来，而又有像小林尊这样的"大胃王"把自己的胃无限撑大，胃撑得过大或胃缩得过小到底会对人的身体造成多大伤害，这恐怕是大多数人所关心的问题。就此，记者采访了中国中医研究院广安门医院消化内科的主治医师周斌博士，他认为人体的胃猛然间撑大会有很大危害，而且胃不可能无限制地扩张，"大胃王"这样的吃法只是应急状态下经过"胃容量"的训练才有可能吞下 50 个热狗，但是普通人切勿尝试，因为这样容易造成生命危险。专家指出，胃是有容受性扩张的功能，没有食物的时候胃腔很小，但是这种扩张功能也是有限度的，而不是无限扩张下去的。

正常情况下，人体是一个整体，有一个饮食中枢控制人的饮食。在进食一段时间后饮食中枢会发出信号，即我们人体会有吃饱了的感觉，如果再吃下去就会觉得很撑。但是像小林尊这种情况，属于应急状态，他不存在身体机能的控制，为了赢得比赛进行训练，增大胃容量，逐渐形成一种习惯。同时进食的速度还要非常快，否则饮食中枢就会阻止他。小林尊在过去的比赛过程中，12 分钟吃掉了 50 个热狗，也就是因为他处在一种应急状态下，排除了饮食中枢对他的干扰，才能一次吃下那么多食物。暴饮暴食危害大，医学上讲"过食"会导致急性胃炎、胃黏膜撕裂、胃出血、胃黏膜脱垂，在胃腔压力过高或呕吐的时候还会引起贲门口的撕裂。

三餐定时定量是减肥很重要的观念之一。定时定量的饮食可以避免因为少吃一餐，而造成下一餐饮食过量或暴饮暴食的情形发生。无限量吃到饱的餐厅是身材的克星，一定要小心，学习自我克制，不要落入了美食的陷阱！

### （6）将减肥养成生活习惯

很多人在减肥成功之后，很容易又碰到复胖的情况，这是因为朋友们没有将减肥融入生活之中，所以一旦完成了减肥的使命，放松了心情之后，身材便又无情地发胖。学习将减肥当做是一种生活的习惯，窈窕身材才能一直长相伴。

### （7）药物只是辅助品

药物只是用来减肥，并无法治愈肥胖，透过专业医师的处方，适时地使用减肥药物确实有帮助美人们瘦身的效果，然而，更重要的是要培养正确的饮食及运动习惯，才是维持好身材的长远之计。

### （8）正确的饮食观念

低卡、低糖是现在最流行也是最重要的饮食观念。如何选择热量少且糖低的食物，就要靠美人们自己多多从杂志、书籍或电视媒体里补充这方面的相关常识啰！挑对了食物，身体的负担自然就能减少！

### （9）适当的运动

习惯少吃之外，多做运动也是减肥的不二法门，培养每周至少3天的运动习惯，每次运动至少持续30分钟，身材曲线自然能变得紧实窈窕。千万不可以忽略运动的重要性。

### （10）决心与毅力

说到底减肥最最重要的是自己的决心与毅力，光说不练或是半途而废都是很多人减肥失败的主要原因。所以想要减肥，先狠狠地下定决心吧！下定了减肥的决心之后，坚决的毅力也是不能缺少的。

相信你将这些秘诀付之于行动，不久便可拥有魔鬼般的健美身材了。

爱美之心人皆有之，追求完美也是人之常情。关键要有度，要审时度势，量力而行。民族、人种、年龄、饮食习惯不同，身体和皮肤敏感程度不同，求美者切莫盲目听信别人的介绍，追求可望而不可即的美感，为留住瞬间而逝的青春，去糟蹋上帝赐予你的本色面貌。

# 陷阱——小心地绕开

很多女性都有过这样的经历：走在商业闹市区或在逛商场时，常常有人很主动、很殷勤地向你推荐美容院搞活动，推出"免费护理"、"免费试用"项目,热情邀请你参加。如果你的脚步稍有犹豫,她便会一直跟着你不停地劝说,直到你心动并且乖乖跟着她去体验"免费"服务。殊不知,天下哪有免费的午餐,"免费"二字后面大有文章。

任何场合,面容精致、身材迷人的女人绝对是"焦点"。但在追求这些时,您千万要擦亮双眼。因为美容世界里,陷阱可能多多。

**(1)"免费美容"是个文字游戏**

孙女士和同事王女士一起逛街,在位于市区繁华路段,俩人被一位促销小姐硬塞了一张"免费赠送面膜、免费做护理"宣传单。随后两人被促销小姐"热情"地邀请到美容院里,之后服务生便说二人脸色不好,需要排铅,向她们推荐化妆品。孙、王二人连连称谢,说她们只是来做免费护理,化妆品的事等以后再说。服务生立即收起了笑脸,根本不听她们争辩,不买化妆品就是不让出门。两位女士无奈之下只好购买了800元钱的化妆品,才得以脱身。

消费提示:"免费美容"像个围城,是个什么概念,恐怕只有进去的人才知道。原来,很多"免费美容"都是做脸的技术是免费的,但皮肤清洗、美容工具或者是使用的产品等却都要向消费者收费。

**(2)不是人人适合美容院产品**

陈女士在某商业中心购物时,两位促销小姐向她热情推荐某美容店的美容产品。宣称该店可以免费为其护肤一次。在她们反复游说下,陈女士动了心便试着做了一次。在接受美容服务过程中,陈女士又在服务小姐推荐下无奈办理了一张价值6000元的终身护肤卡。回家后孙女士发现美容后身上出现了多处红斑点,便找到店方要求退款,店方不同意。最后投诉到消协才解决问题。

消费提示:美容店的经营者为了眼前的某种利益向消费者推销自己的产品,而实际上,并不是所有的人都适合美容院产品,做美容后造成皮肤发炎、溃烂、毁容等情况时有发生,消费者到美容院消费时要搞清楚自己是否适合使用美容店的产品及美容店是否使用了合格的产品,以免产生不良后果,使自己后悔莫及。

**(3)虚假宣传蒙人——打折反贵**

在某机关工作的江女士看到一家美容店正在搞周年店庆,在店庆期间办卡可享受八折优惠，江女士便花 1600 元办理了一张护肤会员卡，共 40 次。办好后又给自己的好朋友王女士打电话，没想到王女士也在这家美容院办了会员卡，但不是在店庆期间办理的，花 1000 元钱 25 次。"怎么店庆优惠期间比平时还贵啊？"江女士非常失望，感觉上当了，又找到该美容院，可美容院怎么也不肯退。随后江女士找到消协，消协方面认为，该美容院的做法涉嫌虚假宣传，理应退还消费者。经过调解，经营者给消费者退回护肤会员卡费 1600 元。

消费提示：面对名目繁多的打折优惠千万不要立即应允，最好货比三家，消费前先问问，比较之前价格和同范围内价格再做打算。一位经常美容的张小姐就说，自己去过的所有美容院、购买过的所有美容产品，都是打折后的，但后来一比较，价格却并不便宜。

### （4）夸大美容效果的广告

世人皆语：女人的钱好骗，此话不假。几乎每家美容店，女士都是主力。报刊、杂志上，许多美容广告借用摄影制作技术，将"手术前"与"手术后"的照片对比；街面上，美体雕塑———达到名模尺寸；生物基因祛斑———消除面部色斑，永不反弹等等，怎能不让女士们跃跃欲试。而其实，这些宣传都有可能是夸大其词的。

消费提示：求美无罪，但还是应该擦亮眼睛"悠"着点，多一份理智、少一些盲目，冷静思考。

### （5）推销办卡"漫天"承诺

李女士是某外企翻译，休完产假上班后，很多同事都说她"发福了"，李女士决定减肥。一位美容院的减肥师给孙女士介绍了一种新的美容方法：不需要节食，也不需要做任何运动，一疗程（为七天）就可减掉 20 斤！李女士马上花 2000 元办理了一张会员卡。连续做了一疗程后，却一点效果也没有，于是找美容院，负责人告诉她这种减肥必须连续做三个疗程后才能见效。李女士提出退卡要求，双方发生纠纷，李女士投诉到消协。消协受理此案后，经过多次调解，美容院退还消费者 2000 元钱。

消费提示：办理美容卡往往是各家美容院极力推荐的，但消费者最好在尝试一段时间后再做打算，不能盲目办卡。

### （6）警惕偏方及三无产品危害健康

一些消费者，听人介绍某偏方不仅可以减肥，还可以美容就动了心，而一些美容机构抓住了这一心理，推出一些稀奇古怪的美容减肥方法，吸引消费者，但结果往往不尽如人意，甚至还影响了消费者的健康，甚至威胁到生命。

消费者协会曾经接到一起打工女孩家人的举报，这位20岁的女孩为了苗条，竟然轻信一街头美容师卖给她的偏方"喝肥皂水减肥美容"，由于心急狂喝肥皂水，导致面黄肌瘦，差点丢了性命。可再按照名片上的地址、联系方式找美容师却发现上面信息都是假的。

消费提示：偏方不可轻信，要有科学依据，注意产品是否有合格生产证明。

### （7）美容产品调包

为了图方便，一些美容的人将购买的美容产品留在店内，等下次去美容时再使用，这很容易让别有用心的商家钻空子。

消费者张女士在一家大型美容院购买某品牌化妆品，选择了该品牌价位较高的 Ⅱ 代产品。她把产品放在店内保管，等下次再来时用，开始几次没什么问题，后来再用时发现，不是原来自己买的产品，变成 Ⅰ 代产品了，而且已使用很多，张女士发现后便找到美容院院长。最后院方解释说是美容师弄错了，向消费者表示道歉和承诺免费赠送美容项目来弥补过失，也保证以后不会再发生类似的事情。

消费提示：消费者将美容产品寄存在美容院几乎是一种惯例。消协提醒消费者，在使用前应确认是不是自己寄存的剩余产品，避免使一些美容院有了可乘之机，将消费者购买的高价产品调包。

### （8）图赚钱不顾行业规矩

对于想美发的人来说，选择一个适合自己的油膏非常重要，而现在的油膏种类繁多，如深层保养、受损修复等，让消费者眼花缭乱，也让更多的美发店有机可乘。如：部分美发店随意向消费者推荐高价产品，并说都是进口的，有日本的、韩国的，但都没有中文说明和标志，价格从几十元到几百元不等，说这些产品都是他们代理的，如果购买产品，可享受一周一次免费水疗，但做完头发后，很多消费者出现头发枯黄、打结、分叉等现象。

消费提示：正常渠道进口的油膏应有中文标志，消费者应事先看好中文说明再根据自己的情况定夺。

**（9）霸王条款**

程女士在某美容院办理美容卡，由于当时服务人员服务非常热情，就办理了一张会员卡，花了 2800 元，等办完卡后回家仔细一看，在卡的背面不明显处写着"此卡一经办理，不退不换"、"最终解释权归本店所有"的字样。程女士感觉非常气愤，于是找到老板，认为当时没有告知，要求退卡，老板不给退，后来经消协调解，老板把消费者的卡退了。

消费提示：在办理各种会员卡时，一定要擦亮眼睛，到正规的美容店，美容前要看清相关条款，警惕"免费"、"赠送"陷阱，避免上当受骗。

**（10）美容成毁容**

由于美容院良莠不齐，有些美容师"技艺欠佳"，你要的双眼皮说不定就成了"三眼皮"；本想除痘，结果可能痘痘满脸飞。一女士本想让自己的眉毛看得顺眼一些，结果在美容师的"辛苦劳作"下，眉毛确实变了样，不过是变成五颜六色了，令该女士一连几个月连门都不敢出。

消费提示：要想不造成遗憾，一定要注意上面的"陷阱"。此外美容产品的质量，美容院的规模、卫生，美容师的水平等等也需考察。

在美容前，您可一定要心中有数，多看、多听、多比较，是少不了的。

# Women's war

## 第二章

# 女人为时尚而战

· · · · · · · · · · · · · · · · · · · · · · · · · · · · · · · ·

时尚女人总是走在流行的前端，
时尚的女人是城市流行的风向标，
她们站在时代的最前列，
引导着消费的走向，同时也吸引着众多男人的目光。

时尚的女人很少在乎别人的眼光，
做事的风格就是随心所欲。
时尚的女人不想打扮的时候就素面朝天，
想妆扮时就会把最鲜艳的颜色涂在脸上。

· · · · · · · · · · · · · · · · · · · · · · · · · · · · · · · ·

"香水充盈在她左右，毛刷是她细腻的拂尘，发卷和火钳使她愈发高贵，染色剂和焗油膏则使她趋于完美。"这是某美发品牌长达千字的宣传词中的一句。头发——她如同一朵妖媚的花，让我们用金钱、时间来追随，以换取她哪怕是刹那的绽放。‥‥‥‥‥

# 头发——美丽从头开始

拥有一头飘逸美丽的秀发，不仅女性自己会增添自信与魅力，还可以在吸引男性目光和引发男性性爱感觉方面产生意想不到的效果。头发实际上被视为女人第二性征的标志之一。长发所表现出的温柔、妖媚的女性美，是其他内在与外在特征都无法超越的。

美国女性对于自己发型的魅力十分看重，很多人几乎每周都要去美发厅进行修饰。当小学老师的艾琳女士就是这一潮流的追随者，她还拥有自己指定的发型师。已经47岁的艾琳坚持认为：女人可以没有华服，但是绝对不能没有秀发，否则即使长得再出色，美丽和光彩也会大打折扣。

美国佛罗里达州州立大学心理学家凯利·克莱恩博士领导的研究小组，对50名男子进行了一项调查，将同一名女子的发型通过计算机分别处理成长、中、短三种样子，结果绝大部分人都认为长发的女人最性感。

男人在感觉女人的吸引力时，也往往会从她的头发开始。有人分析这是因为从背后看女人，头发几乎占了她整体形象的一半；从前面看女人，头发也堪称是"第二主角"。尤其是色泽、香味和动感的完美统一，成为男人无法抵御的诱惑。记者采访的在迪斯科舞厅做DJ的小伙子爱德华就很认真地说："每当女友的长发在阳光下随风飘舞，还有一缕香波的味道淡淡浮动，就觉得她格外性感迷人。"

可见，女性有一头秀发，能增添无限的风韵和魅力。

愈美丽的女人，愈在意自己；而愈在意自己的人，就愈关心自己的头发。的确，美丽应该从"头"开始，呵护秀发与头皮，就像呵护肌肤一样重要哦！想要让你的三千烦恼丝变得又黑又亮吗？你需要的不是奇迹，而是使用正确的头发保养方式，现在，这里就为你介绍呵护秀发的4大观念，只要你按部就班地加以施行，创造完美质感的亮丽发丝便指日可待！

**（1）选择适合自己的产品**

从医学和美学的角度来说，清洁头发是美发护发中最基本、最关键的一步，而选择适合自己的洗发水则是这关键中的关键。选择适合自己的洗发水，才能彻底清洁头发，保持头部皮肤干净美观。就清洁头发这一点来说，功能单一的洗头水往往比2合1的洗头水效果更好。在洗发水的选择上，许多人会认为依照自己的发质来选择洗发水即可，但这其实是错误的观念，正确的方法应该依照头皮的属性来决定。

**（2）护发素的使用**

洗干净的头发，还需要上护发素，它可以给头发提供营养，修补、重建并增强发丝的活力，补充头发流失的碳水化合物、油脂和矿物质等。

上护发素的时候要注意的是，护发素并不是上得越多越好，短发大约2～3厘米，长发则需要5～7厘米就足够了。将护发素均匀涂在头发上，再按摩1～2分钟，使其完全浸透，再用温水冲洗干净。视其具体情况看是否需要用第二次。

**（3）发膜的深层护理**

每周做一次发膜，对于头发的生长、保养和修复是非常必要的。它可以保护头发外层的角质层，增加头发的营养，减少静电的产生，特别是对于一些因为烫、染发而受到伤害的头发而言，更有弥补伤害，使头发柔顺，保持光泽，并容易梳理。

上发膜的时候，将其均匀涂在头发上，按摩15分钟，再带上专门的电热帽子。没有这种帽子的人，可以带上浴帽，再用电吹风的低档吹十分钟，也能受到同样的效果，之后冲洗干净就可以了。

**（4）注意营养的摄取**

除了上述几项外在保养的观念要落实外，还必须要搭配健康的饮食，由内在营养摄取做起，才能拥有百分百健康的美丽秀发。虽然，这个工程听来既费时又浩大，但如果你没有健康的身体，头发的质感也绝对好不到哪里去哦!

那么，要如何摄取营养才能拥有健康的发丝呢？这得先从头发的成分说起。头发的主要成分是角蛋白、多种氨基酸及几十种微量元素。因此，若缺乏蛋白质，头发会变黄、分叉；缺乏维生素 A 和碘，头发会干燥、没有光泽且容易断裂；缺乏维生素 B，则会出现头发脱落的现象。

而可以促进头发健康的食物有：鱼类、蛋、大豆制品及乳制品等，这类食物含有头发基本的成分——角蛋白。另外，糙米、小麦胚芽、瘦肉与肝脏等食物，则含有促进头皮新陈代谢的维生素 B 群；胡萝卜、番瓜、菠菜等黄绿色植物，则含有较多的维生素 A，常吃可以让头发更强韧。还有，海带及紫菜等海藻类食物含有丰富的碘，可以增进头发生长；红枣、核仁、瓜子、水果，则可以增加头发光泽，使头发看起来更黑亮。

想要拥有迷人的发丝吗？从现在起，你可要牢牢记住，并且每日遵行这些美丽秘诀！

有人说"闻香识女人"，没有香味的女人，如同没有香味的花一样，缺少了一份生机。可见，香氛与女人有着如此密不可分的情缘。•••••••••••••

# 香水——让你更女人

女人用香水，颇似男人对待杯中物。男人讲究浅斟慢饮，见好就收；女人讲究精雕细镂，点到为止。

有一个故事很形象。倪匡第一次拜访琼瑶，琼瑶问："用什么好东西招待你？"倪匡风趣地说："世界上最名贵的液体，以法国出产最著名。"琼瑶马上走进房间，把一瓶香水拿出来往空中一喷说："用你的鼻子来嗅一嗅吧，这就是最贵的法国液体——香水！"倪匡哭笑不得："我说的是法国的白兰地。"

人的嗅觉是所有感觉中最神秘的一种。自由、明快、爱情、渴望、热情、忧郁……都能通过鼻子感觉到。当一种神秘而缠绵的香味飘来时，你可能就突然想起了某一天某一个时刻曾经发生的难忘故事。香水的特别，在于唤起人们对美好过去的回忆，对各种情感体验如清新、荣耀、依恋、爱慕、激情、华丽的愉悦感。

时尚的变化，带动气味的变化。著名电影人陈冲早年在美国时，曾为应聘角色奔波。在她的经历中，有一件事曾令她印象深刻，那是一个关于香水的故事。在一次争夺角色的面试中，轮到一个女孩时，她从包里掏出一瓶香水，在脖子上轻轻喷了几下，然后充满自信地走入考场。她的这个小动作令陈冲感悟良多，在这次面试之后，陈冲走进百货商店，为自己选择了一瓶200多美元的香水。

香水可以让一个人自信，这无从考证，但是香味犹如一个女人无字的名片，悄无声息地透露着一个女人的故事，不用只言片语。在电影《闻香识女人》中，那位盲人上校从一个女孩用的香水，判断出她的家世、性格、喜好。并非只有电影里才会有这么神气的故事，人们对气味的敏感程度以及气味对人情绪的影响力，远远超乎人类的想象，以至现在产生了香熏疗法。

香味是很个性化的东西，我喜欢的，你不一定觉得香，你钟爱的，我有可能抗拒。更奇妙的是同样一瓶香水，用在不同人身上味道是不一样的，因为香水的真正香味是融合了人的体温和油脂的，所以每个人都有属于自己的独特味道。

如果你想成为香香公主的话，不妨学学如下几招：

**（1）香水的质量鉴别**

鉴别香水的质量好坏，主要看香水的色泽、香味及包装。

优质香水的色泽必须是清澈透明、清晰度高的液体，无任何沉淀。一般不含色素，在摄氏30度温度下，经24小时不变色。优质的香水香味纯正，并能保持一段时间。日常用的优质香水属于甲级产品。乙级和丙级的香水和花露水基本用于卫生目的。香水的外包装是香水内在质量的一种显示。在鉴别香水质量时，要特别注意香水瓶的密封情况，瓶口与瓶盖之间要严密无间隙，否则易导致酒精挥发干涸。此外，还要注意香水包装是否整齐，图案是否清晰，瓶外观有无裂纹等疵点。若带喷头的香水瓶，还应检查喷头是否灵活，有无漏泄。

### （2）选择合适你的香水

如果你是一个有品位的女性，相信你一定不会往自己身上胡乱堆放香水，因为那样只会弄得一团糟。选择合适的香水，是门真正的艺术。

到专柜购买时，不要逐一试香，这样会使自己陷入一个误区，最好选择一款心仪的试喷在手腕处。如果你是热情的，那么你的气质就和红玫瑰比较接近，可以选择它来体现你的浓厚以及辛辣性格；恬静的你就是白玫瑰，可以选择它体现你的悠远和内敛。值得注意的是，不要反复摩擦，这样会破坏香水的分子，使香味难以持久。然后不用管它，就可以去做自己的事了，呆上一会儿，如果你不讨厌这个香味，那么她就是属于你的香味。这时你便可以亮出你的信用卡啦！

### （3）如何正确使用香水

使用香水的时候，要根据自己的气质以及工作生活环境，香水不仅使自己自信、愉悦，而且更有助于你魅力的发挥。香水使用的错误会使人有一种张冠李戴的错觉。成熟女士使用运动型香水会显得轻浮；青春活泼的少女使用充满魅惑的香水不免使人迷惑。一般情况下，白天使用淡香水，夜晚使用较浓的香水是最简单的原则。

涂抹香水的最适当部位是脉搏跳动的地方。这些部位称为"强烈脉搏挥发点"，分别散布于头部两侧之太阳穴、双手手拗、双腕脉门、颈部两侧及咽喉、前胸骨、耻骨两旁、双膝背后及双足足踝部分。这些部位涂抹香水后之所以挥发得更好，是因为脉搏跳动，令香味分子受到震荡，因而变得更活跃，扩散更快。

### （3）香水使用禁忌

①最大的禁忌就是抹太多。

②重叠使用不同的香水，不仅无法表现出香水本身的特质，还可能交错出奇怪的味道来。

③流汗时不可直接使用香水在肌肤上。

④由于香水经紫外线照射会产生斑痕，故在直接接触阳光的地方不要涂抹香水。

⑤不可将香水喷洒于白色衣物上面，以免留下污渍。

⑥香水不要碰到珠宝、金、银制品。如果要穿戴珠宝、金、银饰品时，最好是先喷好香水再戴，否则会使之褪色、损伤，尤其是珍珠类，这些都是活的东西，很容易受到带有化学成分的物质影响而改变品质。

⑦孕妇应避免使用香水，因为香水中含有的麝香成分，可能会对婴儿会产生不良的副作用。

### （4）香水的保存

香水是一种非常敏感的"生物"，接触空气或阳光会变质，必须细心使用、保存。使用沾式香水时，直接用手指蘸取，会造成污染。建议你加上喷头使用。香水若放久了，不会对身体有害，但香气会挥发掉，开封后，请尽快使用。

如果只剩下少量时，颜色变浓、变浊，可以加上一点乙醇冲淡，恢复原有色泽。

虽然香水越陈越香，但因含有较易分解的芳香成分，保存时要特别注意。

①避光，保存于暗处

光线易使香水的色调发生变化，尤其是太阳直射光，会造成褪色、变色、甚至混浊。

②置于温度适中的环境中

高温中，香水内部的芳香成分会加速氧化、分解，而当温度过低时，则会析出结晶性香料，因而，要保存于温度变动少的场所。但不建议放置冰箱中保存，一是温度过低，二是防止芳香成分散发到冰箱中产生怪味，置于常温下、阴凉处保存即可。

③防止氧化

香水可能因氧化聚合成树脂状，所以要尽量避免接触空气。容器要选小型的并使之常充满香水，瓶口要严密不松动，使用后立即封严。瓶口不要留下残液，以防下次使用时氧化物进入瓶中。

弗洛伊德说："凡是女人皆为恋衣狂。"女人爱衣服，天经地义，衣服与女人一同构造出绚丽辉煌的、流动的美，而这种美本身就是一种生命的美学。····

# 服装——女人皆为恋衣狂

似乎漂亮衣服天生就是为女人而存在的。

有人说，世界上最复杂的关系就是女人和男人的关系。在我看来，与之相比，女人和衣服之间那种千丝万缕、"剪不断理还乱"的关系恐怕更不简单。

女人对衣服的热情、耐心、重视与执著，也怕是只有用"伟大"一词来形容。难怪，一身好的衣服就像魔术师，能把一个原本平凡无奇的女子变得明媚可人、魅力无限，这种倏忽让自己焕发光彩的诱惑何必要抵御？于是全世界都原谅着、怂恿着女人的追求，无论哪种季节，女性服装永远是各大商场琳琅满目的"主打"，任你何等高傲冷漠的小姐女士，备不住都要怦然心动、乱了方寸。

**（1）穿出风情万种"女性味"**

①手工绣花

女人与花向来相得益彰，服饰上的手工绣花是女性柔情的最佳代表。针织衫的衣角及领口、吊带裙的腰身处、七分裤的裤边都可以成为手工绣花为你展现魅力之处。对于绣花来说，关键之处在于"少而小"，即花朵的数量和面积不能太大，当然这更适合身材较苗条的女性。

②小亮片

小亮片就像一个百变的精灵，它可以停留在华贵的服饰如晚礼服上，能为女性增添优雅的气质，也能在少女的薄衫和吊脚裤上出现，为她们带来一缕活泼俏皮的感觉。选择带有小亮片的服饰，一定要注意小亮片的颜色是否和服装颜色相协调，且是否适合自己的肤色，这一点很重要。

③格纹

格纹看起来虽是循规蹈矩的，但要让它帮你的忙也不难。格纹用在包和鞋子上最优秀，基本上与任何服饰搭配都能成为"点睛之笔"，当然广受好评的格子裙也不错。格纹服饰的搭配之道就是——全身上下最好只有一件格纹服饰，让它和素色或单色服装相碰撞，你的端庄和素雅就会在不知不觉间让人感受得到。

④动物皮毛纹理的服装

它的运用之处虽没有以上三种多，但它能展现女性野性、性感的一面。豹纹的披肩，蛇皮纹的修身长裤等都是一部分成熟女性的上佳选择。

**（2）选择适合自己的衣服**

茫茫衣海中的迷失、彷徨是每个女人都曾经历的事情，"永远都缺一件衣服"更成了我们在出门前常常拿来自嘲的一句话。不过不要紧，只要你够勤奋，认识自己并读懂服装的语言，有技巧地学习如下几点秘诀，相信每个人都会成为理智、美丽的穿衣高手。

①建立自己的着装风格、客观对待流行

能够给今天的我们留下深刻印象的穿衣高手，不论是设计师还是名人，其原因只有一个——他们创造了自己的风格。一个人不能妄谈拥有自己的一套美学，但应该有自己的审美倾向。而要做到这一点，就不能被千变万化的潮流所左右，而应该在自己所欣赏的审美基调中，加入当时的时尚元素，融合成个人品位。比如，如果你只喜欢裙子的淑女感，也不必排斥宽腿长裤、九分裤等同样能传递出优雅感觉的裤装。融合了个人的气质、涵养、风格的穿着会体现出个性，而个性是最高境界的穿衣之道。

②衣服要与你的年龄、身份、地位一起成长

西方学者雅波特教授认为，在人与人的互动行为中，别人对你的观感只有7%是注意你的谈话内容，有38%是观察你的表达方式和沟通技巧，如态度、语气、形体语言等，但却有53%是判断你的外表是否和你的表现相称，也就是你看起来像不像你所表现出来的那个样子。因此，踏入职场之后，那些慵懒随意的学生形象或者娇娇女般的梦幻风格都要主动回避。

随着年龄的增加、职位的改变，你的穿着打扮应该与之相称，记住，衣着是你的第一张名片。

③基本服饰是你的镇山之宝

服饰的流行是没有尽头的，无数的服装设计师在日复一日地制造着时尚，新的流行没有穷尽。但一些基本的服饰是没有流行不流行之说的，比如及膝裙、粗花呢宽腿长裤、白衬衫……这些都是"衣坛常青树"，历久弥新，哪怕10年也不会过时。

这些衣物是你衣橱的"镇山之宝"、必备之品，所以选购时要注意那些有上乘的材质、剪裁和工艺的，多花点儿钱买件优质品，不仅穿起来好看，穿着时间也长，绝对值得。拥有了一批这样的基本服饰，每年、每季只要根据时尚风向，适当选购一些流行服饰来搭配就行了。

④买和自己的身材、肤色、气质能够"速配"的衣服

专卖店精美的橱窗和优雅的店堂都是经过专业人士精心设计的，其目的就是为了营造出一种特别的气氛，突出服装的动人之处。但是，那些穿在模特身上或者陈列在货架上的漂亮衣服不一定适合你，不要在精致的灯光和导购小姐的游说造成的假象中迷失了自己。为了避免被一时的购物气氛迷惑，彻底了解自己是非常重要的基础课程，读懂自己的身材、气质和肤色，才不会买回错误的衣服。切记，没有哪个女人对自己的形象是完全满意的，你也是这样，但不要被这种遗憾困住，了解自己的优点和缺点，绝对有助于你穿出独特的美丽。衣服是附着于人的，"人穿衣"的境界并不是一朝一夕就能够达到的。

⑤资金受到限制时务求少而精

把眼光放得高些，学会挑剔，从款式、材质、颜色到剪裁、工艺……道道门槛都要过，不要因为对某一个元素的偏爱就忽视了其他方面。比如，一件因为你很喜欢的蓝色而买回来的衬衫可能并无用武之地。要完全确定自己很喜欢这件衣服、自己穿起来也很好看，才掏出钱包。如果你在买的时候就是犹豫不决的，那么几乎可以肯定，买回来后的这件衣服你肯定也很少光顾它。当断则断吧，哪怕只拥有几件出色的衣服也比一柜子穿不出去的强。相信衣海茫茫，以后一定会遇到让你无可挑剔的衣服的。

⑥别太相信感觉，试穿一下才知道

很多人都有这样的购衣体验，看到一件令人心动的衣服便迫不及待地

买下，生怕被别人捷足先登。结果是，疯狂的占有欲往往让自己吃亏，由于没有试穿，尽管款式、颜色、面料和剪裁都非常理想，但就是有些地方的尺码不合适，看上去好像错穿了别人的衣服。买了这种不合身、不舒适的衣服，最终只有送人或打入冷宫。因此，结账之前的试穿是十分必要的。

⑦巧算"投资回报率"

一件衣服的"投资回报率"是与其穿着频率高低、时间长短及与其他衣物的搭配度的高低成正比的。例如，一套300元的时髦裙子，如果穿过一季就不再流行而不再穿的话，就算每周穿一次，一季共穿了12次，穿一次的成本是25元。而一件1000元的精致裙装可以穿3年，每年穿一季、每季穿12次的话，一共可以穿36次，穿一次的成本不到28元。差不多的穿着成本、相差甚大的穿着品质和时间，哪一件衣服真正划算不言自明。

⑧理智对待名牌打折

每到换季时，最吸引人的是那些你平时喜欢却总是狠不下心拥有的名牌服饰。有些名牌打折的方式的确与普通牌子不同，它们一般都会选择一家高级百货商店甚至是酒店来进行，有的还会派发请柬。对很多人来说，这是很有诱惑力的一招儿，其折来折去的价格确实让人心动。不过，这时你千万不要以为掉下来个天大的便宜让你捡。

内行人都知道，出现在特卖场上的名牌货一般都是过气商品，无论是面料、款式、色彩都与时尚有了一定距离，虽然牌子和工艺没有问题，但关键的几个指标已经落伍了，同时尺码不全也是经常出现的问题。所以，应该理智地对待名牌打折，不要因为价格的降低而降低你对衣服的要求。记住，让你买下一件衣服的理由应该是它很适合现在的你，而不是它看似划算的价格和那一块儿小小的商标。

⑨慎选吸引你的服饰

一般而言，每个人期望中的自己和现实中的自己都有一定差距，而期望中自己的理想形象落实到服装上，就是那些可能并不实穿但很吸引你的衣服，它们代表了你的审美取向和品位。但是，对一部分人来说，吸引自己的衣服有时并不适合自己，所以要学会分辨两者的不同，能够理性地放弃并不适合自己的服装。当然，如果你实在喜欢且经济允许的话，也不妨奢侈一把，买回家来独自欣赏也是件挺美好的事。

⑩关注流行，提高审美品位

没有人生来就特别会穿衣服，看看那些整天满世界飞来飞去的知名造型师、设计师就知道了，为了得到第一手的流行资讯，他们甚至还会自费到欧美体验第一时间的流行。不是专业时尚人士的我们不能因为这个就放弃对时尚的关注，选择几份你喜欢的报纸和杂志，定期阅览，不断刷新自己对美的敏感度和判断力，时间长了，品位自会不同。另外，现在也有很多专业的造型设计室，也可能为你提供不错的建议。还有，你身边有没有公认的"会穿"的女友？不要不好意思，多听听别人的经验之谈会少走一些弯路。

焦点就是一个人身上多个不同寻常的组合，热情洋溢一点，感情真挚一点，思想深邃一点，衣服出位一点，饰物别致一点……于是，她轻而易举地锁住了众人视线！

# 配饰细节——时尚点睛之笔

现代着装理念认为，服装在没有搭配饰物之前，只能被视为"半成品"；而通过首饰、手袋、丝巾、提包的搭配和彩妆的渲染，服装才会被赋予生命力而成为真正意义上的"成品"。

女人与饰物似乎是脱离不了关系，戒指、手镯、耳环、丝巾、项链、鞋子、提包……都会成为点缀女人的点睛之笔。这些饰物与服装的完美组合，使女人犹如一道精致的风景。世界上每个国家的女人都深谙其中之道。据统计，法国女人平均每人拥有百余套华丽别致的仿真首饰；日本女人平均每人至少有二三十条丝巾并掌握几十种丝巾系法；美国女人则深爱胸针，她们会随着服装的变化而变换胸针。相形之下，中国女人在饰物的拥有上显得贫乏，这与长期以来我们的着装观念只重实用性而不重欣赏性有很大的关系。服装是文化的一种载体，是着装人文化修养和审美情趣的体现，而饰物恰恰是具体而微的点睛，所谓"细微之中见美丽"。

若要把这种美丽发挥到极致，则不是一件容易和简单的事，因为配件既能增添你的光彩，也能降低你的"身价"。

**（1）头饰——跳动的发上音符**

头饰，就像女性黑发上跳动的音符，在艳丽的衬托下显得格外雅致。

近段时间，来自韩国的仿水晶系列发卡，以其明亮的浅粉色花型、款式迎合女人的心理，尤其是那些心形和椭圆形的粉蓝、粉红、粉白和水果色波纹款式，具有透明纯净的气息，特别能给人一种清新自然的感受，深受年轻女性的青睐。

据说，在华盛顿和纽约街头的头饰市场上，已出现了体温发卡、病历记录发卡。尽管国内市场上还只有记忆变形卡、个人香味卡、晴雨预报卡、反光变色卡几种，但也足以使女人们惊讶不已。

**（2）耳环——摇曳的风情**

耳环不像时装，它是脸上最经济的投资。你也许会用几百元买件衣服，但不一定会花同样的钱买一对耳环。不过目前最 in 的人就一定得拥有一对大款式的垂坠耳环。

一旦衣服穿少、头发扎起，青春靓丽的形象展现出来，美丽的耳朵就显得形单影只了。而垂坠耳环恰是耳朵最忠实的伙伴。在今季及不远的未来，垂坠耳环将会吹起一股"美耳"风。

听说，在西班牙女同胞上街需要戴耳环，如果没有戴，就会像个正常人没有穿衣服一样，会被人笑话。可见耳环魅力非比寻常。

**（3）项链——品尝优雅的味道**

想过上一种代表时髦趋势的生活，作为女人必须拥有一条项链。珠珠翠翠，繁星点缀，只要一星半点的颜色挂在细长的脖颈上，你即会像天鹅一般优雅。现在都说女人的脖子最值钱，看一个女人是否迟暮，观察她的脖子即可。

**（4）戒指——穿梭指间的精灵**

戒指虽小，却很别致、高贵，它的光辉和颜色常常有着难以估计的魅力。当你因为过多的首饰难以选择时，就选戴一枚漂亮的戒指吧，那种纤秀典雅，简洁时尚的感觉会展现你不俗的品味，平添你动人的风采。因为圆环没有起点和终点，因此戒指还代表着爱情的永恒。手指纤长的，同时戴几只戒指都很漂亮；手指粗短者，一只线型戒指足矣。

### （5）手镯——尽显尊贵地位

如今手镯颇为流行。我国妇女对翠镯尤其喜欢。据说戴翠镯可以压惊治病、润眼安神。反过来，人的灵气也会使翠镯变得更加翠绿。纯金镯也是我国妇女较为喜爱的。一对纯金镯往往是一户小康人家的镇家之宝。

手臂颀长的女性，可以戴宽身手镯；手臂粗短者，则应选戴较细的镯子，若选择一条细手链，会更雅致。

### （6）深色眼镜——散发神秘魅力

人们都说眼睛是心灵的窗户，而今天的时尚人士却喜欢用深色的镜片来遮住自己的双眼，在含蓄中制造魅力，创造个性。小边框架被束之高阁，取而代之的是由复古的款式中衍生而出的超大框架和不对称的设计理念，在隐约透露出现代女性风貌的同时，更展现了独具未来感的前卫风格。

### （7）丝巾——装点风情万千

一方小小的丝巾，别致地斜系在脖颈上，构成颇具风情的颈上风景，成为流行时尚。

目前市面上的丝巾，从品种上可分为小方巾、大方巾、皱巾、长巾等几类；从织造工艺上分电力纺、双皱和交织三种；花色上分织花、提花、印花和工艺手绘四大类。且图案新颖、色彩雅致。既有活泼可爱的卡通造型，又有古朴典雅的传统花纹，还有抽象的几何图案，以及清纯淡雅的小碎花。除传统的宝石蓝、朱红、水晶绿、乳白色外，还有雅致的烟色、青绿、海蓝、柠檬黄、紫红以及清淡的纯色。

丝巾的佩戴也颇为新潮，既可系在脖颈间，打上领带结、水手结、蝴蝶结，系上各式丝巾扣，也可按吉普赛风格系在头顶上，还可作为宽宽的发带系在手袋拎手上，既漂亮又时髦。一款合适的丝巾，可充分体现和谐美和个性美，尽现女性的婉约俏丽风采。

### （8）手表——尽展方寸时尚

如今，时尚的手表颇为艺术化和时装化，从设计到制作都进行了一次深刻的革命，更加强调它的装饰效果。

专为女性设计的手表品种繁多，设计考究。有带盖手镯表，其表链为一设计精美的手镯，表面为一镶嵌有人造水钻或人造宝石的盖，将盖打开即可看到时间。还有一种多功能组合式手表，表身与表带可以分开，接合起来是只腕表，分开时，表链可作手链或发带，独立的表可当做胸针，设计十分精巧。项链表配T恤衫和牛仔裤最合适，小表镶嵌在卡通猪的肚子上或米老鼠正在踢的一只皮球里，设计意念十分到位。有童心的女士真是人见人爱。戒指表是穿套装的白领小姐们的首选，办公室小姐一边打电脑还可一边巡视时间，十分方便。

在手表店里，几百款时尚手表令你眼花缭乱。从心形、辣椒形、苹果形，到胸针表、手镯表、领带夹表，款款标新立异，极具想象力。不少女孩都有十几款手表，并把它当做时装的一部分，根据所穿服装的不同而不断变换。

*有一句话说：每一个女人出门都应该带上两样东西，其一是温柔，其二是包，它就像是那个默默支持着你的他，给你安全感。包就像是女人身上的一个时尚Logo，有了它，女人们永远不怕被潮流落下。*·····

# "包" 揽天下女人心

一位时髦的现代都市女性，她或许没有华丽奢侈的名牌服饰，或许没有珠光宝气的金银首饰，却不能不随身携带一款造型独特、风雅不俗的时尚包包。无论是上班、购物、休闲抑或聚会的场合，包包都堪称时尚女士必不可少的行头之一。包包，实在已经超越了其原始的实用功能，变身为女人们扮靓要酷、追逐时尚潮流的道具。

从女性的内心来说，一个手袋就是她的一个小世界，想了解她的人，

# 女人的战争
## *Women's war*

看看她的手袋也许就会知道。时刻伴随主人的手袋也是女性化的、隐秘的，代表着女性心中浪漫、柔情的部分，也收藏着她的思考、追求和情趣。一般来说，化妆镜、唇膏、面巾纸、记事本、手机、钱包是不会少的，因此，保持手袋里面的洁净、整齐成了衡量一个女人优雅指数的指标。装满杂乱无章小东西的手袋也许会引起别人的轻视，好像它的主人是懒惰的、随便的、消极的，也是没有女人味儿的。手袋就是这样会在无声无息中泄露主人的秘密，并且绝对真实。自傲与自恋的女人会尤其迷恋手袋，当内在的优雅气质与手中迷人的包包完美出镜时，女人的品位、修养与风韵才会像花朵一样盛绽。

包包的用途，本来是为了装东西，设计给女人的服装大抵少有口袋或荷包，逼得女人不带包包不敢出门。然而，说起女人包包里所装填的物什，实在可笑，不过钱包、手机、卫生纸、口红、镜子之类，琐碎得很，而文件、文具、印章、合同，那是男人才会须臾不离的东西，女人们自然是不屑于为之的。包包于女人，其功能早已异化，重点并不在于方便携带物品，而是充当了装饰品的功用。所以，女士的包包千奇百怪、千变万化、颜色夸张、外形奇特，她们还乐此不疲地去淘方的、圆的、扁的以及各种异形的包包，着重考察包包好不好看，够不够时髦，有没有视觉冲击力，能不能配合服饰，而绝非包包的容量大小、方便程度。

时尚女士的包包，数量十分惊人，动辄七八个不在话下，即使十几个、几十个的"库存"也毫不稀奇。主要原因便是潮流也在瞬息万变，当时风靡的新款式，如今可能早就过时了，炙手可热成了明日黄花。至于包包的价格，倒还在其次，有时商场"花车"上兜售的打折包包，也不乏大批女士问津，便宜是一大优势，如果能淘到既不贵又漂亮的包包，那又何乐而不为呢？反正女士的包包只要好看就行，谁又一定非得翻出价目表来品评呢？

当然，这绝不是说女人不爱品牌，尤其是国际顶级的名牌包包，拥有价值不菲、美观阔气的包包不仅是时尚女士的梦想，简直还是一种"情结"。携一款该品牌的包包招摇过市，在时尚女士的美丽生涯中正是梦寐以求的"尖峰时刻"！

女人与品牌时尚包包既然注定女人与包包关系已形影不离，在你贪心地为自己搜罗下一个包包之前，不如先来研究一下如何选购包包之诀窍吧！

**（1）看外观**

有条件的朋友可以对花对版，或者找可以清楚区别的网站图片或书籍。这里说明一下最好不要找一些国外的二手包包杂志来比，那样不准确；另看手工及线迹，具体标准只能靠你来判断了，除非你能找到专家或行家在旁做讲解。越顺眼的包的质量就越好。

**（2）材料的手感**

感觉包的材料的手感，一般手感越好的材料就越好（这里并不是说越柔软就越好），有的款式，是硬质感的用料。只要是正版的，或比较好的超A货，它们的革是越用越软的，还会出现很好看的油亮的光泽。

**（3）五金**

判断的重要标准，一般好货的五金光泽鲜亮厚实，没有毛刺，特别是拉链，好厂家的拉链手感拉起来顺畅，润滑还有点劲道。一般好厂家的包包用的是进口胶水，挥发的酸性物质较少，正品的五金1～2年没有明显褪色的痕迹，超A的包包如果好的厂家一般五金也可以用半年甚至更长时间。

**（4）造型外观**

所谓造型指每个款式特有的包包外观特点及曲线造型，精仿度越高的包包造型越好越和正品接近。如果你没有见过真品，那也不要紧，你可以看一些包包的特殊部位，比如：圆弧、尖角、翻盖、对称部位、立体部位的造型、省道，等等。另外还要观察包包这些部位和整个包包的协调度，整体感越好，说明版型越好。好的厂家的包包，把包包里面的称纸拿去，空拎在手里也应该是很饱满、很有型的，质量不好的包包会感觉立不起来。

**（5）制版针眼**

一般好的精仿包包不但做到造型一致，连特殊部位的角度也一致的，还有针眼的数量都应该和正品所在每个部位的针眼数量都相同。只有制版、材料、对花、线迹、针眼数、线的强度、粗细，和正品一致才能保证造型的一致。只有这样的包包才能称为精仿也就是超A！

**（6）里料**

往往低级仿包，这个做的都不好，因为很多人没有见过真的包包，而且一般人只看外观来判断，很少注意里面的细节，大部分 A 货都是错版的，有的超 A 货也会错版，但是相对要少的多。因为真正的精仿包包都是分解正品包包来制版的，除了有的材料可能很难复制，一般里面的隔层、造型都会按原版来复制的，这个也是超 A 成本不一样的一个原因。

还有个很好的判断方法，看有没有假隔层，有的款式的帖袋很多，有的 A 货为了省工艺会做假隔层，或在工艺上直接缝制，不做立体袋，这样你就很好区分了。再有，如果你比较熟悉这个款式，或有条件的话，还可以仔细比较内衬的质地、颜色，真正的精仿包包，和正品是很接近的，内衬是胶的就是胶，是帆布的就是帆布，是绒的就是绒，是什么颜色就应该是什么颜色，隔层大小、比例、造型等都应该是很准的，A 货一般不可能做到的，低档货更不用说了，甚至可以串改内部造型的。

**（7）重量**

其实这个也是最容易被忽视的，当然一般的朋友都不知道或不注意这个方法的，只有内行才知道。也很简单，一般情况下，超精仿的包包和正品的重量差不多的，可能小包包不容易区别，但是五金多的款式和大的包包就很明显了，如果材料很接近，五金也很好，一般好包包的五金是黄铜或紫铜的，这样重量就应该差不多。

**TIPS：**

对于服装搭配来说，拥有包的数量不在于多，而在于质量要好。包包在整个形象中处于一个很惹人注目的亮点。若是搭配皮包，要注意皮质和皮鞋配套，颜色、风格要与所穿服装协调。如果你穿着一套风格朴素的服装搭配着装饰华美的皮包，会有一种喧宾夺主、只见皮包不见人的感觉；相反，如果你穿一身华美的丝绒旗袍，却提着一个塑料网袋，则会令人遗憾不已。

奢华香艳的美甲，搭配璀璨夺目的珠宝，绝对可以让你以最最完美的姿态示人，手是女人的第二张脸，不将它打扮得精致又美丽，怎么可以称作完美？••••

# 美甲——指尖上的时尚芭蕾

一个真正优雅的女人在各个方面都是优雅的。如果你穿着精心设计的时装，却伸出一双充满瑕疵、干燥、粗糙如砂纸的手，那将是何等的尴尬。聪明的女人不会放过任何细节，更何况手是人的第二张面孔。曾经我有一个朋友就是因为他女朋友的手而为之神魂颠倒，经常拉着他女朋友的手在众人面前炫耀，还时不时吻一下。

手可以给人留下难以磨灭的印象，举手投足之间，细致保养的双手与精心修饰的指甲成为优越生活的象征，传达着个人的魅力和情感。"指如削葱根"，谁都希望自己拥有生花妙指，所以，对于一个要让自己优雅的女人来说，经常保持清洁和漂亮的手和指甲已成为生活中不可缺少的事。

一直以来，很多女性朋友并没有意识到对手的保护，岁月留下无情的印迹。曾经听到最多的就是在抱怨："每天洗衣服、煮饭，还怎么护手美甲？"这只是一个认识的误区，一个习惯问题，其实很多地方是我们做得不够。仔细想一想，在生活中，我们洗衣刷碗是否习惯佩戴塑胶手套，是否经常涂抹护手霜，减少阳光的暴晒，是否有意识地定期去美容院进行护理，去美甲店做美甲装饰，时刻有意识地保护我们的双手。如果能认识到双手的重要性，把保护当成习惯，如同每日刷牙一样，我相信一定会让我们的手部容颜改观很多倍。事实上，在繁忙的工作中，护理和美甲的过程会让我们放松身心，也能使我们精神焕发的一剂良药，一个不注重修饰、美化的女人总是沮丧的、失望的。

手部的美化并不是一件难事，现在，各种各样的美容院，美甲店遍布大街小巷，琳琅满目的护肤美甲用品如何选择？专业的美容师会给我们很细致的专业指导。就时尚而言，除了细腻的皮肤之外，指甲是装饰的亮点。很难想象，一个优雅的女士，会伸出一双指甲不整洁的手。喜欢涂指甲油，就要及时修整，缺损的指甲油是最难看的。过长的手指甲，总让人联想到巫婆的形象。指甲的颜色和造型都可以因情绪、喜好而定，没有过多的限制。曾经黑色指甲油是那么的诡异，好像是街头朋克一族的象征，但是现在优雅的女人一样可以选择黑色，它不仅使手指更有纤美的感觉，而且会使女人更加艳丽。

双手的美容实际上是人们体现美的一种方式。现在，连男性也会光顾美甲店，超级帅哥贝克汉姆也染了粉红色的指甲，在美国洛杉矶每条街上的指甲店比星巴克还多，美甲已经从时尚渐变为一种生活形态。一双纤纤玉手，加上艳光四射的美甲靓妆，会让女人变得更加光彩照人。其实生活就是这样的细致，小小一双手都会让你魅力无穷！

细心的人也许会发现：以前，到车场买车、看车的都是男性；现在，女性购车者、驾车者的靓丽身影随处可见。越来越多的白领女士走进了购车行列，成为惹眼的"有车一族"。种种迹象表明：汽车"她时代"已经来临。••••••••••••

# 车生活——彰显女性尊贵

在某国际家用汽车展上，许多女性走到"他"身边时都眼睛一亮，情不自禁地惊呼"好漂亮噢，我喜欢"。这位大众情人就是长得一团和气、短短胖胖的奔驰"小精灵 smart"双座跑车。此车外形乖巧、色彩艳丽，并有透明顶篷，是女人们货真价实的"梦中情人"。不少妙龄女郎还身体力行试试"小奔驰"，一手握住方向盘，一手搭在车门上，其惬意劲儿，别提了。

许多女性对车都很向往。车的魔力源自何方，是欣赏、是享受、还是诱惑？说是也是，说不是也不是。准确地说，是人类亘古不变的生理层次需求。女性的观念在改变，汽车潮流涌动着她们的芳心，女性对汽车的渴望如同对爱的渴望一样执著并努力追求。

有车独乐，其乐融融。一些白领丽人，一天到晚驾车狂奔于现代都市。有的女孩子在繁华的大道上驾车，还敢从方向盘上腾出一只手来打手机。有一女子不仅爱车，还喜欢足球，许多认识她的"同类"都说她很"另类"。她像个快乐的精灵，欢快地奔忙在繁华的都市里。问她拥有车、驾车是什么感觉？她笑着说："汽车真是一个可怕的宠物……我太爱汽车了。我驾车时收发自如，感到全身心的放松和自由自在。"

过去，人们普遍认为汽车市场是男人们的天下。今天的女性化倾向说明了什么呢？说明了女性价值观的综合变化。有媒体曾作过专题调查，其调查结果表明：有车的女人70%是自己的奋斗体现。在拥有小车的女性中，30～40岁年龄段占的比例最大，25～30岁年龄段占比例第二位。买车女人的情况不尽相同，主要有以下几种类型。

第一种是"事业成功型"，其中大多为女企业家、女老板等。她们买的车型通常都是进口车，买车的主要用途是为了事业的需要。第二种是"傍款享受型"。她们注重名牌，对于车型和颜色十分挑剔，喜欢时髦流行的式样，喜欢线条流畅、颜色鲜艳的跑车或是娇小玲珑、乘坐舒适的小轿车。她们买车的目的是赶时髦和消遣。第三种是"比翼齐飞型"。她们的丈夫大多事业有成，而她们也有一份属于自己的事业，她们购买的车型通常是既小巧又实用。她们买车的目的是方便工作和生活。

开车有一种驾驭的快乐，每个开私家车的女人都定然品尝过这种快乐，但她们的感觉是截然不同的。因"事业成功"而买车的女人，开出的是一份成功的潇洒，一份与男人同比高下的豪迈；"比翼齐飞"而买车的女人，开出的是一份事业的自信，一份生活幸福的快乐；"傍款享受"而买车的女人，开出的是几许虚荣、几许无奈。

海外媒体报道说，欧洲有30%的新车买主为女性。法国十年前的女顾客只占汽车市场的27%，目前却升至35%。这种汽车市场的女性化，在其他欧洲国家也是大同小异。专家们为寻找女性购车的焦点，对欧洲汽车市场做了系统分析，结果发现，最为女士们钟爱的是小型和中型轿车。子弹头型车也颇受一些女士青睐，女顾客所占比例高达17%，而除此以外的其他大型车，只有 6% 的客户为女性。雷诺公司市场定位及分析人员认为：子弹头型车的设计非常符合女性心理，它融实用、紧凑于一体，容量较大、马力强劲、性能卓越、风格独具。

显然，驾车、电脑、外语是新世纪人们的通行证，是国民综合素质提高的一种表现。驾车已由职业技术转变为个人技能。许多招聘白领的启事都要求年龄在 18 ~ 35 岁之间，有学历、会操作电脑、会驾车，或者是熟练汽车驾驶技术者优先考虑，可见，驾车技术正在逐步普及。女性也不例外，现代生活的快节奏促使她们掌握驾车技能。拥有汽车是现代生活的文明时尚，是女性不可抵挡的潮流。驾车方便、快捷、舒适、浪漫，是出行、上下班、节假日感受生活的一种乐趣和享受。当你转动钥匙、掌握方向盘的时候，就会感觉自己掌握了整个世界。

网络现在已经无处不在，我们周围的大多数人已经习惯了网上生活，甚至有的人把上网作为生活的一部分，越来越分不开了。网上女性是时尚达人，她们无疑是上网大军中的不可或缺的一分子，她们在网上冲浪、游戏、交友、生活，网上购物目前已成为一种时尚。

# 网购——潮流进行时

众所周知，购物是女人的天性。陪女友购物几乎是所有男人的"梦魇"，然而随着互联网在中国的发展，越来越多的女性朋友已经将目光大量地投入到互联网。据新生代"中国市场与媒体研究（CMMS）"2007 年的数据显示：2007 年，经常从事网上购物或商务服务的网民中，女性所占比重为 45.1%，这个比例甚至高出了网民总体中的女性比例（43.3%）。

在谈及购物的话题时，从男性朋友的角度来讲，女性购物其实就是"逛"，而且没完没了，可以从早到晚地"逛"；从女性朋友的角度来讲，"逛"是购物过程中再平常不过的行为。大家对女性购物的认识，反映出女性朋友购物一个显著特点就是"淘"——无论是逛商场还是逛互联网，不停地看，不停地"淘"，一直淘到自己最中意的商品为止。正因为"淘"的天性，互联网购物渠道成为她们"淘"到宝贝的必然之选。

一方面，网上购物方便快捷，一次购物几乎只需点几下鼠标即可完成。女性网民可以在互联网购物平台上轻松地了解不同的商品——翻来覆去地看心仪商品的照片、大量浏览网友评论、对比同类商品的各类参数，从而获取尽可能多的商品信息，简单易为。另一方面，网上购物具备互动、分享的特点。任何一次购物，她们都可以到网上找到相关的地方发表其观点，与其他网友们形成互动、分享。通过不断地互动分享，获取更多的信息，再次满足自己"淘"到心仪之物的愿望。而这一点也是现今网络购物平台大行其道的一个重要原因。

此外，网上购物的实惠、容易组合等特点也是女性朋友借助网络平台疯狂购物"过瘾"的重要催化剂。随着这种购物行为流行，并且成为潮流，网上购物也几乎成为一种时尚的符号，更加让女性朋友为之疯狂不已。

然而网上购物并非人们想象中那么简单，稍不留神，到手的"馅饼"就有可能变成"陷阱"。网络毕竟是虚拟的，面对网上品种繁多、价格便宜的商品，形形色色的购物网站，怎样才能防止受骗呢？

**（1）先量体后定衣**

无论鞋子或衣服，无论你身材抱歉还是身材完美，阅读商品描述都是非常必要的。网购不能试穿，所以买衣服和鞋子之前必须了解自己的详细身材尺寸。只是S、M、L、34、36、38诸如此类泛泛的尺码一定不可以。一般YY肩宽、袖长合适最重要，因为很多外单上衣是欧版，袖子会偏长，亚洲人穿着会很显邋遢。KK不要只看腰围，其实臀围、大臀围合适才是关键。裙子一定要注意裙长和下摆围，不同长度和板型的裙子有修饰不同缺陷的身材哦。

**（2）多用全网或站内搜索**

一般比较知名的购物网站上都有比较健全的搜索工具。如：腾讯拍拍网、淘宝、易趣、当当等，一打开主页，很容易就能看到站内搜索选项。只要在搜索框内写下需要搜索物品的关键词，比如"百丽"，就会出现搜索结果的页面；在新的搜索结果页面上，还可以将商品的分类更加细化，比如：从整体结果到女士鞋帽，在鞋帽筛选的金额中再去选择靴子等等。熟练使用搜索功能能够快速地在丰富的网上商品资源里找到自己想要的东西。

### （3）慎重选择第三方支付

通过第三方支付平台付款的方式，就相当于你先把款打给的是第三方支付平台公司，只有等你确认收到货并且没有疑义之后，第三方支付平台才会把货款打给卖家。通过这样的一个过程，可以最大限度地保障买家的利益，杜绝了直接打款给卖家、出现问题之后卖家甩手不管的风险。

一般的大型 C2C 或 B2C 平台都会有接入独家或多家第三方支付平台，如：淘宝有支付宝、拍拍有财付通、当当有易宝支付、易趣有安付通，但是对于中小独立网店而言，一部分接入的是以上，如：支付宝、易宝支付、财付通这样知名支付平台，但也有部分接入的是无名气的支付平台的，尽量不要使用，因为有可能是骗子钓鱼网站。

### （4）泡论坛

一般的购物网站上都有相关的论坛，论坛里面有很多实用的帖子可以作为我们网上购物的参考。比如目前热销商品的排行、怎么区分商品的真假等等，站在前人已经总结的经验上再出击，这样也能少走很多弯路呢。如果遇到疑惑，还可在论坛及时发布出来寻求咨询和帮助，不仅热心的网友会提供相关解答，网站的服务人员也会及时出来相助哦。或者选择大型的购物论坛，里面都会根据各个大型购物网站分版块供"草根"一族讨论，甚至可以发起团购。

### （5）砍价有技巧

当你在网上一个店面购物达到一定金额的时候，可以和卖家洽谈减免一定的邮费；也可以在购物的时候，多约几个朋友一起购买，增大可以砍价的筹码；最好购物的时候，一个阶段一个阶段地集中采购，省去每次购物都花费邮费或者快递费的支出。另外购物的时候，最好还是和卖家多沟通一下，即时通讯工具是比较好的沟通方式，比如 QQ、MSN 等。有疑问就要及时沟通，即使卖家在商品页面说明不议价，但是精明的 MMGG 们通过在线沟通，还是有砍价的可能的。尤其要注意的是，在没有确定对价格和卖家是否有你需要的商品型号、颜色之前，最好不要拍下物品，免去"只拍不买"的麻烦。

# Women´s war

## 第三章

# 女人为恋爱而战

· · · · · · · · · · · · · · · · · · · · · · · · · · · ·

爱情是人类永恒的话题。

爱情对女人更具有至高无上的位置，

爱情代表女人的生活质量。

女人的表情是由爱情书写的，

而男人的表情却是由事业来写。

正因为如此，女人不仅会在爱情中找到感觉，

同时也通过爱情来展示自己的地位与品位。

· · · · · · · · · · · · · · · · · · · · · · · · · · · ·

"女性向男性进攻，'温柔'常常是最有效的常规武器。"柔情似水，是女性诱人的魅力，是一种征服他人的巨大力量。·····················

# 做个柔情似水的情调女人

美籍华人学者赵浩生教授曾来中国讲学，有位记者让他谈谈对现代中国女性的印象，他尖锐地指出："我发现国内青年女性，有的认为越泼越好，粗野蛮横，没有女人味了。女人味就是温柔、善良、体贴……"

女人失去了温柔，赵教授称为"中国最大的悲哀"。可见，温柔，对于一名女性，特别是一个女人来说，是一种诱人之美，是一种高尚的力量。造物者用了最和谐的美学原则来创造人类，它赋予了男性阳刚之美，又赋予女性阴柔之美，正因为两性之间各有其独特形态而形成鲜明对比，才使男女对立统一地组成了人类绝妙完美的世界。

阴柔之美是女性美的最基本特征，其核心是温柔，温柔像春风细雨，像娇莺啼柳，像舒卷的云，像皎洁的月，更像荡漾的水。女性之美，美就美在"似水柔情"。

用一"水"字来形容女性的柔美，真是一语道破了其中妙韵。《红楼梦》中的贾宝玉说过："女儿是水做的骨肉。"所以人见了便觉得清爽。他把大观园里的姊妹丫环们，都看得像清澈的水一样照人心目，一个个都显得高洁纯真、温柔娇嫩。在他的面前，这些女儿展现了一个犹如水晶一般明净的世界。女作家梅苑在《美人如水》一文中说，女人有点似水柔情，才有女人味道。真是高论妙极。

可见，女性的诱人之处，正在于有似水的柔情，正在于温柔。世上绝少会有哪个男人喜欢女人的蛮、野、悍、泼、粗、俗。女性的似水柔情，对男性来说，是一种迷人的美，也是一种可以被其征服的力量。一位诗人说："女性向男性进攻，'温柔'常常是最有效的常规武器。"

女人的温柔应表现在：善解人意，宽容忍让，谦和恭敬，温文尔雅。不仅有纤细、温顺、含蓄等方面的表现，也有缠绵、深沉、纯情、热烈等方面的流露。有的女人无限温存，像牝鹿一般温柔；有的女人像一道淙淙的流泉，通体内外都充满着柔情……总之，女人的柔情各式各样，就像绚灿的鲜花，沁人心脾、醉人心肺。

温柔，来自女人性格的修养。女人要在自己的日常生活中，注意加强性格上的涵养，培养女性柔情。为此，女人特别要忌怒、忌狂，讲究语言美，把那些影响柔情发挥的不良性情彻底克服掉，让温柔的鲜花为女人的魅力而怒放。但，女人的温柔，不是柔弱、柔软、柔顺，丧失了自己独立的人格和独立的个性，也绝非女人之美德，而是一种耻辱。女人之温柔，是柔中有刚、柔韧有度，所以才柔媚可人。

柔情似水，是女性诱人的魅力，是一种征服他人的巨大力量。

"知己知彼，百战百胜。"这句话能够从远古流传至今，总是有它的道理存在的。这当然也适用于爱情，越了解彼此的人，在爱情战场上就越无往不胜。

# 知己知彼，　了解男人再谈恋爱

虽然他的外貌英俊，谈吐高雅，但是否真的值得你托付终身？用下面提供的"男人品质测试"来考察一下你的他，分析分析你们的未来。当然，也不见得要样样具备，如果能达到这10项中的6项，他就已经基本上通过检验了。

# 女人的战争
## Women's war

**（1）看他的生活用品**

他的家里摆满书还是摆满球赛优胜奖状？是不是摆着与家人的合影？不经消毒你敢用他的卫生间吗？他的家里是不是凌乱不堪？这或许是他一时没空收拾房间，但如果他就是不爱整洁，那他将很难改变恶习。你必须作出决定：你能与这样的男人生活在一起吗？你有把握改变这种脏乱的环境吗？

**（2）看他交的朋友**

你不可能喜欢他所有的朋友，但如果他大多数的朋友你都不喜欢，这就是提醒你，他不适合你。男人结交一些女友也不是坏事，这有助于他理解女人，也表明他能与异性交流。如果他只有女朋友而没有男朋友，你就要当心了。这样的男人极有可能时常感到其他男人的威胁，他需要在异性面前找到自信心。

**（3）看他如何对待小孩子**

他如果嫌小孩子麻烦，拒绝和小孩子亲近，那他百分之百不会是一个好父亲。如果他非但不讨厌小孩子，还乐于与小孩子交谈，甚至俯身听小孩子说话，趴在地板上与小孩子一起游戏，这个男人无疑将成为一个好父亲，你值得与他发展关系。

**（4）看他是否守时**

和他8点约会，可他9点才到，说明他没有把你放在心上。他觉得自己的时间比你的时间更重要，这实际上是他对你不尊重。

**（5）听他爱说什么**

如果他在女人面前充满温情地谈起自己的家庭，这种男人最能打动女人；如果他希望你与他共享欢乐或分担痛苦，那么，这个男人比较自私；如果这个男人喜欢对别人品头论足，看不起任何人，听信传言，甚至对别人的遭遇幸灾乐祸，这种男人趁早离他远点儿。

**（6）看他对前女友的评价**

讲女友坏话的男人靠不住。既然曾经相爱，为什么诋毁其名誉？尊重自己以前的女友，才是大度的男人。

### （7）看他对母亲的态度

对母亲不好的男人，最好别去亲近他。男人对母亲的态度就能说明他对女人的态度。尊重母亲的男人，他同样懂得爱自己的妻子。但要注意男人过分依恋母亲，言听计从，他很可能没有独立性，这样的男人没有男子汉的气概。

### （8）看他怎样对待金钱

有的男人总是抢着付账，这并不能说明他大方，反而表明他想控制女友；至于挥霍无度，甚至负债累累的男人，你千万不可与他交往。

### （9）看他对待工作的态度

男人对工作的态度就是对生活的态度。凡是在工作上稍不顺心就跳槽的男人，几乎可以预料有朝一日，夫妻关系出现一点点挫折，他也会一走了之。

### （10）看他的心理是否健康

爱讽刺别人的男人，其实是借贬低别人抬高自己，这类男人心理不健康。还有些男人无缘无故发火，有时冲着电视节目喊叫，还可能对餐厅服务生无礼。他可能在精神方面藏隐患，有发展成抑郁症的危险。因此，请远离这样的男人。

恋爱中的女人常常为了一份心跳的感觉而忽视很多生活细节，即使偶尔感觉到了一些不妥，也会以种种理由为对方开脱，终有一天会发现这个让自己倾心付出的男人并不是真爱自己。••••••••••

# 从细节选真爱

虽然，女人具有天生的第六感，但一旦陷入爱情漩涡肯定没有平时的清醒。要确定一个男人对自己是不是付出真爱，除了不惜花费大量时间和他倾谈，了解他的为人之外，从一些简单的、非语言性的生活细节处也可透视他。如果你要观察和评判一个男人，不妨透视以下几个"窗口"，就会从中得到你所想知道的东西。

**（1）通过物质看他对你的重视度**

谈过恋爱的人都有过这样的经历，那就是对自己倾心的人极度慷慨，哪怕兜里只剩下一元钱，也会想着怎样用这一元钱为爱人添点儿什么。那么，对方舍不舍得为你花钱，从某种程度上讲，未尝不是一个即时可见的检验标准。

当然，这个人所能为你付出的金额数量还要视他的经济状况而定。倘若是一个两袖清风的穷小子，他能把身上唯一的外套脱下来为你挡风寒，也是一份诚挚的心意；反过来，若是一个亿万富翁，即使给了你1000万，也不见得是真心爱你，顶多当你是件昂贵艺术品罢了。

用句最俗的话来说，爱人就是即使只剩下一个馒头，也会先让给你吃的那个人。

**（2）是否能够接受你不美的时候**

在国外的一种趣味圣诞卡里，天使也是要蹲马桶的，更何况以五谷杂粮为食的我等凡人，生活中难免有很多无法保持优美姿态的时候：比如提着裤子站起来、或是一睁眼满眼角的眼屎、或是感冒了不停地打喷嚏不停使劲儿地擤鼻涕……凡事种种，任是谁想要在这个时候保持优美的姿态都是心有余而力不足。倘若你爱的那个人不能想象，更不能热爱你也有这样俗不可耐与常人无异的状态，无论这个人多么优秀都应该毫不犹豫地一脚踢开。原因非常简单，你是活人，不能把生活变成舞台。

**（3）是否愿意和你一起共同承担琐碎的生活细节**

人若要活下去，就必须得穿衣吃饭，就脱不了那最最俗气的每天开门七件事——柴米油盐酱醋茶，生活也就是由这些琐琐碎碎的细节组成的。

如果那个说着爱你的人始终不肯和你共同承担这些生活细节，比如买家具、交纳电话费、水电费等等；在你临时有事需要帮助，而他又没有什么实在脱不开身的工作要做却依然让你一个人去苦恼，这样的人不要也罢。因为他很大程度上只是想找一个不花钱的保姆，并不是真的爱你爱到非要娶了你共度一生的程度。

### （4）性希望是一种很关键也很有效的考验

男人想要一个女人时，常常可以为这个女人做一切她想要他做的事，也会细心照顾琐碎的生活细节，因为他想要得到这个女人。他所做的一切都是他的前期投入，回收就是那个他想要的女人。有精明的女人说，想要一个男人一直帮助自己，最好的办法就是给他一种即将得到她的希望，即不让他真的靠近这个希望，更不能让希望变成事实。

所以，若想知道这个男人是真的用心在爱你，还是只想占有你，彻底毁掉他对你的幻想，让他不再有性希望是一个很关键也很有效的考验。明确告诉他你不可能成为他的女人，倘若他仍然能一如既往地挂念你，在你需要帮助的时候向你伸出温暖的手，那么这个男人真的在用心爱你了。即使你不爱他，他也可以作为一个最好的朋友。若那个男人并不是真心爱你，在你彻底熄灭了他的性希望之后，他便会一走了之，再去追逐新的对象。毕竟大家的时间精力都有限，谁会把如此有限的时间和精力浪费在一件没有希望的事情上。

绝对好男人翩然而至时，必然会有一个不绝对好的男人，甚至是个绝对不好的男人，像魂一样附在绝对好男人身上。几乎可以说，任何一个男人的优点，都是以他的缺点作为代价——即一个男人的优点，基本上也就是他的缺点。·······

# 从男人的缺点中找幸福

在爱情这张餐桌上，红苹果、青苹果，只能尝一个。有人说，女人的误区，就在于在这张餐桌上，她们尝了红苹果之后还想尝青苹果。女人不能这么贪心，在好多类的男人中间，你只能选择其中的一个和自己同奏锅

# 女人的战争
## Women's war

碗瓢盆交响曲。

### （1）会挣钱的男人

这类男人往往是在生意场上辗、转、腾、挪，经过自己的一番拼搏、创业，他们像变戏法似的让钞票大把大把地淌进自己的密码箱。若嫁给这类男人，女人肯定会拥有一份珠光宝气，贵妇人一样地衣来伸手饭来张口。但是，生为商人妇需受许多苦，包括长时间地独守空房之苦；包括某一日老公可能给你十万雪花银再搭配一张离婚证书之苦；包括老公在外泡小蜜之苦……这样你就再是锦衣玉食，也会觉得自己不幸福。你会发觉自己像金丝笼里的鸟儿一样，不能自由地飞翔，不能自由地鸣叫，你会忍不住为自己的命运痛哭，会认为自己嫁给这样的男人真是亏了血本。

### （2）事业型的男人

这类男人往往是受人尊敬的。他们认认真真、兢兢业业地工作，不分晨昏地干事业。嫁给这类男人，女人们会觉得自己的生活很稳定。但日子一长，女人们可能会发觉自己的日子不怎么富足，家务活也是越做越繁重。别人的丈夫，可以天天准时下班回家，帮自己接孩子，帮自己照看老人；别人家的丈夫，可以在自己生病的时候，陪着女人上医院，而自己家的男人却正在单位里为工作绞尽脑汁。人心都是肉长的，再贤惠的女人也会扪心自问：嫁给这类型男人，到底要付出多少青春？

### （3）浪漫型的男人

这类男人是最易让人着迷的，他们的舞跳得好，歌唱得棒，说话会往人心上碰。在枯燥的生活面前，尽管浪漫是很好的味精，但它毕竟不能吃得太多。女人们在接受男人赞美之辞的同时，也会思忖，这些话是否又会在别的女人面前复印呢？婚后的女人更注重的是，男人是否用说漂亮话的时间把煤气罐从楼下扛到家里。

### （4）现实型的男人

这类男人在现实生活中是司空见惯的。他们大多是没有多少进取心，在办公室里，公家的活可做可不做，但家务活是绝对和老婆共同承担的，你炒菜我便煮饭，你拿筷子我便端碗。若嫁给这样的男人，女人也是无多少话可说的，因为居家过日子，谁不求个和谐与轻松呢？但是，一旦自己的丈夫科员一当就是十来年，且有继续默默无闻之势，女人的心理就有些不平衡了。

综上所述，不难看出嫁给哪一类男人你都会觉得自己不满足。那么，天底下那么多女人都会因害怕吃亏而不嫁了吗？这当然是不可能的事。我们绝不能害怕风雨和虫子就拒绝播种。在此，我欣慰地告诉天下所有女人，只要你所嫁的是那种敢把"我的真心放在你的手心"的男人，那么，不管他属于哪一类，你都不会吃亏的。

男女相处就像是一场博弈，而博弈的胜负很大程度取决于你是否知己知彼。女人要学会从方方面面的细节上去观察对方，以求用较短的时间就能判断出他是否值得你耗费光阴。·······················

# 撕开 "好男人" 的画皮

男人一般都好面子，特别是在自己喜欢的女性面前，他们更善于把自己的缺陷等不好的一面伪装起来。你千万不要被他的一些表面现象所迷惑，应用心地从一些小细节去发现真实的他。认清他的真面目，有助于你选择一个真正想要的男人做伴侣。

**（1）不停看手表的男人**

这种男人给人的印象是守时、严谨、做事有分寸，但如果与你约会，他总是不早一分不晚一分，或者在等车时不时地看表，你可得留一个心眼儿了。这也许是他为人过于遵循原则和教条，甚至是因为他从小生活的环境比较压抑，所以缺少无拘无束的洒脱个性。和这种刻板、教条的男人生活在一起，不昏昏欲睡才怪呢！

**（2）高谈阔论的男人**

女人会对那些喜欢把所见的一切来一番阔论和指点，并且出语惊人、妙语连珠的男人既钦佩又爱慕。事实上，这也说明了男人的心地不够宽厚，有些矫情。如果你们相处的时间长了，他会把这种才华施展在你身上。你的口红太艳了，衣服太灰了，甚至做的菜稍稍有点咸，他都会评头论足一通，并且出语尖酸刻薄，你可受得了？

### （3）有情调的男人

有情调的男人的杀伤力不可小觑，他对生活的每一个细节都力求精致。浪漫到骨子里的男人是很稀少的，他不过是在讨你欢心而已。等他完全俘虏你的心时，他的平庸就显山露水了。即使，他真是一个彻头彻尾的浪漫主义者，当他开始为你的发型一个月没变化而皱眉时，你会觉得，做这种男人的妻子，挺累人。

### （4）"性"趣盎然的男人

如果男人和你第一次接吻或做爱都那么无懈可击，你别急着庆幸自己遇到了一个善解风情的男人。说句让你扫兴的话，没准他是个风月老手。如果男人总那么"性"趣盎然，把一切都做得完美无缺，还说自己是第一次，你可要当心，他也许早已对女人烂熟于胸了。

### （5）旧情善忘的男人

男人经常对你说，他已经把过去的恋人彻底地忘记了，现在他的心中只有你。但换个角度去想，能把过去的美好恋情忘得如此干净的男人，是不是有点薄情寡义了？另外，讲自己前女友坏话的男人更是靠不住的，这种男人一副小肚鸡肠。

### （6）一刻都离不开你的男人

他说两人世界是最好的，并不是他爱你爱得发狂，而是因为他是个爱情占有欲特别旺盛、自私、蛮横的男人。也许，将来你和男同事在电话里多聊了几句，他就会吃半天醋，他还会软缠硬磨让你留在他身边。你有因为爱他而放弃自由的勇气吗？

### （7）出手阔绰的男人

女人总是喜欢用男人出手的阔绰程度来衡量男人爱情的浓淡，这是相当不明智的。如果他真的想和你厮守一生，他花钱会节制得多，因为他花的是你们两个人的钱啊！另外，这种恋爱时出手不凡的男人，婚后往往会变得极其吝啬。他是这么想的：我已经在你身上花了那么多，现在你已是我的人了，我干吗还要当冤大头！

### （8）朋友遍天下的男人

女人看见男人朋友无数，便以为男人混得很好，有魅力，但你暂时可能还意识不到，朋友太多，烦恼也多。如果在你们婚后，他不断地把新老朋友带回家或有没完没了的应酬，你会觉得很难适应。

### （9）衣冠楚楚的男人

女人不要轻易被衣冠楚楚的男人优雅的假象迷惑。要想知道一个男人在生活中是否注重细节，有没有品位，就不要看他约会时西服有没有皱折，而应去他的家里看看，他的书桌是否零乱，墙上是否横七竖八地贴着明星画。那种表里反差强烈的男人，也许是善于心计的。

### （10）孝心可嘉的男人

尊重母亲的男人，他同样懂得爱护自己的爱人。但如果男人每次回家，都要和母亲喋喋不休半天，对母亲的话言听计从，很可能有恋母情结，或者对自己的能力不太自信，这就失去了男人的气概。

台湾漫画家朱德庸说：不能嫁的男人太多太多，能嫁的男人太少太少。女人看男人，不像男人看女人写真集那样只知道垂涎，而是像伯乐看马一样，一边垂涎，一边在大脑里做参数对比评测。·········

# 这种男人，我欣赏

女人一辈子的幸福是拥有甜蜜的爱情、美满的婚姻。很多女人有过甜蜜的爱情，但不一定能够找到美满的婚姻；所谓人怕入错行，女怕嫁错郎！能够嫁一个好的老公，是非常美好的事情。所以，姐妹们，要擦亮眼睛找老公。

# 女人的战争
## *Women's war*

### （1）懂得感恩的男人

这样的男人，会把别人对他们的一点好，牢记心头，他们的原则是滴水之恩涌泉相报。嫁这样的男人，你可以永远不必担心你的付出得不到回报，更不必担心糟糠之妻会下堂。世事变迁、沧海桑田，谁也不能保证自己会永远健康美丽富裕，但嫁给这样的男人，你至少可以确信，在你遇到艰难困苦的时候，他会与你同在。

### （2）有责任感的男人

一个男子汉至关重要的品质是敢作敢为。男人的哲学是行动哲学，男人嘛，要敢于把自己的想法付诸行动。谁不希望嫁个有责任有担当的男人呢？但这里要说的是对责任感也要有鉴别，责任感不是做以天下兴亡为己任状，而是对自己负责、对家人负责、对事业负责、对自己的现实生活负责。那些对自己的生活不负责一味忧国忧民的男人，也许只是一个现实的懦夫。

看看银幕上，布鲁斯南扮演的"007"是个身边美女不断的花心大帅哥，但现实生活中，他却是个负责的好男人。同卡桑德拉结婚以后直到她去世，两人都相濡以沫。别以为女人已经潇洒到真正不在乎一张纸，如果你连负这个责任的勇气都没有，那才是不折不扣的懦弱。一个心爱的女人，像稀世珍宝一样难求，只有敢爱并有责任心的男人，才能赢得女人的真心。

### （3）坚强的男人

那些失败过一次就怨天尤人、萎靡不振、跌倒了爬不起来的男人坚决不能要。男人要能给女人安全感，如果你找一个老公，不能够照顾你，还要经常在你面前哭诉自己的不幸，让你也承担他实际上是可以挽救的痛苦，是非常失败的。

### （4）有气度的男人

一定不能找小家子气的男人，即使他爱你。因为一点点小事就吃醋，不论你是因公与上司出去应酬，还是因私与多年不久的朋友聚会，在你回家后大吵大闹或者阴沉着脸半天不搭理你的男人，其实是自私的。当然，他会说那是因为爱你才吃醋，可是不要忘了，爱一个人也要给她自由，姐妹们千万不要做被男人用各种方法把你变相的留在家里只能洗衣做饭的家庭主妇。不是说家庭主妇不好，而是作为现在这个社会的女性，要有自己的社交圈子，要独立、自强，不能给自己自由空间的男人千万不要找。

**（5）幽默乐观的男人**

没有任何人能一生一世一帆风顺，也没有任何人能得到所有想要的东西。在现实的生活面前，幽默乐观的心态绝对要比绝顶的聪明、显赫的背景、突出的成就……都来得重要得多。

英国首相丘吉尔有一名言："除非你理解世上最令人发笑的趣事，否则你便不能解决最为棘手的难题。"很有风趣的男人，大多是十分乐观的。这样的男人具有积极向上的人生态度和百折不回的精神，受到挫折，遇到逆境，也决不愁眉苦脸，仍然是给幽默以必要的人生地位，使人不感到逆境的压力，使沉重的生活显示出轻松，减少烦恼。

**（5）生活习惯良好的男人**

一个生活习惯良好的男人起码是合格室友。这样的男人热爱整洁、尊重他人生活习惯、易于磨合并且有一定的家务天分，如果你是那位幸福的女人就会发现有了他你的周围空间变得前所未有的舒适。

一般来说少小离家、有照顾弟妹责任的长子、不太受宠的孩子比较容易有良好的生活习惯。家教肯定是重要的，但如果这种家教是以母亲的单方面劳碌形成的，当子女独立生活以后，他的生活习惯可能比一般人更糟糕。

小美是一个慵懒的娇娇女，在恋爱冲动的时候，就结婚了，婚后她才发现，自己嫁给了无数个等待的夜晚，嫁给了只播足球的电视，嫁给了一堆臭袜子和脏盘子，嫁给了夜夜酒色烟香……结婚不是嫁给了一个人，而是嫁给了一种生活。

**（6）胸怀宽广的男人**

特征描述：胸怀宽广，并不仅仅意味着对女孩子不计较、不小心眼，更意味着对周围的人不贬低、不诋毁、不妒忌，对别人正确的意见能虚心接受。这样的男人不会来跟你算计房产证上写谁的名字，也不会自以为是、自命不凡。

**（7）爱屋及乌的男人**

一个男人如果真的爱你，会爱你的一切，包括你的坏习惯，你的朋友，你的家人……如果他不能忍受你的朋友或家人某些方面的缺陷或对你身边的人有所不满，那么作为一个聪明的女性，应当尽量避免他与他们见面；如果他苛求到要求你与他们断绝来往，不用犹豫了，甩了他吧！

### （8）有一颗平和心的男人

这个世界已经习惯以事业上的成功来衡量一个人的价值。事实上，一个人的价值在于他的存在对别人是否重要。即使那个人不能在事业上取得与其他人一样辉煌的成就，但是他的平凡生活对他身边的人一样很重要就代表有价值。如果一个男人不能以一颗平和的心去看待自己的得失，整天愤世嫉俗，怪社会不公、怨生活不平，那么你和他在一起也会影响你的心态，容易偏激，给你的心理造成巨大的压力，导致你不快乐的生活。

许多女孩在年轻的时候总是太看重"现在"："现在"的他有多少钱、有什么地位、有什么资历、有什么条件；"现在"的他是否能配得上我；"现在"选择他我是不是有面子，等等，却忽略了更为漫长的"未来"。

事实上，众多母亲辈和姐妹辈的亲身经历告诉我们，没有任何外在的东西是可以维持三十年不变的，真正能让你幸福的，还是人与人之间的相濡以沫、执手偕老。

女人懂得征服男人，利用自己的魅力通过男人获得自己想要的东西，那是女人的最高境界。·······

# 征服男人之独门暗器

一个天生丽质的女人如果集万千宠爱于一身，总是会招致周遭女人的嫉妒和不满，她们一面埋怨男人无法抵御色诱的浅薄，一面制造出"自古红颜多薄命"的传言来聊自宽慰。不过在这场女人间的争夺中，输家在宿命的意识下，只能无奈地叹息：谁叫自己不是上帝的宠儿，没有如花的容颜。

然而令人匪夷所思的是，男人所遇到的诱惑，并非都来自那些漂亮迷人的女人，一些姿色平平乏善可陈的女人却可以成为万人迷，让别的女人输得莫名其妙，到底是醋意难平啊！这种女人才是潜伏在人群中最危险的狐狸精，往往在毫无防备中赢得男人们的一往情深。女人咬牙切齿地骂她们"狐狸精"，然而在女人意识的最深层，狐狸精何尝不是一个梦寐以求的角色。张爱玲曾说，正经女人虽然痛恨荡妇，其实若有机会扮个妖妇的角色的话，没有一个不跃跃欲试的。与其处处提防狐狸精的暗箭，不如反守为攻，自己先当个狐狸精，将可爱的男生一网打尽，"杀"个片甲不留。

### （1）楚楚可怜的眼泪

只有李敖这种学历史的文科怪物才能说出"我看不出女人眼泪与自来水的区别"这种蠢话。男人在泪光点点的感染下，一不小心就全线崩溃、缴械投降。号啕大哭，有虚张声势的嫌疑；抑声啜泣，才会引发男人的疼惜。泪眼盈眶，却努力挤出一抹笑容，表现强颜欢笑的凄美，最让男人防不胜防；把脸转开，任由泪水滑落，故作坚强的柔弱，尤其令男人心疼不已。有时候，仅仅是一滴泪，却蕴藏着击溃男人内心层层壁垒的力量。《大话西游》里至尊宝对紫霞说出了最美的谎言，那何尝又不是他的真心话，只不过当他看到紫霞流在他心里的眼泪时他才明白：此情可待成追忆，只是当时已惘然。

使用秘诀：遵循"物以稀为贵"的古训，适时地利用才能发挥这一暗器的超强威力哦！那种一哭二闹三上吊，动不动就老泪纵横的招式，只会让男人把你当成坏掉的水龙头，充满厌恶地避而远之，任你哭倒长城也视而不见。

### （2）风情万种的眼神

聪明的男性可以从眼神里读出女人的风情万种。善用眼神捕获男人的魅力导师是《第六感生死恋》中的黛米·摩尔。不少男人表示，黛米·摩尔之所以能够抓得住男人的心，最主要的原因是，当她在倾听对方说话时，不仅是个专心的听众，而且她会自然地流露出深情而执著的眼神，让对方觉得自己所言"字字珠玑",进而产生强烈的成就感。千万不要低估男人的虚荣心,被关注、被重视的感觉可以让他们在自我满足中不知不觉成为你的俘虏。当女人与男人猝然相遇,男人一般都会寻找一个对应的讯号,就是你也注意他。让你的视线在他的眼眸停留,时间不多,一至两秒。这样,他就有勇气开始和你交谈了,交谈是一切的起点。

使用秘诀:注意频率和时间长度。你那水汪汪的大眼,像猫捉老鼠般直盯着对方瞳孔不放,只会让男人以为你是花痴或不幸患有视神经障碍。

### (3) 柔软飘逸的秀发

生活在数字、符号、图表世界中的男性,审美观还远远停留在传统的范畴内,飘逸、长长的直发对于他们有着亘古不变的杀伤力。或许一头随意的乱乱的碎发、挑染后五彩斑斓的短发可以让学中文或搞艺术的男人觉得有气质、有个性,但是在视条理性为生命的理科生眼里,乱七八糟、五颜六色的发型毫无美感可言。还有被常人忽视的一点,柔软有光泽的长发不仅可以从视觉上俘获男人,在嗅觉上也有不容小觑的魔力。接下来,你什么也不用做,守株待兔就好了,他们会使出浑身解数来接近你。

使用秘诀:每天精心清洗、呵护长发可以聚焦男人的目光,回头率150%;但如果不勤洗的话,油腻腻粘糊糊的长发,厌恶率500%,足以令方圆一公里内的雄性动物顷刻间绝迹。

### (4) 迷人的微笑

微笑是一种最简单的方法,让异性知道你是可亲可近的女人,而不是高悬在天空的仙女。男人比我们想象的更脆弱,他们害怕被拒绝。但是微笑可以破冰,特别当满屋子都是扮酷的女人时,微笑令你脱颖而出,刺穿屏障直接进入男人的内心。

使用秘诀:展露笑容的时候难免会露出牙齿,颜色发黄、充满了烟、茶、咖啡的痕迹,甚至留有上一餐饭菜的讯息,只会让你的笑容立马变得狰狞。时刻注意保持牙齿的卫生。难怪现在日本审美牙科深受欢迎。

### (5) 诱人的香水味

别忘了,男人既是视觉动物,又是嗅觉动物。淡雅、清新、若有若无的花香,让男人在诗意的氛围中迷醉。有人说对男人而言,爱情是一种化学作用,爱上她仅仅是因为她特有的气味。对初恋情人,男人可能会淡忘了她的容颜，但仍然记得她的气息，那种淡淡的香水味，使爱情长久蔓延。

使用秘诀：过于强烈的香味决不意味着性感，没看到周围的男士都皱着眉头屏住呼吸做无限痛苦状吗？还有，涂抹香水前沐浴是必要的步骤哦！否则汗味、体味与香水味混合，只会让人联想到刺鼻的硫化氢。

### （6）娇媚的撒娇

自以为过尽千帆的文科男生开始抱怨：这年月，爱撒娇的女人越来越多，会撒娇的女人却越来越少，已经"孤帆远影碧空尽"啦！但是别忘了，理科男生在理论和实践上都不是谈情说爱的高手，即使最泛滥的撒娇手段也可以产生效力：女生紧握玉拳在男生背上轻轻敲两下，伴随一句音韵悠长的"讨——厌"或是连声说"坏死了，坏死了"，男生就被打动得一塌糊涂，为女生在自己面前的妩媚得意万状，顾盼自雄。有时女人任性或者"赖皮"一下，可以化解一场言语上的干戈。比如约会迟到时，不妨娇嗔"每次要见你，都好紧张，不知道要穿什么衣服你才觉得好看，犹豫不决才来晚了嘛。"对方的怨气立即烟消云散。女生的千娇百媚，让男生觉得拒绝她埋怨她是一种残忍。能抵抗这一暗器的男生只有两种：正在练葵花宝典的和已经练成的。

使用秘诀：此门暗器最好用在对你有点好感的男生身上。否则无论跟谁说话，一发感慨，动不动就来一通"你好过分耶！好坏哦！"，一惊一乍地把男生"小心肝吓得扑通扑通地跳"！心思单纯的理科男生会后怕不已，以为白骨精的妈妈投胎转世，晚上会做噩梦的！

### （7）偶尔的肢体触碰

触觉是人体中最缺乏理智，最富有情绪的感觉，有种种神奇的魔力。仅仅是肌肤的瞬间轻触，就可以直接引发莫名的情愫，让人心跳不止。用你的手或者胳膊来触碰你心仪的男生，让他知道你对他有那么一点兴趣，可以勾起他对你更大的兴趣。如果他说话很幽默，借机笑着轻敲他的手臂；或者在上洗手间前，轻触他的肩膀说："我马上会回来的。"一般男人都很难抵御如此的"偷袭"，进而跌入女人的温柔陷阱，无法自拔。

使用秘诀：触摸不像语言可以撒谎，所以触摸的时候动作要轻柔自然，犹豫、颤抖会让对方怀疑你心怀叵测哦！

### （8）巧妙的暗示

如果希望能够与他更进一步，恰如其分的暗示往往会带来心想事成的结局。略有放纵的淑女是男人疯狂追逐的对象。一个长相普通却颇有男人缘的"狐狸精"向其他女人传道授业："一次，他请我喝咖啡，他走开了一段时间，等他回来的时候，他发现我已经将外衣脱去了。我不是想立即就给他什么，我只是告诉他，我并不是禁锢自己的女人。"一点微妙的暗示常常迅速拉近两人的距离。比如巧妙地借用梦境来点化男人，哪怕再不解风情的人也能明白"日有所思，夜有所梦"的简单逻辑。装作不经意地告诉他，你的梦与他有关，你在梦里和他放风筝或是去了海边……最后这虚构的梦境都将被移植到现实。

使用秘诀：有时候正经与轻薄之间仅有一线之隔。把握暗示的分寸，太过火了只会让他觉得你太过主动，因此而不珍惜你哦！

情场如战场，随时都有人想攻城略地，就算条件再好的女人也不可能百战百胜。若正好心仪的对象身边竞争者有一卡车，总要费点心思，动点脑筋思考如何利用个人特质和环境优势才能杀出重围。·········

# 好男人也要 "抢"

### （1）先下手为强

只要确定他对你也有点好感，就要开始为自己积极制造机会。没事邀他陪你买礼物，或隔三差五地打电话寻求协助，说家里有蛇有蟑螂都好，但可别只让他看到你"娇弱"的一面，如果人家真的愿意到家里来，一定要好好展现你的手艺，厨艺不好，至少也弄点点心或打杯纯果汁慰劳人家吧！既然他帮了你的忙，以后礼尚往来接触的机会自然就增多了！

**（2）温柔小猫攻势**

懂得装傻和撒娇的女人绝对不会吃亏。虽然 E 时代的小男生多半喜欢野蛮女友，但大部分男人内心深处依然渴望女友能像只温柔小乖猫。

不管平时多有个性，工作上多么独立干练，一定要让他注意到你温柔可爱的另一面。

**（3）爱的眼泪发威**

"爱哭的孩子有糖吃"，虽然动不动就哭闹的女孩令人讨厌，不过在必要时，这招还是挺管用的。男人天生有保护弱者的本性，也不想接受"见死不救"的良心谴责，不妨找出适当的时机，深情望着他的眼睛，梨花带雨地对他说："我真的很需要你。"

**（4）"习惯性存在"攻势**

不一定要刻意为他搬家或更换工作地点，只是更巧妙地不时出现在他的视线和生活里，不但要引起注意，还要变成一种"习惯性的存在"。如果是同事或同学关系，可以从讨论公事和作业下手，无论如何都要先设法取得他的 MSN 账号，如果他喜欢用电话闲聊，就去办只可以跟他网内免费接听的手机。

**（5）魔音传脑敲边鼓**

万一局势不利或情况不明，可以从他周遭亲友下手，家人或同事从旁多美言几句，敲敲边鼓，加上力挺你的话语不时魔音传脑，很快便能促使犹豫摇摆的他下定决心。

**（6）弄假成真**

不妨学学有些女孩自抬身价，故意邀请他佯装成你的男友，来帮你驱逐其他异性追求者。然后找机会偎着他、挽住他的手对镜子说："你看！我们真的很像一对恋人的。"这招应付某些迟钝型的男人绝对有效，会让他产生"不如就试试看吧！"的念头。也可以参考电影情节，假装喜欢的是另一个男孩，然后找他来练习爱的表白。

妈妈常说，好女孩不玩弄感情。从现在起，忘了这句话吧。在一段罗曼史刚刚展开的时候，一些无伤大雅的爱情小伎俩会让你和他之间更加甜蜜恩爱。····

# "坏" 女人笑傲情场

提到和男人玩心理游戏，是否还会让你联想到交际花的卖弄风情或坏女孩的有失检点？如果答案是肯定的，那么你就大错特错了。我们现在要做的，就是纠正这个老旧且愚蠢至极的观念。

"游戏是使爱情长保新鲜的良剂。"《第一性》的作者海伦·费希尔博士说："这是符合人性哲学的。游戏带来的刺激和想象空间会使女性更加被关注和欣赏，同样的，磨难和挑战也会激起男士们更大的兴趣。"

是什么使得这种求爱运动如此引人入胜？答案是：这不是你死我活的生存战役，甚至没有所谓的失败者和俘虏。这是一场爱的追逐游戏，充满粉色的神秘感和甜蜜的刺激。怎么样，动心了吗？玩玩下面的五个"感情游戏"，保你成为笑傲情场的幸福女人。

**Game 1：不要立即回复他的电话或 E – Mail**

战略计划：在你们认识之初，无论你心里多么渴望拨通他的电话或回复他的邮件，都要压抑压抑再压抑。

你的"冷漠"会引起他格外的注意和惦念，甚至让他产生没有你就快活不下去的强烈感觉。当他的电话打来，"有时可以让电话答录机或者手机的语音信箱来回应。"美国女作家雪莉·阿格在她的《男人恋上坏女人》里说："这会让他意识到你是一个值得等待和花心思的女人，所以，去让他为揣测你在做什么而绞尽脑汁吧。"

28 岁的罗欣当初就是用这个手段迷住男友安旭的。"他帅得就像陆毅的孪生兄弟，我知道他已经习惯了被女孩子包围和迎合的环境。"罗欣还提升了游戏的难度，她没有给他留下自己的手机号码，因此安旭永远不知道她何时何地和谁在一起。每当他在她家的电话答录机里留下口信时，罗欣总是拖上至少一天才给他回电。"当我们在电话里交谈，他会很急切地问我到底在哪里，而我从来不会因此而抱歉。"她补充道，"相反，我会轻松地说'那几天简直太疯狂了。不过现在，我有时间听你说话了。'安旭一直觉得能够追到我是他的幸运。"

●取胜秘诀：男人喜欢在求爱过程中体验挑战性。通过拖延回复这个小小的细节，你就证明了自己不是一个唾手可得的简单女人。更重要的是，这个游戏可以测试出他对你的用心程度。也就是说，你可以清楚地了解他对你究竟是一时兴起还是真心实意。

**Game 2：婚姻的基础是彼此坦诚相见，而恋爱的绝招恰恰是你的"深藏不露"**

战略计划：如何在第一次约会时很好地表现自己？你可能会说：毫无保留和全方位地自我介绍会给他留下一个好印象——我要和他分享我的成长足迹和生活经历，甚至钟情的内衣品牌和室内布置……快点打住，你犯了初次约会的大忌！

这种直言不讳的倾诉，非但不会引起男士们的共鸣和好感，反而可能成为约会失败的罪魁祸首。面对一个还不算熟识却乐于和自己分享个人隐私的女人，男人往往会把她当成一本可以向任何人打开的书，而并不觉得她是在为缔结两人间的亲密关系而做出努力。

正所谓有时无声胜有声，你的沉默和忌口也许比肝胆相照来得更有效。你可以和他谈谈工作或者兴趣爱好，避开具体的人物事件和零七八碎的生活细节。很快地，他对你的兴趣越来越大，最后便会迫切地要求知道你绝口不提的那部分内容。

24 岁的黄珍珍便深谙此道，初次约会中，她成功地运用猜心游戏的战略。"晚饭时，他问我是否在和别人约会。我只是半真半假地说，'反正我可不愿意独自在家享受孤独。'哈！我能感觉到他的心神不宁，这句话折磨了他一个晚上。"

●取胜秘诀：你愈是欲说还休，他愈是兴致益然。男人是天生的猎手，他们喜欢有些神秘感的女人，不惜精力地探求她语言中的虚虚实实。好奇心会使得他们大脑中的多巴胺（人体内的一种能够激发强烈爱欲的元素）浓度增大，在猜心游戏中，当男人最终得到了那些对他来说非常重要的信息时，他会觉得自己已经充分取得了这个女人的信任和好感。一个愿意倾听你和了解你的男人，对你意味着什么呢？

**Game 3：永远都表现出和他一样的忙碌**

战略计划：即使你们已经开始了交往，也不要让他觉得他已经牢牢地占据了你社交日程的一席之地。仅仅让他以为，和他约会就像参加瑜伽课程或看古典爱情小说一样，是你生活中一项稀松平常的娱乐。这样做是为了表明，他并没有掌控你们的关系，你的生活还是属于你自己的。为了更好地实施这个战略，可以停止一些约会和电话沟通，然后在他的追问之下，故作神秘又轻描淡写地提及你最近的其他安排。

"我和阿丹刚开始交往的那段日子，几乎每个周日都在一起吃午餐。"26 岁的乔小娅说，"一次用餐时我发现，他对周围顾客和餐厅装饰的兴趣似乎比对我更大。因此在他提出下一次约会时，我对他说因为一些事情我将无法赴约。阿丹的反应是为了下一次的顺利约会，他很快去买了电影票并且在高级餐厅订好了玫瑰花和豪华套餐。我的忙碌给他造成了心理压力，他明白必须要马上行动才行。"乔小娅对自己的战术很是满意。

●取胜秘诀：记住，喜欢他，但不丧失自己的生活空间，生活被他点燃而不是主宰。你展现在他面前的是一个现代女人的自信和独立——这恰恰是男人心目中性感女神的两大精神特质。男人很怕失去自由，然而当他们发现女人并不是那么需要和依赖他们的时候，那种对约束的恐惧感便消失了，取而代之的是他们迫切地渴望成为你生活中的一部分。很多女人为了男人不惜牺牲自己的社交活动和兴趣爱好，这个游戏就是要告诉你，私人空间和感情生活不能混为一谈，它们需要相互平衡。

### Game 4：当着他的面和另一个男人攀谈

战略计划：这么做的原因很简单——让他为你"吃醋"。在新男友公司的圣诞派对上，26 岁的杨骊发现这一招真的很奏效。"当时我坐在吧台前点了一杯名字特别的鸡尾酒，这一举动显然吸引了坐在我旁边的一个男人。"她回忆说，"我们开始交谈，没过几分钟，他就走过来了……一个晚上他始终寸步不离地陪在我身边。"

始终让他觉得，想要完全集中你的注意力并非易事。假装兴致勃勃地和漂亮的男孩子交谈，故意在你们的话题中提及某个男性朋友。如"那天阿涛给我讲了一件发生在他身上的事，真是超级有趣……"，或者让他撞见某个男士在为你付账。

根据一项关于社会行为的研究，男孩子打架往往是出于竞争的刺激。因此，当你抛出一个香喷喷的诱饵——其实那就是你自己，接着就站在一边看他是怎样从躁动到疯狂的吧。不过切记，这种表面的"坏"只是为了激发他的妒忌心和注意力，千万不要笨到和某人假戏真做，否则，他对你就不再是仰慕，而是避之唯恐不及了。

●取胜秘诀：给你勇敢的骑士一些微妙地提示：我是个令不少人神魂颠倒的可人儿。这会引起男人天性中强大的保护欲和征服欲。在女人面前炫耀勇气和力量是男人的一种心理需求，当他看到你和另一个男人讲话时，他的这种心理就会膨胀，他会站出来保护你并且证明自己才是最值得你爱的对象。

### Game 5：生米慢些煮成熟饭

战略计划：交往的第一个月尽量克制发生性关系。听起来也许很扫兴，游戏的结果似乎是没有任何收获。然而你要知道，时间的考验只会让他的欲望不断灼烧，最终像热吐司上的黄油，一触即化。

你也用不着装得一本正经，不妨让一些小小的信号暗示你性感的一面。调情、热吻和挑逗的着装都没关系，但要确保是你在占据主动。也就是说，在即将迈入卧室的一刹那，你要能喊停。

●取胜秘诀：在这件事情上，你的果决反而会升华他的欲念，甚至产生肃然起敬之感。他会意识到你是个对性问题和性伴侣都很慎重的女人（这对你来说，难道不是一个鼓舞？）。所有的男人都想最快得到他喜欢的女人，无论是否愿意把她当作女友对待。然而你的拒绝会令他冷静下来，认真思考和你的关系，从而考虑把你当做真正意义上的伴侣。

设想你走在下班的路上，行人匆匆擦肩而过，你突然看到一对洋溢着幸福气息的恋人走过来，两个人的手紧紧握在一起，空气中都散布着他们的甜蜜和美好。面对感情稳定幸福的一对儿，你很难强迫自己不去嫉妒，你是否也正在为了维护自己的恋情而焦头烂额呢？

# 好习惯让爱情坚如磐石

### （1）鼓励和赞美最重要

男女刚刚陷入爱情的时候，必然会互相赞美对方的优点，随着关系固定下来，最初的温度略为下降之后，人们对这种事情就做得少了，尽管两个人仍旧十分倾心于对方，但是已经不会再大声地说出赞美和鼓励的话。

如果缺乏真心的赞美和鼓励，那么最初的赞美给彼此带来的美妙感受和感激之情就会大大降低，直接导致的结果就是两人的感情联系变得薄弱。

因此，必须多多鼓励对方，把他当做一个值得赞赏的对象，告诉他你对他身上的某个特点非常着迷，尤其是男性引以为豪但是很少能了解别人的看法究竟怎么样的方面，如他良好的社交能力，不为人知的癖好，甚至是他健美的身体。

例如：27岁的凯琳在这方面非常有心得："每次看见男朋友穿上西装，

我都会告诉他西装最适合他，还有他嘴唇的形状非常性感。当我这样说的时候，可以明显看出他整个人都显得精神焕发。"赞美还有一个妙处就是它会被传染，经常给对方打气，他也会习惯于寻找你身上的闪光点并给予鼓励和赞赏。

### （2）想要什么你就说

娜娜最痛恨丈夫在入睡前不搂搂抱抱自己就直接睡觉。每当他忘记的时候，她就会气恼，不好好睡觉，甚至装病哭闹。而她莫名其妙的丈夫只会不断地问她：你到底哪里不舒服？

相信这一出戏剧场面你并不陌生。很多女人都跟娜娜一样，希望丈夫或者男朋友是一个超感知能力者，不需说明就可以做出她们喜欢的浪漫举动。但是，世界上有这种感知能力的人真的是凤毛麟角，他们不能在你的心里装上窃听器，随时破译你的心声。如果他们知道你在等着他破译，只会让他们哭笑不得。

在良好的情侣关系中，这种猜心游戏是坚决摒弃不用的，最稳固深切的爱情需要以没有障碍的沟通作为基础。需要什么、苦恼什么、希望对方说什么做什么，都是直接说出来为好。你一言不发地自己生闷气会让对方无所适从而郁闷，容易引发矛盾和冲突。

### （3）无伤大雅的癖好可以无视

夫妻或情侣长期生活在一起，属于个人的习惯和癖好都会展现在彼此面前，无论他多么让你心神荡漾，共同生活才是考验你的耐心和包容性的一个开端。他可能每天早上都一边吹口哨一边打领带准备上班，也可能永远把用过的浴巾扔在地板上。无论是多么奇怪的小癖好，明智的女人都应该选择统统无视。你很快会发现对这些小事情睁一只眼闭一只眼对你们的关系绝对是利大于弊。既然已经是多年形成的习惯，那么绝对没必要在这种事情上浪费时间大起干戈、因小失大。

例如：张丹丹的男朋友习惯一边开车一边跟着收音机的音乐在方向盘上打拍子，刚开始的时候这种习惯并没有引起她的注意，但是时间长了她感觉难以忍受，恨不得用头去撞车窗。"但是我习惯把眼光放开一些来看这个问题，他有那么多我喜欢的优点，怎么可能被这个小小的有点可笑的怪癖掩盖住呢？在这件事情上纠缠是得不偿失的。"

**（4）亲密不应该流于形式**

在爱情中，表达彼此爱意的最初都是从亲吻开始，应该注意的是，不要因为接触久了，就把亲吻当做夫妻生活前的例行公事，要重视你们的每一个吻，每次接吻的时候都要真诚而温柔，永远像你们第一次亲吻的时候一样怀有激动和喜悦的心情。吻是一种很奇妙的行为，可以很好地表达出一种"我对你爱不释手"的情怀，对方会感觉你深深地被他吸引，同时他的爱也是你所渴望的。

另外，增进感情的方法并不只限于亲吻，两个人在一起的时候应该多用抚摸或其他的身体接触来表达感情。有的情侣习惯在任何时候都手牵手，即使在两个人睡着了以后也不分开，这是一个值得借鉴的习惯，可以让你们之间的默契和温情保持在一个细水长流的稳定水平上。

每天至少联系一次。如果每天下午你都会收到伴侣的一个短信，你会不会感觉很幸福？也许你们晚上就会见面，但是无论如何他都会保持这个习惯，哪怕只是寥寥的几个字。这个短信成了你们之间感情的纽带，让你知道他百忙之中心里还惦记着你，还有什么比这更让你感动的呢？在关系牢固的恋人中间，这种做法非常普遍，他们不会让彼此失去联系，哪怕是一天也不行。现代社会生活节奏紧张，工作压力繁重，很有可能两个人接连几天都不能见面，无论是电话、短信、电子邮件甚至是枕边的一个小小字条，无非是想表达：尽管我们不能见面，但是我们的心永远在一起。

**（5）快乐可以自己创造**

经常穿梭于各种聚会或派对的情侣往往不被人们看好，真正有潜力天长地久的是那些习惯二人世界的情侣们。他们不需要在人际关系网中寻找安全感，在两个人的世界里，他们一样自得其乐。真正快乐的伴侣珍惜两个人相守的每一个平凡时刻，他们在一起就很好，不需要其他人来打扰，不依靠任何活动和游戏就能满足。

真的可以做到吗？可能你不相信，一对有默契的情侣可以几个小时坐在沙发上各看各的书，或者聊他们的白日梦，甚至就是坐在一起沉默地思考，并不需要制造话题，也不需要什么背景音乐，因为对他们来说，能在彼此的身边相伴就已经足够了。

**（6）大胆追求激情**

一成不变的日子让人乏味，性爱更是如此，积极的伴侣不会忽视这个问题。美满的性爱特别有助于促进感情，两个人都有义务开发新的情趣，让两个人的激情永不消退。

经常变换花样会让彼此之间获得更大的欢娱，同时让彼此更了解对方的需要，让两个人真正地达到身心合一。在这个方面两个人的交流更加重要，应该放下羞怯的心理，坦诚积极地追求美妙新鲜的感觉，这样才能帮助爱情历久弥新，坚定持久。

### （7）爱情也需要检查进度

并不是要求两个人每个星期开一次例会，讨论最近爱情方面的投入支出等等是不是按时按量地完成了；也不是说，当不安全感或摩擦产生的时候就要展开批评和自我批评。两个人对感情能够开诚布公地讨论并把握进度是很有必要的。经常总结你们的表现和内心的想法可以帮助你们找出爱情路途上的小小不平并随手解决掉，这是很多亲密伴侣经常采用的方法，值得学习。

例如：茉莉习惯在两个人都很放松的情况下进行一个小小的谈话，她和丈夫把这个叫做"民主联盟"，他们把近期以来积聚的感受和想法特别是不愉快的想法统统讲出来，所有可能影响两个人感情的不快都能够得到宣泄和消除。这是一种积极的方法，可以预防两个人各自关闭心灵引起的危机。

### （8）永远彼此尊重

如果想知道一对情侣是感情深厚还是感情已经亮起红灯，只要观察一下他们谈话时候的表情和语气就可以看出端倪。如果他们之中的任何一个动不动就给对方白眼、冷笑或者出语讽刺，那么可以宣告他们之间不太可能长久下去了。如果一个人对另一个人总是居高临下，说明他们之间缺乏最基本的尊重，这是每一对伴侣都应该尽量克服的坏习惯。

尽管很多时候你需要很大的力量克制自己不发表意见，但是一个好恋人不应该对伴侣表示出轻蔑或讥讽。有的时候你的伴侣确实表现得愚蠢，那么不妨换个立场考虑，如果你受到对方的抢白或嘲笑，你必然感觉受到了伤害，这种力量作用到对方身上他受到的打击是相同的。应该学会克制，保留对方的自尊对你们的关系很重要。

### （9）没有必要完全透明

诚实是两个人相处中最应该遵守的品性，但是这并不代表所有的事情上你都要表现得过于真实，因为很多时候真话并不是那么美好，很可能会对你的伴侣造成伤害。

例如：巍巍的男友让她给自己的身材打分，按照 1 到 10 分的标准，巍巍直言不讳地说可以打 7 分，尽管她不是故意的，但是她的男朋友很有失败感，这就是让人难以接受的真话的最大害处。

怎样才能把握好真实和善意的不真实之间的尺度呢？什么时候该说真话，什么时候应该轻描淡写？最有效的办法就是在开口说话之前，先设想一下如果换成你来提问，你会希望他说出什么样的答案，如果跟你打算说出的回答一样，你会感觉高兴还是受打击？如果是后者，那么很明显你绝对不可以按照这种方式回答。

另外要注意的一点就是不要对伴侣不想说的事情刨根问底，可能不这样做你会感觉不甘心，但别忘了，他们不想说的原因是他们也知道真话不一定全是美好的。

近年来，"剩女"一词红遍大江南北，俗话说"男大当婚，女大当嫁"，可有些女性一不小心就成了大龄女青年，而且被冠上了一个新词——"剩女"。····

# 剩女——春天在哪里

其实，"剩女"在其青春岁月中往往被视为"圣女"，她们学历高、收入高、职位高，其中不乏容貌姣好、气质不凡者，对男士而言高不可攀。然而韶华易逝，当昔日女伴纷纷结婚生子时，她们却仍旧孑然一身、当嫁不嫁，成了老父老母的一块心病。"剩女"现象日益严重。有数据显示，北京"剩女"数量突破了 50 万，而 82.79% 的上海女性认同独身观念，其中高学历女性群体中这一比例达到了 89.94%。

"剩女"，是那些大龄女青年的一个新称号，也可以称为"3S女人"：Single（单身）、Seventies（大多数生于上世纪七十年代）、Stuck（被卡住了）——单身，这些人一般具有高学历和高收入，条件优越。比她们年纪大的女人，孩子都上小学了，比她们年纪小的也在挑三拣四之后喜气洋洋地嫁人了；比她们聪明的没她们漂亮，比她们漂亮的没她们聪明——可偏偏被剩下的就是她们。

俗话说"女大当嫁"，可为何现实中"剩女"总是多于"剩男"？这个现象或许可以从那些"剩女"的心理、行为方式、适婚年龄中找到答案。

**（1）交际面窄，没时间恋爱**

《2008中国网民婚恋调查报告》显示，问及为何至今还是单身，绝大多数女性认为主要是交际面窄，忙碌和快节奏的工作生活方式，使她们没有时间谈恋爱和认识异性朋友，在这些被调查者中，超过75%的网民认为是交际面太窄导致单身，而列在第二位的原因是忙于事业、没时间与他人交往。

陆小姐是一所中学的老师，眼看着年纪已经过了30岁，却仍然是待字闺中。她告诉记者，她来自东北，虽然模样是比较普通的那种，但是自己觉得应该属于很内秀的女孩。大学毕业后她孤身一人来到北京，没房子，就住集体宿舍，一日三餐，大部分就在食堂解决。工作也是每天忙忙碌碌，让她投入了大部分时间和精力，当然她的工作做得有声有色，得到领导和同事们的一致认可。可能是工作涉及面窄的原因，眼瞅着年龄看长，孤独落寞和家人催婚的压力弄得她心力交瘁。

常听身边人四处打听："你手里有没有合适的单身汉，我这儿有好几个优秀女孩呢？"听听，现在的世道变了，男人都不着急，反倒是优秀的女孩子开始上火了。她们年龄在30岁左右，有稳定的工作，在这个城市拿着比上不足、比下有余的薪水，大部分是事业上的"潜力股"。遗憾的是，这个部落的人群工作时间都偏长，往往在加班中浪费与异性接触的大好时光。光阴荏苒，使得她们逐渐加入了城市中的"剩女"族群。

**（2）宁缺毋滥，继续寻觅**

林小姐硕士毕业，现供职于一家外企，工作很忙但很如意，每月薪资丰厚，各方面条件应该说响当当的。这些年，她也希望能早点找到她的另一半，但是在一次又一次的相亲中，却没有见到中意的男孩。她说："我喜欢有素质有活力的男孩，家庭条件要好，工作也要差不多。父母逼婚的话总在耳边想起，可是我觉得，宁缺毋滥，找不到满意的，我还要继续寻觅。"

像林小姐这样一群"从小优秀到大"的女人。在社会闯荡几年后，以其学识、智慧为自己谋得了一席之地，可以从容地面对生存压力，不用倚仗他人。

这种条件好的"剩女"常常有这样的心态，觉得自己很不错，所以在择偶时也比较挑剔，除了要求个子比自己高，收入比自己多，年龄比自己大，学历不比自己低的硬条件之外，还要温柔体贴，最好能做家务，是个懂生活的精致男人。她们寻找另一半时，讲求心灵的契合，要求对方知书达理、温柔善解人意，还要在教育背景上与自己相差无几。这样的结果是让自己失去很多机会。本应"吸取教训"，可是，她们反而要求得更严，更加"精挑细选"，虽然她们的要求看上去也很现实，但事实上她们把爱情和婚姻过分理想化，最后让自己"高不成，低不就"。她们对婚姻的神圣性看得更重，坚持"无爱不婚"的信念，绝不肯将就。

"宁缺毋滥"的择偶心态其实也不能说错，但是由于太过理性或者片面，往往让自己在认识上有所偏颇，最后无奈成为优质"剩女"。

### （3）对婚姻心存恐惧

小薇说她曾有过一次失败的恋爱。那次挫折在她的心灵上投下一个大大的阴影，久久不能散去。她的男友是大学同学，可以说是知根知底。曾经两情相悦、海誓山盟的他们，谁也没有料到会走到分手这一步。她说："我之所以选择独身，是因为现在的人太难琢磨了，一个个现实得不得了。你想想，我和男友那么牢固的感情基础都能毁于一旦，更甭说去找别人了。而且，都说女人结婚是为有一种保障，这种保障无非是经济和孩子。但是现代女性在经济上已经完全能够独立，而养儿防老的观念也已被现在的年轻人所否定，婚姻的目的还剩下什么呢？既然这样，独身岂不是一种更好的选择吗？"

像小薇这样的"剩女"情况就是如此，她们可能是由于过去经历的影响，对婚姻存在恐惧心理，于是把自己封闭在自己的世界，封闭在过去的情况，"心甘情愿"成为了不婚一族。

**（4）年龄是她们的"敌人"**

除了工作忙、没时间、要求高、对婚姻心存恐惧以外，年龄也是女人最大的"敌人"。《2008 中国网民婚恋调查报告》显示，受多种因素影响，女性的适婚年龄通常比男性短。工作和生活成本等因素造成男性宜婚年龄推迟，致使男女对结婚期望差距较大，也是造成"剩女"这一现象的原因。

调查显示，男性与女性择偶范围不同，适龄婚配的男性可选择范围远远大于女性，因此造成女性过剩，年龄对女性太"残酷"了：女性的结婚机会从 25 岁起逐年递减。65% 的男士认为最理想的结婚对象是 25 岁至 28 岁的女性，从 28 岁起，她们的结婚机会就直线下降，女性 30 岁的时候，有 25.5% 的男士认为还能勉强娶她，女性 35 岁的时候，仅有 12.5% 的男士能够接受。而男性的年龄危机就要少多了，即使到 35 岁，仍有三分之一的女性愿意嫁给他，甚至 40 岁的"不惑男士"，还有 15.2% 的女子来选择他。

其次，女性的适婚年龄通常比男性要短，参与《2008 中国网民婚恋调查报告》研究的婚恋心理专家姜乾金教授说，比如同样 25 岁，男性可以选择从二十到二十五六的女孩子，但 25 岁的女子很难去接受 20 岁的男孩。而且由于近年来一些老少配婚恋的增多，男人选择的范围更大了，选择比自己小二三十岁、甚至是孙辈的婚姻时有发生。而女人受传统婚恋观的影响，只向上找，找年龄、薪水、身高全部高于自己的异性，挑选的范围只会越来越小。"大都市婚龄女性多于男性，这是客观原因。"在中国，男性已经比女性多出 7000 万。面对这样的数字，大家总觉得女性婚嫁轻而易举。"但实际情况远非如此简单"，一份人口调查报告："中国城市中，越是大都市，25~35 岁之间的男女比例，女性越多于男性！"中国偏高的出生性别比问题存在着明显的城乡差异，在农村比较典型。由此看来，现在的情况是，农村"剩男"多，而城市现状是女多男少。北京 2006 年的调查数据显示，"剩女"占到了 60% 以上。因此，女性受到的婚姻压力更大，现实中也多是为"嫁女儿"而操心的父母。

**（5）个人心态更重要**

其实，当生活领域与交往圈子都变得非常开阔时，人们找到合适伴侣的途径和机会都会比过去多得多。在这种情况下，"三高"女性仍然迟迟未能觅得佳偶，大多是因为个性或心态的原因。

理想主义型。她们对自己苛求完美，在寻找伴侣方面也同样挑剔。实质上，理想中的完美恋人就是她们自身，是她们自我意识的一种反映，是自恋者在水中的倒影。

女强人型。她们聪明能干，勤勉过人，多年来心无旁骛，一心扑在学业和事业上，但对情感付出却很谨慎和吝啬。对于她们来说，工作比情人更可靠：在事业上的一分付出就会收获一分回报，对情感的耕耘却可能颗粒无收。

自我保护型。这类女性感情生活中曾经受过伤，因此非常害怕再受伤害。她们表面上说不相信真爱，实质上对"真爱"的要求极高，一个人要获取她的信任，必须经过她无数次有意或无意的考验，如果你让她失望一次，她就可能把你的好处全盘推翻。

被剩下来后，有人不以为然甚至享受单身生活，有人却如坐针毡。毕竟在我国男大当婚女大当嫁的理论深入人心，而社会给予"剩女"的压力比"剩男"要大得多。对一些并非不想结婚的"剩女"来说，嫁不出去、"异类"的感觉甚至使她们变得自卑。社会压力、找不到伴侣的焦虑，使有些女性变得敏感、忧郁、封闭、焦虑甚至暴躁。而孤单、无助甚至感觉被抛弃也是"剩女"常有的心理阴影。在社会压力下，很多"剩女"的出路是匆匆相亲匆匆结婚，这种匆忙也给婚姻埋下了不稳定因素。

其实幸福需要平衡，保持快乐和积极的要点之一就是，使自己在生活的各个领域之间尽量保持平衡。作为现代女性，特别需要在多种社会角色中找到平衡点，而一个休憩的港湾更是幸福感和人生意义的重要来源。

对理想主义者来说，需要改变孤芳自赏的局面，其实爱情与婚姻并不是放在银幕上或橱窗里秀给别人的展品，而是冷暖自知的个人生活。对女强人来说，要想事业情感双丰收，必须把工作中的投资回报思想挡在感情生活的篱笆墙外。而对自我保护者来说，怀疑爱情其实源于自我怀疑，只有体验到自己的独特性与价值，才能经营好一段姻缘。

# Women´s war

## 第四章

# 女人为家庭而战

· · · · · · · · · · · · · · · · · · · · · · · · · · · · · · ·

家庭战争的最高境界就是永无休止，
使双方时刻保持清醒和斗志昂扬，
时刻在乎对方的一举一动，认真的对待与分析。
使用的武器就是自己的魅力，来吸引对方，
并不断开发和发觉对方的魅力，
日日更新！要的就是平等、宽容与尊重！

· · · · · · · · · · · · · · · · · · · · · · · · · · · · · · ·

当一对恋人的关系对大伙儿已不再是秘密的时候，周围的人对他们的耐性往往要受到严峻的考验。很多被爱神之箭射中的女人，往往旁若无人。••••••

# 成家后的日子

要说"局外人"，得从父母数起。父母一往情深地把自己的儿子抚养成人，做出了不小的牺牲。他们培育自己的儿子，帮助他成家立业。如果到头来这对情侣的举止表现出忘了这一切，做父母的对闯入家门的儿媳怎么能不耿耿于怀？

那么，究竟应当如何对待自己未来的公婆呢？你要记住，正是你恋人的父母把你心上人造就成你现在所钟情的人；正是你恋人的父母将你所珍重的品格赋予你的心上人；当然，你恋人的父母无疑也在某种程度具有这种品格。所以，你应当把自己的一份爱奉献给你心上人的父母，即使一点点爱也能够创造出奇迹来。

不过，有一种东西会使年轻女人的幸福遭受严峻的考验，这就是"嫉妒"！

"嫉妒是一种比其他东西更能招致不幸的禀性。"小仲马这样说过。当然，有人会理直气壮地说："没有嫉妒，也就没有爱情。"就算这样吧，彼此的幸福依然取决于相互信任。如果向某个人投过每一瞥和蔼的目光都被看做是暗送秋波，以至于看做对自己权利的蓄意侵害，这究竟有谁能长期忍受得了呢？嫉妒能扼杀自己爱人的生命。不管后来是怎样圆满地和解，但每一回嫉妒所引起的不快都要留下痛苦的伤痕。

以为结了婚就"大功告成"，那是大错特错的。夫妻结合的牢固性在开头几年就要经受考验。

刚刚结婚，你就发现，生活是平庸无奇、单调乏味的，并为此感到十分惊讶。可爱的年轻妻子们，不妨瞧瞧自己吧！丈夫下班回来，你是一副什么尊容出现在他的面前？不客气地说，你的围裙本来一周前就该洗洗了。虽然在亲友和熟人面前，你还像从前那样干净利落，可是在家里，在吃早饭的时候呢——蓬头垢面、十指不洁，从小桌挪到饭桌上的花，好像连花瓶一起粘在桌子上了。

"哼，那他呢？难道还像度蜜月时那样殷勤、体贴、和气吗？"请不要激动，不要发火。话里带刺和偏激的语气是不好的，这不仅不能消除紧张气氛，反而会火上浇油。在同事们以及别的女人眼里，这位做丈夫的依然还很可爱，可见他并没有判若两人。我可以打赌：明天晚上，他要是看见穿一身漂亮便装的妻子，一定会笑脸相迎，而不会唠唠叨叨："什么，饭还没有准备好？"也不会挑剔："又是一个菜。"而且也不会躺在沙发上，埋头看自己的报纸。

如果你为了不忘记当初如何文质彬彬、毕恭毕敬地对待自己未来的丈夫，那么不妨把如下的格言放进自己桌子的抽屉里或者皮夹子里："我尚未同我的丈夫订婚"或者"自明日始，我是世上最和气的妻子"，并且以后经常把它读一读。这样，当丈夫从外面回来时，你就会自觉自愿地上前替他开门。一句话，女人的一举一动要像当初度蜜月的时候一样。

女人有权生活在愉快的家庭环境中，因为只有在家里休息好了，才能获得从事生产和社会工作所需的充沛精力。

今天的家庭舒适应当具有完全不同于过去的特点。家庭应该成为女人休息、思考、消遣和亲朋相聚的地方，而且在这里居住的都是一些心胸开阔、思想先进的现代女人。

要想创造良好的环境，保持愉快的心境，就必须严守一定的成规，这些规矩包括：维护既定的秩序，保持室内的整洁，形成良好的个人卫生，家庭全体成员共同努力，使彼此的关系和谐融洽。

在家庭生活中极端的行为只会带来危害。生活邋遢的妇女会把家里弄得杂乱无章，使人感到不舒服；而洁癖过重的女人也会把家变成公立博物馆，令人不敢越雷池一步。

如果家里经常大扫除以至使丈夫觉得只有躲在浴室里才能得到安宁，那就谈不上舒适，因为接踵而来的抹布、拖把和吸尘器迫使丈夫东奔西躲。

# 女人的战争
## *Women's war*

而客人为了保持地毯的清洁也不得不谨慎小心。这种有洁癖的女主人用一把铁扫帚把幸福和舒适赶出了家门，我们绝不是反对把房间布置得干净整齐，但如果过分地追求整洁，以至使大家感到不舒服，也就失去了整洁的意义。

如果没有可爱的女主人，一个家庭又会是什么样子呢？女人们像可怕的幽灵一样在屋里徘徊：身上套着长罩衫，头上排满卷发器；而邋遢的化身——男人们也拖拉着鞋，加入到奇怪的化装舞会的行列。

如果突然来了客人，为了不在别人面前出丑（他们自己对于这种装饰已经习以为常了），夫妇俩这才急急忙忙地打扮一番。夫妇俩如此，他们的儿子怎样呢？

家庭舒适不仅要求家里干净和有条理，而且要求所有的家庭成员都参与家务劳动。如果家里每位成员都参与买菜、做饭、收拾餐具等家务事，那么到了晚上全家人就可以一起愉快地游戏、学习、听广播或看电视。

家庭开销通常由女人负责，这倒不是因为女人比较节省，而是考虑到采购各类必需品往往是她的事情。女人对开支应当做到心中有数。她应将买东西的钱限制在一周或一个月计划开销的总金额之内。如果一个月的开销没有严格的计划，而是根据自己的兴趣或听任丈夫的"大手笔"，那就必然引起不满和争吵。通过记账可以使你准确地了解钱的用场，还可以知道什么地方可以节省一部分开销。无论是吝啬还是挥霍都属于家庭中不受欢迎的事情。由于怕削土豆皮时损耗过大，而总是将带皮的熟土豆端上桌，或者由于月初开销太大，到了月底家里几乎买不起一包盐，都是不好的。

　　结婚，你本来是想嫁给一个人，后来你才发现，你其实是嫁给了一家人。你发现你的老公除了听你的话，还得毕恭毕敬地听另外一个女人的话。是的，那就是你的婆婆，在你出现在你的老公生活中之前的二十、三十或者几十年，就搂过你的老公睡觉的那个女人。···

# 嫁人，　其实是嫁给一家人

　　俗话说："多年的媳妇熬成婆"，婆媳之间的关系，向来是中国人家庭关系中一个不可缺少的主题。在一般的婆媳关系中，面子上过得去，没有太大的矛盾和冲突，不影响自己的婚姻生活，就是很正常的关系了。生活中不乏关系融洽、相依为命的婆媳关系，但这需要双方的共同培养和双方性格相通，是可遇而不可求的。如果当真达到了这种境界，也是一种幸福。

　　记得很小的时候就听老人讲过：他们年轻的时候，没过门的女孩子经常问小伙子一个问题，以"试"他对自己是否有真心，自己过门以后会不会受婆婆的气。这个问题就是：如果我和你妈同时落入水中，都不会游泳，你先救哪一位？憨厚的小伙子往往回答说两个人都救，再追问下去就一声不吭了。女孩子当然不会满意；脑筋灵活一点儿的小伙子会说："当然先救你啦。"其实，只有小伙子心里明白这种情况发生的可能性有多小。女孩子虽然脸上高兴，心里却也明白这只不过是善意的谎言罢了。对于一个男人来说，他的前半生同母亲相依为命，后半生同妻子同甘共苦，这两者之间怎样选择才好呢？而这两个女人同一个男人一生的亲密关系恰恰是这两个女人的对立关系。在诸多不良的人际关系中，大多数的形成都是由后天处理不当。而唯独婆媳关系从基础上讲，似乎天生就是一对水火不相容的关系。否则，女孩子还没出嫁怎么就问出这么一个我与婆婆有我没她，有她没我的问题呢。

# 女人的战争
## Women's war

在现实生活中，由于不能协调好同婆婆的关系，使得夫妻和睦的家庭平添许多烦恼，甚至毁掉两个人辛辛苦苦地垒起的爱巢的例子是屡见不鲜的。

有一位幼儿园教师结婚十年了，夫妻感情很好，丈夫对她特别体贴照顾。妻子只是因为丈夫"她是我妈我不能顶嘴"的信条，经常同丈夫吵架。时间长了，两人都觉得生活没意思。

另外，有一位妻子几次撞见丈夫背着她给婆婆钱。她非常气愤，认为给婆婆钱应该跟自己商量，总是这么背着给钱还不如分开算了；而丈夫认为母亲替自己照顾孩子，给点钱是应该的，背着妻子给钱是为了让她眼不见心不烦而已。为此事丈夫还警告过她：如果老为这种小事争吵，两人早晚得分开。

还有一位已经年近不惑之年的妻子，跟婆婆共同生活了12年，由于婆婆爱在家人中间挑拨是非，给她的心理造成了极大的压力，身体也越来越坏，以至胃、肾、心脏都有毛病。最后这位妻子的处境恐怕最糟糕了。她的婚姻已到了崩溃的边缘。她原来住在婆婆家，有了孩子以后，因为需要母亲帮助照顾，每星期回娘家住三天。每次再回到婆婆家，婆婆就抱怨他们费水费电，经常为此闹得不愉快，以至关系越来越僵。后来干脆闹离婚，去了法院。法院认为夫妻两人的感情没有破裂，一些家庭琐事不足以构成离婚，驳回了起诉。婚离不成，婆婆又不接纳她回去。孩子有病住院，她往婆婆家打电话，婆婆家的人又不让丈夫接电话。她的处境确实很艰难。

事情发展到了上述的程度，确实让人感到惋惜。婚姻的起落应由夫妻两人的感情好坏来决定，怎么能因为婆婆而使夫妻两人对簿公堂呢？或许两个人都不说，或许一句话就可以说明白。

不过，事情已经到了这一步，论理是不重要了，两人要争的都是一口气。使婚姻走上这种绝境的应该说大多是做媳妇的造成的。在这里，不想细究婆媳孰是孰非，因为就这样失去感情毕竟是遗憾的。应该承认，存心破坏儿子婚姻的婆婆和有畸形恋母情结的丈夫都是不多见的。

纵观世界各国，中国妻子在家庭中的地位是排在世界前几名的。丈夫的宠爱和在最初一些问题上的让步使得妻子们有些忘乎所以，无视丈夫的忍耐与压抑，从而得寸进尺，直到丈夫在沉默中爆发，妻子们才有所悔悟，因为她们发现自己并无意离婚。然而她们的行为一直在逼着丈夫在母亲与妻子中作出选择，她们实践了本文开头提出的那既自相矛盾的答案又不言自明的问题。既然如此，为什么还要出那个问题呢？它的自相矛盾在于提醒女人们不要走入这个误区，不要为这个根本不成立的问题而大伤脑筋；它的答案不言自明，提醒女人们要正视现实；婚姻关系不可与血缘关系同日而语。婚姻是脆弱的，而血缘关系是无条件的。诚实地说，当二者发生冲突时，很多人宁愿选择后者。

同时，这个问题的可贵之处还在于它挑明了婆媳关系的基本对立性，提示人们要有足够的心理准备，不要有过高的奢望。

至此，下面是几点具体的幸福建议：

首先，不要对丈夫家里人存有戒心或者疑心。每家都有自己的家风，每人都有自己的个性。不要指望丈夫的家应该是什么样，婆婆该怎样来对待自己。来到一个新的环境，就要以客观的态度来接纳它。比如，很多受旧思想影响较深的老人认为儿媳是外姓人，有事把儿子叫出去单独商量好。新婚的妻子往往很不习惯，或者硬拉着丈夫不让出去，或者自己也跟出去。后来发现谈话内容倒也无关紧要，就不再操这份心，受这份累了。类似这种情况，每个做儿媳的都可能遇到，这时不妨征求一下丈夫的意见：是婆婆故意刁难自己，还是婆婆为人一直如此？

只要打消疑虑，彼此交流的道路也就畅通了。

其次，接受丈夫对亲人的感情。在很多女人身上有一种很有趣的现象：她们很爱自己的家人，对父母孝顺，对兄弟姐妹都很照顾，但唯独不许丈夫对他亲人有同样的感情。己所不欲，勿施于人，反过来也是如此，自己享有某种权利，就不要剥夺别人同样的权力。

最后，不要把婆婆同自己的母亲相比。你与母亲是血肉相连的，而婆婆是结婚以后才开始相处的人。结婚前，同丈夫谈恋爱，有感情基础，而与婆婆几乎没有什么感情联络，这就像没往银行存钱一样，不要指望索取。

亲子关系是我们每个人来到世间的第一个人际关系，它对我们每个人的心身健康都是十分重要的。

# 用爱的智慧建立亲子关系

国内外的大量研究表明，亲子关系的质量好坏，对于儿童的生理、心理、智力及人格的发展有着重要而深远的影响。亲子关系不良，家庭教育不当，将使孩子带着不健全的心理和个性品质走向社会，社会适应不良、心理障碍、精神疾病和行为问题就难以避免。

良好和谐的亲子关系是孩子健康成长的重要保证，如何建立良好的亲子关系？听听专家的建议吧：

**（1）心思时间不可少**

情感关系像幼苗，需要时间和心思去栽培，亲子的情感尤其需要足够的养分，才会开花结果。

家事杂务可以请人代劳，亲子活动却不能假手他人。你无论如何忙碌，也尽可能每天留一点时间给子女，大家谈谈一天的事、了解彼此的心情。接送孩子上学、给孩子念床前小故事、一起到超级市场购物等简单的生活片段，都是值得争取的亲子短聚。

尝试单独跟个别孩子约会。一个小小的聚会，会令孩子觉得格外温馨，感到你对他的重视。

**（2）用心聆听孩子说话**

父母要细心感受孩子说话背后的意思和感觉，不要单靠耳朵去听，而是要用心聆听和体会。

父母与孩子沟通，让孩子感受到父母的开放，使他们放胆说出心里话，并学习接纳不同的理念。

父母与孩子交谈，一定有一些想法不能沟通的时刻，父母要表现得耐心，语气不冲撞，这就是给成长孩子最好的身教。

### （3）互相欣赏和鼓励

欣赏和鼓励的说话能给人动力，使人勇于改善自己、力求进步，建立良好的自尊感。

多留意对方值得称赞的地方，避免太多批评，因为批评只会带来抗拒和反感，双方的关系也会越来越疏远。

多留意孩子付出的努力，而不要只计较成果。你自然会发现孩子有很多值得称赞的地方。

引导孩子自我肯定和欣赏，例如回顾自己在一天中值得高兴的事，或数一数过去一个星期的小成就，然后父母与子女互相视贺。

### （4）私人空间要尊重

容纳家庭成员不同的喜好、长处和朋友网络，容许多一点个人的选择，让每个人都有足够的空间成长，家庭的生活也会更多姿彩。举例说，母亲热爱古典音乐，女儿也不一定要学弹钢琴；哥哥学业成优异，弟弟美术设计有创意，父母也无须互作比较或认定哪一种成就较为理想和重要。

尊重子女的私隐，年幼子女也不例外。就算是看似微不足道的事，也不要随便公开讨论，未得孩子的同意，不要翻看他的私人物品，如记事簿和信件等。孩子感觉受到尊重，才会慢慢学懂尊重他人的意愿。

### （5）共同追求心更近

在尊重个人空间之余，家人也要追求共同的兴趣和信念，把心拉近。大家的兴趣相近、信念相同，便会有更多的沟通和默契，更能享受共处的时间。

在家庭的熏陶下，孩子会逐渐建立与家人相同的兴趣，例如家人都有睡前阅读的习惯，孩子便会在不知不觉间拿本小书上床阅读。

### （6）情绪控制要得当

父母和子女都要学习适当时候逃离"情绪爆炸"的现场，平息心中的怒火。大家只有在心平气和时，才会听得懂对方的说话，替对方设想。

与孩子冲突时，父母可尝试换转一下想法，可能会豁然开朗起来。如孩子支支吾吾地回答问题，与其生气地想："我不能忍受你这个样子！"还不如试试看平静地想："刚才我的样子是否吓着他了？他不相信我会支持他，我要想办法让他明白才是。"

家庭是一个安全的场所，让成员自由表达正面和负面的情绪，父母该认同孩子的感受，但要引导和鼓励他们用一种更为人接受的方式去表达。例如，与孩子讨论："小朋友抢你的玩具，使你非常生气，你觉得除了打他外，还有没有其他方法去处理？"

### （7）转化冲突为力量

父母与子女常持不同的观点，冲突是自然不过的事，问题是冲突不一定要出现你输我赢的局面；双方可以沟通和妥协，然后合力寻找一个双方均可接受的方法，带来双赢的效果。

例如：父母担心孩子的成绩和自我管束能力，孩子却十分抗拒补习老师。与其怀疑孩子的能力，倒不如借此机会认同孩子的信心和责任感，鼓励他为自己订下初步目标，然后再与他商讨有效的温习方法。

### （8）建立家庭凝聚力

有参与、有承担，才有归属感。鼓励孩子参与家事，例如：为祖母庆祝生日、新年家居布置或搬家准备工作等，大家有商有量，孩子感到自己受重视，更积极为家庭作出贡献。

### （9）亲密片断做储备

增强家人情感的联系，建立家庭情感宝库，为将来承担风雨和考验做好准备。把家庭的温馨片段、难忘情景一一存记起来，如家庭的照相簿、孩子的涂鸦画册、孩子的成长日志、家人的小字条、家庭每年的十大要事回顾录等，都蕴藏珍贵的情谊，这些情感的储备会重新唤起亲子间的温馨，使全家人紧靠在一起。

### （10）乐观积极迎未来

要保持乐观积极的心，相信现存很多担心的问题，只是大家暂时做不好，只要双方继续努力和合作，一定可以解决，而明天一定会更美好。不要以为品性难移，认定这孩子教不了，试乐观地想：她只有六岁，可能未能太集中，多鼓励她，等她年长一点，相信便会做得好。

铁轨之间有距离，火车才能前进。汽车与汽车之间有距离，才更安全。冬天里的两只刺猬，不会离得太远，离远了不能相互取暖；也不会挤得太紧，挤紧了便扎得难受。夫妻相处同样要有距离感，没有距离的"爱"，就难有激情、美丽和魅力。所以，亲密有间乃是夫妻相处的合理境界。••••••••••••••

# 亲密有间——妙不可言的距离

心理学家曾对长期厮守的夫妻进行调查，结果是有些夫妻常为彼此过问、关照得过分而恼火，有些丈夫抱怨妻子过问太细或是唠叨太多，自己缺乏安静的时候；有些妻子则抱怨丈夫什么都要过问和评价，自己不能独立地处理事情。

人们往往用"亲密无间"来形容夫妻的最佳状态。其实，一个家不仅是夫妻生活的地方，更是夫妻双方心灵的憩园。如果夫妻中的一方执意将对方当成个人的私有财产，恨不得把对方拴到裤腰带上，那另一方无异于在"服刑"。这样，"服刑"的一方宁可不要回那个宽敞的家，而情愿住到露天的屋顶上。

虹常常要求伟陪自己，她认为相爱的夫妻就应该所有的业余时间都在一起——一起散步、一起打球、一起看电视，哪怕是伟不喜欢的节目，虹也要伟陪自己看完。当伟提出自己单独呆一会儿时，虹总感到伟在疏远自己。虹不能独处，独处使她惶惑、痛苦、空虚，由于虹过度依赖，使伟难以忍受，他感到窒息，他需要单独出去透透气，于是伟下班后总是在外面呆一会儿再回家。虹对伟的晚归大为不满，认定伟是要抛弃她，最终他们分手了。

由此可见，夫妻间无论怎样亲密，也需要适度的分离。如果一味厮守，绝对占有对方的时间甚至思想，不能满足彼此单独活动的需要，无疑会伤害对方的情感，导致破坏性后果。

# 女人的战争
## Women's war

也曾听过这样的故事，一男一女结婚后，约定各自拥有一个上锁的抽屉，互不干涉，以期明确夫妻享有保留自己空间的权利。一天，妻子得到了丈夫抽屉的钥匙。她非常想知道丈夫的抽屉里到底装了什么东西。可当她举起钥匙时，却放下了。因为聪明的妻子知道如果打开这个盒子走出来的可能是阿拉伯神灯里的魔鬼，于是她最终没有打开丈夫的抽屉。是她对丈夫的信任战胜了疑虑，夫妻两人愉快地生活着。

假如你手中握有同样一把钥匙，你会怎样做呢？抽屉里面也许空空如也，让你虚惊一场，放下悬着的一颗心；也许整齐地摆着你们恋爱时的情书，你会顿生甜蜜，将幸福写在脸上；也许是你最不愿看见的内容了，你会觉得自己是世界上最不幸的人。遇到这种倒霉的情形，你又会怎样？毅然决然地分手，丝毫也不留恋？苦口规劝，以泪洗面，让他回头是岸，悬崖勒马？还是缄口不言，静观事态发展，让他最终意识到老婆才是最亲的人。如此一来，你会不会觉得自己给自己找了一个天大的麻烦。可空间里到底是什么，那份好奇，"天下没有一个好男人"，那种不屑与不信，谁愿意"别人都知道了，自己还蒙在鼓里"。然而当女人准备打开抽屉之前，是否应三思而后行，你是否有足够的承受能力，来承受丈夫背叛力，来承受丈夫背叛的痛苦和失落。女人手中的钥匙，举起还是放下？这就是考验女人对丈夫的信任度的指数了。

2004贺岁片《手机》给人更多的不是爆笑，而是会意、警醒、思索和悲哀。在别人的故事里审视自己的生活，有人感觉出了不对劲和不怎么对劲，有人感觉出了防患于未然的必然，更有人感觉出了调整生活方式的必要。

其实，对于生活有一定理解的人都知道，手机是不可能引爆夫妻反目情人分道的。真正引发矛盾爆发的是更深的社会原因和情感取向中出现的问题。手机仅仅是一种生活方式的象征一种生活方式的附着，手机变成手雷暴露的个人隐私，首先是因为那些隐私的伤害性，其次是夫妻情侣忠诚度，还有便是见仁见智的对于伴侣关系的个人理解与思考了。

我感觉在很多思考中，很有必要的一个思考是夫妻关系的亲密度和信任度。这个认识不是由小说和电影《手机》引发的，但是又与手机有直接关系。因为在生活中我经常发现，在一些很正规的场合，有人的手机来电是审查性质的。有时把接听的人弄得很尴尬甚至很下不来台。不熟的人没法评论，只当做没听见。熟的人便要不客气地开开玩笑，笑男人惧内，笑女人老公吃醋。但在心里，我对于这样的电话很不以为然。因为那电话的含义不管是酸甜苦辣，给人的印象全是一样——距离近到如此，人该会多么压抑啊！

在总结生活的时候，我们常会说出生活中变化最大的是人与人之间拉开了距离，这个距离当然也包括夫妻之间。因为从事的职业，各有业务活动范围、不同的生活背景，因为女性的更加独立，夫妻之间的距离在一定程度和一定人群中比以前大多了。回家喋喋不休诉说自己一天遭遇和经历的人减少了，把压力和不甘呈现给配偶的减少了。因为忙，夫妻之间的话都减少了。这些减少所形成的距离大部分是正常的。个性化、多样化的人生追求所形成的对于夫妻一起生活的理念之中似乎就应当包括着个人的相对独立和保持一定的距离。

这样过日子的人已经产生并且自得其乐。

有一位女友，自己做着文字工作，丈夫做 IT，都做得忙碌而充实。但相比之下，做文字的便有很多的机动时间。她用这时间来读书、会友、写字。据她说，自己的生活从来不与丈夫的工作相交叉，丈夫的应酬、出差、加班加点，她会照单全收地接受。逢到丈夫出差，她也牵挂地打电话和问候，也关爱地为他打点行装，但是从来不近到让男人不舒服的程度。很多女性朋友说她驭夫有术，向她取经时她总会向她们告诉她和丈夫之间的一段对话：

有一次，夫问我："我有多少自由？"

我指着空中的风筝对他说："你的自由就像那些风筝，可以飞很高很高，但是，婚姻中的自由极限是那个线团的尽头。在那条线的极限中，你可以自由地飞翔，这自由已经足够使你忘记那条线的存在了。"

夫再问："如果那条线已经放到尽头了，我还想飞更高更远和获得更多的自由，我该如何？"

我说："那就挣脱那条线——如果那样的自由让你的生命更精彩更快乐的话。"

好的爱是自由的，包括选择的自由！

最后，女友总结说，自己这么做仅仅是尊重对方，信任对方、同时也是给自己预留和扩大空间。能够给爱情和婚姻自由是一种勇气，更是一种

# 女人的战争
## Women's war

自信。

这种有距离的生活，在工作繁忙与充实的中青年夫妇中占有相当的比例。敢于预留和产生距离是自信与互相信任为基础的。夫妻之间假如连最基本的行止信任都没有，那生活如何有乐趣，夫妻的真实情感又从何而言呢？所以，有的时候当我看见在外人面前甜蜜得发腻的夫妻，心里便感觉那甜蜜中隐含着外人所不了解的一些东西，那些东西有些或许是婚姻的不良走向。因为大部分人在今天，是勇于承认夫妻间亲密有间的距离是有益的。

婚姻中需要距离并不是对于婚姻心怀叵测，而是人生就具有的独立的意识使然，也是人的生存现实使然。在刀耕火种的时期自不必说，在我们父母的年代柴米夫妻谁也不会想到要距离的空间，除了上班和回家，别的生活内容几乎可以一项一项地罗列出来，但是一项一项罗列出来的生活内容又有几项呢？而现在，社会生活的空间不断地扩大，人的社交范围不断地扩大。夫妻的工作空间和社会生活很难在统一的区域之内，夫妻的专业方向也很少相近与相同，距离在婚姻之前便已经存在，婚姻之后可能缩小，但不会消失。消失了，人便没有了独自行走的空间。那时将会感觉窒息与憋闷，而适当的保有距离则会使人感觉到信任与自信，感觉到婚姻对于人的安定作用与抚慰作用。同时也会使人保有属于自己的工作圈、社会圈，使个人的发展不受阻碍。

距离的有益，益在分分合合中的节奏调整。亲密无间在正常的婚姻中只能是阶段性的。如胶似漆的粘着状态几乎是不可能持久的。要保持婚姻中的亲密与亲爱，便应当有意识地用距离的调整等方式来给爱情保鲜。有间的亲密，适当的不即不离是婚姻中的技巧，是理性的认识。这种认识其实也不是现在才有的，古人的"小别胜新婚"，今人的"距离产生美"，全是经验之谈。

性爱是婚姻的保鲜剂，每一次和谐的性爱，就是一次感情的加深。因为一次性爱需要身体的直接接触，更需要两人的心灵沟通，没有相互的尊重和信任，就无法得到完美的性爱。婚姻中最需要的就是交流和沟通，性爱就是一种最佳的感情交流方式，长期的无性生活，会使人变得压抑、失落、猜疑，也表现出强烈的性爱需求，对异性也迫切地关注，容易发展性出轨，及寻找心理寄托。••••••••••••••••••••••••••

# 性爱——婚姻的保鲜剂

性能带来愉悦和放松，在结婚多年的婚姻里，性爱成为婚姻的最好保鲜剂。重温相恋时的浪漫，那是很难的，但是可以给生活增添丰富多彩，在性爱中增加浪漫是最好的方式。根据调查，一般出现危机的婚姻大多性爱很平淡，甚至根本就是无性生活，由于性爱不幸福，而使得双方心里很失落，在现在诱惑很多的情况下，就很容易产生婚外情。婚姻的感情突变，让很多人形同路人，互相不信任，互相冷漠。所以，性爱是维持婚姻的良药，也是挽救婚姻的重要功臣。

高潮是衡量性爱的一个硬指标，男人很容易享受高潮，只在那一刹那，男人就完事了，沉迷在很爽和享受的感觉。而女人很难有高潮的享受，大多的男人在性爱中表现得很自私，不管女人的感受，尽量让自己长时间的享受快感。女人的快感触动很缓慢，所以在性爱中要相互地让对方能得到最好的享受，要以对方是否愉悦和舒服而为目的，尽量不要自我享受，这样会让对方觉得你不爱他（她），对方渐渐变得性应付和性冷淡，如果长期与你的性爱没有快感和高潮，那就觉得性爱没意思，是一种任务，为你们的婚姻埋下了一副炸药。

现代的人有高潮吗？肯定是有的，不过体验高潮的人是越来越少，由于精神压力的越来越大，性爱质量也越来越下降。但是现在的人又对性爱充满很强的期望，一边是性需求旺盛，一边是性能力下降，这样让很多年轻人心里产生失落感，也觉得婚姻中的不幸福，就去寻找新的性爱伴侣，所以性出轨和婚外情频频出现。如何去满足自己的性爱需求呢？最好是能相互提高性爱能力，如缓解精神压力，生活有一定的规律，工作不能过于疲劳，在规定的时间里，尽量去度假、旅游、户外运动等。夫妻双方尽量交流和沟通，使感情好，那就是婚姻和性爱的基础。多运动和锻炼，性爱是一种运动，需要较好的体质做后盾，夫妻双方能有一定量的锻炼，那是为幸福性爱提供身体资源。

当你的性爱不和谐时，那你的婚姻就出现问题了，拿健康婚姻的标准来看，和谐的性生活是健康婚姻不可缺的重要部分。性爱不和谐，尽量去弥补，不要一味去责怪对方，要从自身做起，这样才能让性爱更和谐，婚姻更幸福。虽然很多中年婚姻是处在无性的境界，但是责任和相互的感情在维持他们的婚姻，他们也处在无奈的地步，他们觉得性爱只是生活中的一部分，不是全部的生活，拥有一个有责任的婚姻，那是最好的。

性是一种生理需要，也是一种感情的最佳交流方式，人生中没有性那是不行的，这也是对生命的尊重，但完全去追求性爱也不是最好的选择。在有责任的婚姻里，尽量去达到性爱给人带来的最高境界，那才是我们所追求的。

婚姻就像捧在手里的沙子，如果你抓得越紧，幸福流失地就越快。如果你希望婚姻幸福，要学会做一个聪明的女人，培养优质好习惯，让老公离不开你。

# 坏习惯——易导致婚姻破裂

### （1）逼夫成龙

很显然，有这种想法的女人往往有很强的虚荣心，所谓"夫荣妻贵"；

此外，她们往往还有很强的依附心理，所谓"只有藤缠树，哪有树缠藤"。为了满足她们的虚荣心和依赖性，她们不惜给丈夫施加各种压力。当然，鼓励丈夫发愤图强并没有错，但是，如果不根据实际情况制造压力，可能会适得其反。一句话：逼夫成龙的女人太愚蠢。

### （2）不修边幅

这样的女人在中国不在少数，尤其在生完小孩，逐渐进入中年以后。这样的女人往往有如下心理：一是"保险箱"心理。以为"革命"到头，可以马放南山了，所以衣着随便，不再注意修饰。二是懈怠心理。就是不再严格要求自己，一切马马虎虎，得过且过。爱美之心人皆有之。你说这样的女人能不让丈夫失望吗？丈夫也许嘴上不说，可心里明白着呢。这才是真正的危险所在。一句话：不修边幅甘做黄脸婆的女人太粗心。

### （3）多疑、骄横

多疑的女人往往出于对婚姻的不自信和对自己的不自信。因为对婚姻的不自信，所以她老是担心丈夫情感移位或行为出轨；因为对自己的不自信，所以生怕哪一天被丈夫抛弃。不自信的根本原因在于缺乏独立自主，在于对婚姻本质缺乏认识。至于骄横的妻子则常令丈夫沮丧，有口难言，而直接影响了夫妻和睦。一句话：多疑骄横的女人太可怜。

### （4）不顾丈夫尊严

你可以讽刺男人其貌不扬，但你绝不可能嘲笑男人的无能。能力——赚钱的能力以及性能力，乃是男人尊严的两大方面。感受不到尊严的男人往往会自暴自弃，自卑自艾。因此，聪明的妻子总是极力去维护丈夫的尊严，通过各种"花言巧语"和"技术手段"激励丈夫扬帆破浪，重振雄风。一句话：不懂维护丈夫尊严的女人太无知。

### （5）爱攀比好虚荣

有人形容女人是城市的一道风景线，因此，如果没有女人之间的相互攀比，争奇斗艳，风景又怎会靓丽呢？但是，假如不按自身的经济条件，盲目攀比，那就过于虚荣了。这种过分的虚荣往往使那些非"财大气粗"的男人产生精神紧张，甚至为此不堪重负。一句话：爱攀比好虚荣的女人太"恐怖"。

### （6）体贴不入微

体贴不入微这是那些自认为"贤妻"的一个通病。一些妻子在抱怨丈

# 女人的战争
## Women's war

夫：对他关心有加、照顾周到，为什么他还是不满意。可她也许不知道自己有意无意、自觉不自觉地冷落或贬低了丈夫的亲友，导致了丈夫的反感。男女结合不仅仅是两个人之间的互动，而且还涉及到两个人之间不同社会关系（如亲友）的互动。忽略这种社会关系，往往会加深婚姻"围城"的感受，并滋生冲出"围城"的欲望。一句话：体贴不入微的女人太可悲。

### （7）忽视性爱

由于几千年封建思想的影响，国人大多谈性色变，尤其女人的性欲望更是受到压制，她们主动提出性需求被视为"不正经"，是"淫妇"。与此相适应，她们对婚姻中的性也仅仅看成一种为了传宗接代，生儿育女而不得不为之的事情。这种性观念的偏差，使她们远离性愉悦、性享受，造成事实上的性与爱的分离。现代婚姻应是性爱与情爱的和谐统一。和谐的性生活不仅有助于夫妻情爱的加深，而且有助于夫妻的身心健康。

### （8）缺乏主妇意识

主妇意识与主妇能力是密切相关的，两者归根到底涉及到女性如何扮演好家庭角色——主要指妻子角色和母亲角色的问题。有道是：抓住丈夫的心，首先要抓住丈夫的胃。当然，这种说法未免太具传统色彩，但其中却透露出一定的道理。持家或家政能力差的女性，对婚姻家庭生活的影响是不言而喻的。"出得厅堂，入得厨房"，应该成为现代女性的一种追求。

### （9）随意泄露隐私

家庭是最私密的场所，婚姻是最私密的关系。有些女性不了解这一点，喜欢在女伴中间谈论家中"秘闻"，乃至发生在夫妻之间的隐私事件，且进行互比互评，以获得某种心理满足。其实这是非常不可取的。它"出卖"的不仅仅是丈夫，而且还"出卖"了自己，"出卖"了整个家庭。人们常说，家庭是温馨的港湾。如果个人的隐私安全都得不到保证，婚姻家庭生活难道还能温馨得起来吗？

### （10）"控夫欲"过旺

"控夫欲"过旺实乃现代婚姻中的"常见病"。导致这种"病症"的原因是多方面的：妻子因缺乏自信而多疑猜忌，因"关爱"丈夫而处处操心，因怕丈夫"变坏"而时时设防，如此等等。"控夫欲"过旺者，刺伤的不完全是丈夫，还包括她本人——随时处于焦虑紧张的状态之下而不能自制。有道是："道高一尺，魔高一丈"。"控制"与"反控制"将不会停息，何不做个高明的"驭夫"者，让丈夫开开心心地成为"自由人"，且心甘情愿地在你的视野之内？

有人说，结婚是爱情的坟墓。此话虽然有点言过其实，但也并非全无道理。然而，更有许多夫妇，婚后感情与日俱增，两情愉悦，恩爱有加，爱情之花常开不败。

# 夫妻恩爱有法则

### （1）经常回忆热恋

热恋是婚姻的前导，热恋中的男女，那种两情依依、片刻难离的情景，实在是非常美妙的。结婚以后，经常回忆婚前的热恋情景，就能唤起夫妻的感情共鸣，并在回忆中增加浪漫情感，更加向往未来，从而增进夫妻感情。

### （2）安排再度"蜜月"

结婚时的蜜月，是夫妻俩感情最浓的时期。那时，两人抛开一切纷扰，完全进入赛过蜜糖的爱情天地，享受"伊甸园"之乐。婚后，如果能利用节假日，每年安排时间不等的"蜜月"，如来个异地旅游，再造两人的爱情小天地，重温昔日的美梦，定能不断掀起爱河波澜，使夫妻感情越来越浓。

### （3）庆祝纪念节日

结婚纪念日、对方生日、定情纪念日等等，是夫妻双方爱情史上的重要日子。届时，采取适当形式，予以纪念，使双方都感到对方对自己怀有很深的爱意，这对于巩固夫妻感情作用甚大。

### （4）补偿往昔情债

不少夫妇结婚时由于条件所限，未能采取理想的形式来回报对方的爱意，如未能度蜜月，未能给爱人买一件像样的礼品等等。若干年后，当条件具备时，记着完成这些当初未尽事宜，以偿还过去欠下的情债，就会使对方觉得你是个很重情、多情的人，爱你之情便会倍增，如不少男同志婚后给爱人买金首饰，许多已过而立之年的夫妇补拍结婚彩照等等。

### （5）学会取悦爱人

有些男女，婚前与对方约会时，总要想方设法取悦对方，但结婚以后便不再在意对方对自己的感受。这种做法是会损伤夫妻感情的。所以，婚后，女同志还要一如既往地温柔贤淑，对丈夫呵护关心；而男同志则应细心体味妻子的内心感受，不但要处处体贴爱护妻子，而且还要学习一些取悦妻子的技艺，如成为她购买服装的高参，帮她制定美容计划，不时来点幽默等等。

### （6）创点意外惊喜

出乎意料地使对方惊喜，常会起到感情"兴奋剂"的作用。因此，创造一点意外惊喜，对于增进夫妻双方感情很有好处。如瞒着对方，将他（她）在远方的亲人接来会晤，为对方买一样很想得到的物品，为夫妻俩创造一个对方没有准备但却非常喜欢的活动等等，都可使意外惊喜油然而生，从而在惊喜中迸发出强烈的感情之花，掀起欢腾的爱情热浪。

### （7）适当来点小别

"小别胜新婚"。在过了一段平静的夫妻生活后，有意识地离开对方一段时间，故意培养双方对爱人的思念，再欢快地相聚。这时，就能使夫妻俩思念的感情热浪交织成愉悦的重逢狂欢，把平静的夫妻感情推向一个新的高峰。

### （8）注意自身形象

有些人，婚后衣着、容颜等不再讲究，不修边幅。特别是男同志，这方面的问题更为严重。其实，无论夫妻哪一方，都不希望对方在别人的心目中留下不好的形象。因此，注意自身形象，不但可以取悦对方，而且也是在公众场合下为对方争面子的需要。否则，就有可能影响双方的感情。

### （9）防止子女夺爱

不少夫妇，在有了子女后，往往把情感全用到了子女身上，每每忽视了爱人的感情需要，尤以女同志为甚。这种做法有失偏颇。对子女施爱是必要的，但这并不意味着就应放弃对爱人的感情持续投入。那样，不但会冷落爱人而影响夫妻关系，而且也会给家庭罩上一层阴影。

### （10）留足浴爱时间

在快节奏的现代社会竞争中，每个人的工作都是十分繁忙的，有不少人因忙于公务而顾不上夫妻俩的感情生活，以致夫妻经常不能一起进餐、共眠，影响了两人感情的巩固和发展。所以工作再忙，也要巧于安排，挤出时间，留给两人共同生活，共浴爱河。

### （11）保持性生活的新鲜

性生活是联络夫妻感情的重要途径，良好的性生活是巩固和发展夫妻感情的必要保障。不少夫妇婚后性生活老一套，缺乏创新，并导致感情钝化。所以，要创造新鲜的性生活方式，通过改变性生活的时间、地点、体位等办法，使夫妻双方都从永远新鲜的性生活中获得新鲜的感受，并使夫妻的感情之花永葆新鲜。

### （12）留些个人隐私

度量再大的人，对于爱人的绯闻也会生出醋意来，至于得知对方"红杏出墙"的艳事，则更难容忍，由此导致家庭危机四伏的事并不鲜见。所以，将过去个人婚恋史上的隐私，对现在的爱人"坦白交待"并非良策，那样，非但对增进感情无补，反而会带来本可避免的感情危机。因此，留些个人隐私，是巩固和发展夫妻感情的明智选择。

### （13）慎交异性朋友

夫妻婚后有自己的社交活动，这是很正常的。但是，要注意慎交异性朋友，交往时要留有分寸，让彼此关系只控制在同志式的关系之内。明显对自己有好感甚或对自己不怀好心的异性朋友，要主动疏远，以理智来处理感情纠葛。最好的办法是尽量少参加一些只有自己一个人出席的社交活动，即使无法拒绝，也提出携爱人一起出席的要求。特别在遇有"第三者"插足危险时，更应这样做，以杜绝其非分之想。要支持爱人事业，每

# 女人的战争
## Women's war

个人在走上工作岗位后，都有他自己的事业。因此，无论男方还是女方，都不能只顾自己的事业而忽视对方的事业，更不能强求对方牺牲自己钟爱的事业来服从自己。那样，只会损伤彼此的感情。夫妻双方既有追求自己事业的权力，也有承担家庭义务的责任。正确的做法应该是，想办法多挑一些家庭担子，热情地支持爱人的事业。双方都能这样做，就能消释矛盾，增进感情。

### （14）尊重对方

人都是爱面子的，当着别人的面批评爱人，最容易挫伤对方的自尊心，影响夫妻感情。所以，要学会尊重对方，越是人多的时候，越要奉承爱人，以博得对方的欢心。只有夫妻俩在一起时，你再向他（她）提些意见，甚至可以进行严肃的批评，对方就会在愉快接受之余，感受到你煞费苦心中体现出的浓浓爱意，从而会以加倍的爱来回报你。

### （15）警惕财务危机

结婚以后，如果不能搞好收支平衡，就会出现家庭财务危机，影响夫妻感情。有些家庭，钱归一方总管，如果不能财务公开，当一方经济要求得不到满足时，也会产生家庭矛盾。这些，都是值得警惕的。因此，要夫妻共同理财，坚持量入为出的持家原则，勤俭节约，精打细算。手中要始终留有一些机动经费，以防不测之用。这样，就能防财务危机于未然，拒感情危机于千里。

生活不可能全是鲜花和美酒。苍天若无风雨，它就不够完美；江河若无波涛，它就不够壮观；天下夫妻都相敬如宾，情感故事便没有听众；世间婚姻皆琴瑟和谐，文学则失去了生命。··········

# 心灵之约——处理夫妻矛盾

　　人有七情六欲，爱有形形色色。夫妻生活有了矛盾时，对对方冷漠、疏远，少则几小时几天，多则几周，但当一方憋不住了，僵局也就结束了，双方和好如初，美满超前。短短的"矛盾爆发"期间正是双方思考问题的良好时机，通过"矛盾爆发"，不少夫妻认真检讨、向对方赔礼道歉，比如不良恶习要改掉，平淡生活要改变，教育儿女要齐心……这样，一种崭新的生活方式出现了，这是"矛盾爆发"的特殊作用。它在索取和考验，也在表达对对方的爱。不可否认，一些短暂的"矛盾爆发"是夫妻生活的调味品。

　　当婚姻中遭遇"矛盾爆发"，不要急，生活本来就是这样，不可能全是鲜花和美酒。那些美丽的童话，结尾都是"从此王子和公主过上了幸福的生活"，但他们结合之后是否每天也都过得甜蜜和美满？其实大家都猜得到，两个人整天相处和面对，时间久了，最后都会产生审美疲劳，这是再正常不过的事情，所以我们没必要大惊小怪，这就是生活！

　　但是有些夫妻原本有良好的感情基础，婚前互相尊重，婚后面对琐碎的家务、经济的拮据、对方的平庸，慢慢地，变成互相攻击："你这个人真烦！""你真无用！"说者淋漓畅快以求解脱，听者郁闷难消、身心俱伤，如此循环不息，最终步入"矛盾爆发"的怪圈。这样的家庭战争是不会有赢家的！

　　幸福的爱情与婚姻，是人生最美好的生活享受，而家庭出现"矛盾爆发"，则是夫妻缺乏感情沟通，不注意爱情"保鲜"的结果。人们在初恋、热恋和结婚度蜜月时，爱情是新鲜、甜蜜、幸福的，但天长日久，当爱情与婚姻从"花前月下、卿卿我我"变成"柴米油盐、锅碗瓢盆"之后，就会被时间销蚀了新鲜感、甜蜜感，甚至变质为一种互相猜忌、厌烦的情绪，"矛盾爆发"随之而来。要消除家庭"矛盾爆发"，就要夫妻双方共同去努力，不断营造爱情的"新鲜感"，用"亲和力"代替"冷暴力"。古代有"举案齐眉，相敬如宾"的爱情故事，那是由于故事的主角始终保持琴瑟和谐的夫妻关系。爱情天天都有新鲜感，就一生一世都不会产生家庭"矛盾爆发"，但如果"矛盾爆发"，就要依靠夫妻之间互相沟通，调整生活，或设法过好和谐的性爱生活来逐步消除，重新建立起夫妻之间互相尊重、互相信任的和谐关系。若夫妻沟通有困难，还可求助于亲戚、朋友、同事、妇联组织和婚姻咨询师。经过反复做工作，夫妻感情是完全可以重新加深并达到和谐程度的。千万不要对"矛盾爆发"听之任之，让其"自由发展"。当"矛盾爆发"不断升级，达到闹离婚的程度时，问题就更难解决了。在"矛盾爆发"的萌芽阶段、初级阶段，就要着手解决，决不能让它自由泛滥，危害和谐家庭、和谐社会的建设。

退一步说，当婚姻遭遇"矛盾爆发"，双方不理不睬或者直脖子瞪眼大吵大闹，只是暂时的，相信总会雨过天晴，迎来灿烂明媚的阳光。面对夫妻间的矛盾要思己过，作为夫妻双方，首先，应该冷静地思索一下，看自己有没有什么地方做得不对和不好。比如，由于这些年妇女的地位提高得比较快，于是有些女同志忘了女性的传统美德。其实在任何时候，贤惠、温柔、勤劳是不能丢的，哪个男人希望找一个自以为是、骄横跋扈的老婆？前两年"野蛮女友"盛行，那是指在热恋的时候，因为大家的思维都处于一种不大正常的时期。作为女人，还是要多关心自己的老公，你们不也同样希望得到老公的爱和关心么？当婚姻遭遇"矛盾爆发"的时候，多想想自己的不是才对。作为男人要认真想一下，对妻子关心的够不够，是不是犯了大男子主义。如果不想离婚，可以通过沟通来化解这层坚冰，有时候一个关切的问候、一个微笑、一次耐心的倾听、一个拥吻、一份小小的礼物都具有滋润爱情的神奇力量。身受其害的夫妻何不试试呢？

在长期面对"矛盾爆发"而得不到解决的情况下，越来越多的人选择了离婚。其实夫妻闹矛盾，中国人有句古话："夫妻床头打架床尾和"。这就是说，夫妻之间是不记仇的呀，如果真是在日常生活中对对方表现出冷淡、轻视，那就表明感情开始出现了某些问题。这些问题，有的也许过一段时间就会好了，也许会发展到放任、疏远和漠不关心的程度，这样只能让婚姻陷入绝境。婚姻生活中这种情况肯定存在，存在着的原因可能是多方面的。其产生的直接诱因有性格不合、生活压力、婆媳关系、第三者插足、婚外恋、重男轻女、女方失去生育能力等。都会使婚姻处于痛苦的边缘。又出于这样或那样的原因，如为了孩子，或一方不愿失去经济依靠等，当婚姻遭遇"矛盾爆发"时，一些夫妻还努力地维系着这种尴尬的婚姻关系。随着现代人观念的更新，在长期面对"矛盾爆发"而得不到解决的情况下，越来越多人选择离婚这种途径来解放自己，重新追寻自己的幸福。

但社会需要团结安定，家庭是社会的最小细胞，家庭的解体必导致夫妻双方心理上的阴影，导致一些孩子遭遇不幸，也可能使一些老人深受打击，从而给社会增加不稳定因素。因此，对于婚姻生活中的长期"矛盾爆发"应引起当事者的重视，要认识持久"矛盾爆发"将导致的恶果，当事者要宏观审事，宽容大度，善于欣赏对方，利用子女或亲属帮助他们沟通，利用热线或咨询心理医生等方式，争取化冰雪为暖流，使家庭幸福，儿女快乐，社会安定。

解决夫妻之间的"矛盾爆发"，最好不要用法律来约束，而应该从道德的角度来考虑。也就是说，当家庭这个社会的基本元素、这个本应温馨和睦的空间被"矛盾爆发"侵蚀、生活出现不和谐的音符时，夫妻双方应当正视问题、敞开心扉，从生活中、思想上，从感情方面选择适当的办法，以相互都能接受的轻松话题来交流，进行推心置腹的沟通，让彼此在对方那里感受到快乐、安慰，受到鼓励和得到休息，以提高婚姻质量。只有当婚姻关系严重脱离轨道实在无力逆转时，才可通过法律寻求支持和援助。

要注意为爱情"保鲜"。幸福的爱情与婚姻，是人生最美好的生活享受，而家庭出现"冷暴力"，则是夫妻缺乏感情沟通、不注意爱情"保鲜"的结果。

# 女人的战争
## Women's war

目前，不断上升的离婚率，对那些认为自己的婚姻毫无问题的夫妻们来说，是应该给予足够重视的时候了。••••••••••••••••••••••••••••

# 识别 "围城" 里的危险信号

实际上，没有问题的婚姻是不存在的。当问题出现时，一般都是隐藏在某些生活小事中，不易引起注意。或者，有些人认为，小问题兴不起大风浪，时间久了便会自行消失。这样想是绝对不行的。那些小问题，通常就是婚姻破裂前的警告信号。假如人们加以留心，很可能会挽救即将破裂的婚姻。

**（1）行踪不明，经常不回家**

丈夫常常很忙，他每星期都有两三晚超时工作。不过他的妻子却认为他很爱她。因为这位丈夫仍然为妻子做各种各样的事：送生日礼物，同妻子外出进餐等等。但这些事有时是不能说明丈夫对婚姻就没有不满。妻子们常常被这些事的表面所蒙蔽，如果他一面将 "我爱你" 挂在嘴边，又一面将生活安排得异常忙碌，根本难得同妻子在一起，那么就该当心了。

**（2）不再讲甜言蜜语**

众所周知，对妻子甜言蜜语，再加些调侃逗笑的佐料，不失时机地夸她一番，夫妻关系就比较容易相处。对配偶讲话的方式是构成夫妻关系和谐与否的要素之一。表达一个意思可以有很多种方式，就看你怎么说了。

**（3）丈夫要妻子减肥**

妻子生小孩后一直很胖，当她丈夫让她减肥时，她没有丝毫不安，因为她认为他说得很对。可是，当妻子减肥成功，满心欢喜之际，她丈夫又开始挑剔她的衣着，可妻子整天要带小孩，无法穿得整整齐齐、漂漂亮亮。

像这位丈夫一样，许多男人都感到婚姻的不愉快，但又难以直接承认，于是就用不断地挑剔来掩饰对婚姻的不满。也许，这些人自己也不清楚对婚姻有什么真正的不满，他们以为，将妻子的毛病指出来，就能改善婚姻关系，但实际上并非如此。

### （4）电话增多，电话费增高

这是最常见的现象，常会有一连串不知名、莫名或匿名的电话出现，而丈夫在接电话时，轻声细语，或抢着接电话。与此同时你家的电话费也猛增。

### （5）增加探母次数

有时候，当男人发觉婚姻中的不满后，会突然喜欢在自己的母亲身边多逗留一会儿，希望回到过去，在原来的家里找到解脱。造成这种情况的原因之一，可能是妻子对孩子过分关心，而忽视了照顾丈夫。

有些男人愿意在床上看书，在睡觉前手不释卷，直到妻子睡着。他们这样做，无非是想避免跟妻子亲热。在床上看书并无不妥，但是，如果做丈夫每晚都躲在书里，做妻子的就该意识到，他在暗示对现状的不满。

### （6）变成婚姻顾问

有些男人常常在下班后不回家，替那些婚姻有问题的同事解决问题。然而，这些人自己的婚姻也往往并非美满。事实上，突然变成婚姻顾问的这些人，在与别人谈话时或许有别的原因。当一个人的离婚念头模模糊糊盘旋在脑子里的时候，通常他会向朋友倾吐。不过，他们会向那些同情他们甚至支持他们的人，而不是力劝他们努力维持婚姻的人倾吐。因此，他们常找那些已离婚的人，或是正遭遇婚姻危机的人聊天，想从中找到解决问题的方式。

### （7）漫不经心

丈夫和妻子有个约定，如果谁晚回家，必须给对方打电话。可是丈夫总是忘记打电话，妻子若提出抗议，丈夫就会摆出各种理由。丈夫的行为可能是要间接造成一点冲突。不过，并不是对打电话这件小事，而是针对彼此的关系。许多男性都会故意不遵守某些与伴侣订下的口头协定，借此来暗示彼此的关系有了问题。有时候，他们会采取很强烈的行动，逼使伴侣不得不注意到他的抗议。

### （8）自我中心

星期六，丈夫买了几件衬衫和一架照相机回家，他妻子并不在意，因为他总是喜欢花钱，为家里添置东西。衬衫是丈夫需要的，照相机却是多余了。但当比利在试穿衬衣，他妻子想替他照张相时，丈夫大发雷霆，说她不该乱动他的东西。

通常，每个家庭的东西都有"他"和"她"之分，但这些东西是以共同拥有的形式存在的。如果一个男人特别强调某件东西是属于"他"的，那么，他很可能是将自己看做一个独立的个体，而不是伴侣。

### （9）不再吻妻

当然了，初恋时的兴奋感觉不会永远存在。但是，夫妻间的亲密方式有所改变的话，肯定是出问题了。比如，丈夫回到家不亲吻妻子，分手时也没有，甚至在床上也不和妻子亲热。通常，这些变化不会突然发生，也不太引起注意。有时候，这些变化可能是因为某一方感到很疲倦，也可能是一方想与另一方保持距离。不过，连偶尔拥抱一下也提不起兴趣，问题就严重了。

### （10）改变形象

如妻子不喜欢丈夫留胡子，而丈夫却坚持不把胡子刮掉，这也可能是婚姻关系开始发生变化的信号。丈夫坚持留胡子，是想表明他自己是个独立的人，想从两个人的世界中抽出来。有时候，男人突然改变自己的形象，不再一味地穿衬衣打领带，而是穿T恤和牛仔裤，这可能表示他在潜意识里想同过去决裂。

如果小家庭一向好客，或者夫妻俩有到朋友家做客的习惯，可是渐渐地这种活动减少了，做丈夫的总是找借口推托，这可能表明，丈夫不愿在社交场合担任做丈夫的角色，他对妻子的不满在这种时候就表现出来了。

### （11）不愿再做计划

如果丈夫不愿意再做那些有关夫妻共同行动或生活的计划，如外出度假、房屋修缮或生孩子等，那么很可能丈夫开始对婚姻不满了。因为这些计划意味着长期在一起；反之他内心也许正在考虑分离。

### （12）太专心运动

开始时，妻子出于好意劝丈夫多做些体育运动。但是后来丈夫花在运动上的时间和精力太多了，很少在家陪伴妻子，以使妻子不满。这时，做妻子的在不满的同时应该分析，体育锻炼可能提供了婚姻生活中所欠缺的东西，比如友谊和在群体里做一个有贡献的成员。许多夫妇因为有各自的嗜好而相处得很愉快。可是，如果嗜好变成不用留在家里的借口时，问题就严重了。

### （13）两人不再争吵

"这才是最坏的标志，"李小姐说，"那些整天吵架的小两口反而比有气闷在肚子里的夫妻更容易生活在一起。争吵至少表明你还有热情，有勇气真诚地交流。而那种懒散冷淡的默不作声则是最大的离婚征兆。夫妻间的争吵有两种：一是愤愤然，怒气一消，万事太平；二是淡淡的，此时已是覆水难收，无可挽回。"

当你发觉婚姻中出现上述任何一种危险信号时，你应该怎么办呢？婚姻专家认为，要直接面对这些问题，必须与伴侣面谈，虽然这样做不会轻松，甚至会很痛苦，但是，既然双方关系已经发生变化，需要重新处理，当面谈清楚是唯一的好办法。

　　虽然在婚礼上，你身边的那个人在为你戴上婚戒时曾信誓旦旦地保证，他会爱护你宠爱你一辈子，但永远还是让人惶恐。这个时代，太多诱惑……

# 第三者——防患于未然

第三者，仿佛命运的一把冷箭，说不准茫茫人海里的谁和谁、说不准

# 女人的战争
## Women's war

什么时候，我们的两性关系就会中了命运的这把冷箭。那么，爱情和婚姻里，遭遇第三者时该怎么办？

也许曾在一度时期内可以息事宁人，但难保不会"春风吹又生，死灰复燃"的迹象，最理智和最有效的做法就是让你自己站在她面前，用你的高贵气质和大度压倒她的气势，让她有种自惭形秽、愧不敢当的感觉，这个时候想必不用你说，她也会自动退出。就如电视《神雕侠侣》中郭襄那样，尽管她那么深爱杨过却也输得心服口服发出"也只有你（小龙女）才佩得上我大哥"的由衷说法。试问，在面对婚外第三者入侵时有几人会让对方从心底里心甘情愿退出并由衷敬佩和祝福的？太少！多是一番苦口婆心，泪眼朦胧，争执吵闹，几经波折才是捍卫住了自己的婚姻，却早已因此心力交瘁，疲惫不堪。假如再来一次恐怕都再没勇气、信心和力气去面对，而生活也会因此留下一个不可磨灭的阴影。在阴影底下的婚姻还能有多幸福，可以预想得到。此种作法实不值提倡，难免有种"玉石俱焚"的感觉。

谁都知道，防守只会让自己处于被动状态，处于劣势，而且永远防不胜防。现在"婚外恋"那么"热门"，谁都无法保证自己的婚姻不会有第三者的介入，也无法预知会是什么时候的事情。与其等到木将成舟之时，不如提前做好充足的心理准备，这样在紧急关头才能临危不乱，镇定自若，很好地守护住自己的婚姻。还是那句话，守住自己爱人的心，提高自身价值，让你在你爱人面前永远是最美最好，这样就算有人走进来想横刀夺爱也不是易事，到头来伤的只是其自己。

销售行业里有一句流行语叫做"这个世界上没有推销不出去的产品，只有不会推销的人。"那么可否也这样说，"这个世界上没守不住的婚姻，只有不会守婚姻的人。"始终认为一段婚姻会出问题很大程度是在于自己，首先应自我检讨一下。一般人大多都是这样，到出事时才急得像热锅上的蚂蚁，紧急找寻出路，平时却是"未见棺材不流泪"，毫无一点忧虑感。其实假如平时在生活中都能细心用心，多注意细节，有问题及时解决掉，经营好自己的婚姻，就不用到"山雨欲来风满楼"的时候一个措手不及，手忙脚乱，往往达不到多少收效。"平时不烧香，临时抱佛脚"的道理谁都懂，可就个个都要在出事后才会知道祈祷、行善。须知这"香"是得时时保持烟雾袅袅，才能永不熄灭，一旦熄灭就会前功尽弃，再重燃时效力可能就远远不如从前了。

生活也许是太苦太累，太匆忙，但这不应成为你忽视婚姻的最佳理由。或者说正因此才要对婚姻更加注意和慎重，才能防患于未然，杜绝类似事情的发生。任何事情自始至终都应用全身心投入，才能时刻保持最好状态，婚姻尤是。

女人们都咒骂"陈世美"，但骂是骂不回心转意的。要知道喜新厌旧是一切人类的本性。那么，女人们该怎么做才能让你的男人不会变心呢？

**（1）要充分的自信**

男人喜欢自信的女人。自信能使一副平庸的面孔变得光彩照人。要培养、保护自己的魅力。

**（2）不要爱得失去自我**

这一类的女人最容易被男人所抛弃。她们付出最多，输得也就最惨。如果你把自己的全部当成礼物悉数送给了对方，对方会认为得来太容易，会毫不怜惜地将它放在一边。

**（3）加强自己的文化修养**

跟得上时代的步伐，也就跟上了你的丈夫或男朋友的步伐。现代社会男人的价值观、家庭观已有很大的改变，一个傻傻的、乖乖的、睁眼不知天下事的女孩子是拴不住强有力的男人的心的。从古到今，没听说过哪位著名的端庄娴淑的大家闺秀能得到男人的专宠，而令男人欲仙欲死的褒姒、慈禧、妲己、武媚娘、李师师、苏小小、赛金花等都是聪明伶俐，机智过人，精通琴棋书画，才华横溢。

许多次民意测验中发现，男人更喜欢、更需要的是聪明、新潮、有头脑的伴侣，在现代社会，带孩子做饭洗衣服已不是妻子的工作，早已被保姆、幼儿园、高级饭店和餐厅所代替了。

**（4）婚姻只是义务，不是权利**

永远不要伤害男人的自尊心，永远要给对方面子。许多女人结婚之后把男人当做自己的私有财产，动不动就给脸子瞧，摔桌子、摔板凳，再不就是赌气不说话，当着别人面拂袖而去、经常吵闹、当众管教丈夫，完全没有女人的温柔，一副颐指气使的样子。要知道男人是娶了你并不是把他卖给你，凭什么给人家气受？所有的人都好面子，男人尤其要面子。如果你在公开场合一次不给他面子，过后你哪怕心甘情愿为他做一年的饭都弥补不过来。哪怕你回到家里再与他论理都比当着人面吵闹争执好得多。不过，最好不要吵架，尤其是不要为一些鸡毛蒜皮的事吵架，有些事情点到为止，不要得理不饶人。

### （5）不要在一棵树上吊死

你和你的丈夫原本素不相识，由于一偶然的原因成了夫妻。所谓"天生一对"只是形容词，世界上没有任何夫妻是生来造就的。合则在一起，不合则分开，没有什么了不起的，缺了胡萝卜照样成席。天塌不下来，世界也到不了末日。不要把希望寄托在别人身上，不要把命运的缰绳交到别人的手里，要自己掌握自己的命运，这样就不会在变革之时手足无措，悲观厌世，乱成一团糟。

### （6）给对方足够的空间

夫妻双方保持一定的距离是非常重要的。如果你让男人窒息，男人就会厌恶你。要保持对方对你的新鲜感。如果他成天都和你泡在一起，总有一天会觉得索然无味。让他去做他自己的事，八小时以外或是晚上和你在一起就足够了。

### （7）适应而不要试图去改变对方

切记不要叨叨嘴。不要当碎嘴子婆娘。记住人无完人，自己本身就不十全十美。所以求大同存小异，慢慢就可以改掉令所有男人讨厌的唠唠叨叨的妇女病。

最后，如果你尽了一切努力还是要失去他，那就不要他好了，他不值得你留恋。本来世界上就存在这样的一种男人（当然也包括女人），天生水性杨花，玩弄异性满足他的私欲，这样的人根本不配有家庭。如果你不幸遇到了这种人，那就是你的运气太不好了。在你自认倒霉的时候要丢掉对他的一切幻想，离开他重新去寻觅你新的人生，千万不要傻傻地等待他的回心转意，而将你锦绣年华为他蹉跎。在这个世界上，你首先要照顾好自己，如果你自己都不照顾自己，没有人会照顾你。不要太在乎年龄的差别。不一定非要找个男人比你强，两人在一起心心相印比什么都好。

"爱情不相信眼泪"，女人要维护自己的家庭，只有不断努力，不断自我完善，尽力调整自己的婚姻，才有可能维护家庭及自身的幸福，以免丈夫的爱情被他人"偷"享。

人们常说："比大地更宽阔的是海洋，比海洋更宽阔的是天空，而比天空更宽阔的是人的胸怀。"斯宾诺莎说："人心不是靠武力征服的，而是靠爱和宽容大度征服的。"······

# 聪明女人以爱的名义去宽容

你知道男人最怕女人什么？不够宽容，具体地说是：母亲的唠叨、情人的纠缠、妻子的管制、女儿的娇纵、女友的误解、女同事的挑剔。

所以，男人期待来自女人的宽容。有了这种宽容，男人固然会沾沾自喜，但也容易安身立命，找到自己应有的位置，并且可以享受所谓的成就感。

能够用心听男人夸夸其谈，是一种宽容。男人在女人面前吹牛，往往不过是一种缺乏自信的表现。女人如果不能倾听男人，男人的自信心难以建立以至会崩溃。

能够允许男人沉迷一些没有意义的小事，是一种宽容。比如拿打火机拆来拆去，比如日以继夜地打计算机游戏。男人往往透过这些癖好来达到心理缓冲。允许本身可能是更好的一种关切。

能够放男人和朋友们消磨时光，是一种宽容。因男人需要不时地回到年少时光，这是少年时逃避母亲过分的爱和关心的心理再现。

能够让男人和其他女人交往，是一种宽容。并不是所有的男人都见一个爱一个。事实上，有好的欣赏力的男人，多半会很好地爱妻子。

在男人不图进取时保持适当的沉默，是一种宽容。男人的一生中很少能够永远一往无前。大多数男人总会有周期性情绪波动和行为上的调整。鞭打快牛的结果往往适得其反，男人并不总是需要激励。

男人在如此宽容之下，会张牙舞爪、得志猖狂吗？未必。正常的男人会好好地珍惜来自女人的宽容，因此，宽容对男人来说是一种实实在在、时时刻刻的需要。

听到这样一件事：一对和睦的夫妻，曾是别人羡慕的典范，他们住别墅区，生有一双可爱的子女，丈夫有稳定的高收入，还养着一条纯种的牧羊犬。有一天，丈夫突然失踪了，而且无影无踪！妻子遍寻不着，以为他和哪个女人私奔了，结果发现不是。原来，丈夫一时受不了繁重的生活压力，悄然到外地"静心几天"去了。

这一事件在同事中引来了纷纷议论，女人们大都耸耸肩表示无法理解，可男人们却表示有同感。我回家后把这件事告诉了丈夫，丈夫也和办公室里的那些男人一样，对那个"逃走"的丈夫寄予了同情。后来有好几次，当我向丈夫提出一些在他看来很高的要求时，比如我说要想买一辆轿车，比如想让我们的儿子上寄宿学校，比如我要和女友去香港购物，丈夫都眉头一皱，说："那我也只好逃走了！"

其实，回过头来替男人想一想，现实生活中女人对男人的苛求真是多得不得了。女人们要求男人在出外旅行的时候是个"挑夫"，在家里是个特级厨师，在交际场合是个彬彬有礼的绅士，进了商场则是有万贯资产的大款，在床上还要求男人是个性学专家，在丈母娘和泰山大人面前则应该像一个恭恭敬敬的小学生，而在婆家人面前，丈夫最好成为一个铁石心肠的"冷面杀手"……

虽然其中不乏片面，但仔细想想，我们作为妻子是不是曾给丈夫太多压力和过多期待？对丈夫的要求太高了？

男人多半工作紧张，事业不易，还得负担沉重的家庭义务，生活中的每个环节都得留意，每天都处于一种焦虑状态。他就像身后总被一只凶猛的动物紧紧追逐着似的，喘不过气来。如果妻子再给他施加种种过分的要求和目标，让他感觉到自己不管怎么努力也达不到妻子的标准和要求时，身心疲惫的丈夫说不定就会彻底垮了。

比起男人来，女人的宽容，正因为难得，因而也就更能吸引男人。这特别表现在最为敏感的男女私情上，受到伤害的女人对于伤害过自己的男人表现出来的宽宏大度，有时候比声严厉色的呵斥和歇斯底里的泼闹，更能让这个男人羞愧无比。

人们常爱说"男人不坏，女人不爱"。其实，这句话对于女人来说，应该有相当大的界定性，即女人所爱的或所能容忍的坏男人，坏得必须有一个限度，那就是他不管再坏，也不能对爱他的女人坏。

据我多年的观察，得出这样一个逻辑：女人不好，男人不爱。生活中有一个小现象，足以说明这一真理。当一个女人向男人示爱时，常爱说的话是"你真坏"；而当一个男人向女人示爱时，常爱说的一句话则是"你真好"。

女人爱"坏男人"其爱的实质并非是男人对自己的坏，而只是表示欣赏男人在"坏"的外表下的聪明、狡黠和情爱的宽容。同理，男人对女人"好"的认定，也并非仅仅因为她对自己好，甚至主要不是因为对自己好；而是因为这个女人本身就是一个"好女人"。这个"好"字的含义很多，它包括善良、聪明、宽容等等。而这其中，尤其是宽容，更会令男人们心向往之、由衷敬佩。

张爱玲，纵有贵族的出身，非凡的才华，面对胡兰成，亦只能写出因为懂得所以慈悲的情书来。在我看来，不如说因为懂得，所以宽容。她致信与胡说："我想过，你将来就只是在我这里来来去去亦可以。"面对胡有许多的女友乃至挟妓游玩，她亦表现得如此大度、宽容，似乎愿意世上所有的女子都爱胡。虽说后来总有几分妒忌之心，然而在胡兰成逃到温州避难时，虽又有范秀美相伴，张却仍去看他，给他以生活上的帮助，离别时终究撑伞靠于船舷，对着滔滔黄浪，立涕久泣。虽如此，相比我等普通女子，亦算是宽容到九分了。

如果一个男人面对女人在这种"大是大非"问题上的宽容大度都不能被感动，那就说明，这个男人已无可救药地不爱你了，呵斥、吵闹又有何用？高贵地转过身去，连"分手"二字都不必出口，这便是宽容的女人在渺小的男人面前，表现出来的最后的宽容！

现代很多女人借"因为爱，所以在乎"来衡量爱情分量。心里容不得一粒沙子地侵袭，一点误会便红了眼，伤了心，瘦了身子，却不会去想，这根由究竟是为何？不如做个明智的女子吧，遇事不乱、静观其变、小事不计较、大事又宽容，生活遂又在瞬间恢复平静。两个人的生活，本来要

# 女人的战争
## Women's war

两人来好好维护才能长久，若是常常计较和生气总是会造成不必要的伤害，细想起来这确实是明智之举。与相爱的人在一起，本已不易，何必为了诸多小事，而落得个劳燕分飞？幸福其实有时犹如一把沙，只怕抓得越紧，越容易失去。

# Women´s war

## 第五章

# 女人为职场而战

·········································

假如有人把你比作狼，

你会认为对方在夸赞你，还是贬损你？

通常狼在我们眼中是阴沉、凶狠、丑陋的。

即便是作风硬朗、叱咤职场的女强人，

潜意识中都希望给人留下"温柔婉约、落落大方"的印象，

最起码别像狼一样让人望而生畏。

其实，女人身上都潜藏着狼的天性——

没事儿的时候很慵懒，喜欢大家聚在一起，

但是，一旦发现目标就会发起猛烈攻击，

不达目标誓不罢休。

这样的天性，假如在职场上充分发挥，

无疑增添了成功的筹码。

·········································

在越来越突破性别的职场中，职场女性占有越来越重要的作用，大量的职场女性取胜于男性如林的高级人才职场。她们，究竟哪来的力量，与男性拼抢？职场PK台上，她们如何成为大赢家？职场女性迈向成功有哪七大要领呢？••••••••••••••••

# 白领职场行走的基础装备

现代社会，作为一名优秀的职业女性，应该具备以下的素质。

**（1）健康有活力的身体**

俗话说："身体是革命的本钱。"的确，同样面对高强度的工作，需要女人同男人一样具有健康的体魄。再有能力再聪慧的头脑都不能保证你的职业地位长久稳固。无论你是多么优秀的专业人士，不堪重压的身体状况会令老板和同事对你心生不信任感。这种损失使人不愿对你委以重任。"……让她干这件事可以吗？如果她临时请假，那可糟糕啦……"即便你不是体力工作者，你也应该经常健身，注意饮食，少一些熬夜、酗酒等不良习惯，以保证自己身心的健康，才有充足的精力和体力在职场上拼杀。

**（2）明确的工作目的**

我为什么要工作，把目的弄清楚，并且肯定它会有助于我们在遇到不如意的工作安排、难缠的同事或其他工作低潮时迅速抓住问题的主要环节并确定自己应采取的立场，是应该积极行动，还是冷静地等待时机，又或者干脆地一走了之。有了明确的目标才能在情绪低潮中回复理智，获得行动的动力。

**（3）良好的人际关系**

在公司内外都注意与人多接触，增长见识开阔视野，而且不同工作、学习背景的朋友会带给你各种新知识新思想的刺激，使你的头脑跟得上时代。另外，对公司中的前辈要多多请教，不耻下问，真诚友好的心态会赢得同事与客户的友谊。但要注意，不要加入办公室内部的"小团伙"——避免没有必要的纷争和倾轧——这也是老板最不愿看到的。

### （4）具备电脑工作能力

这不仅仅是打字一类的简单工作，而是你要努力掌握办公室里最新的表格、计算机软件，做同一件工作你要比男同事干得更快更好。

如遇需要改动的部分要能迅速完成。这样才能使人承认你具有和男同事"一样的"电脑能力，打破一般人心目中"女性大多数具有技术恐惧症"的不良印象。在实际工作中，只有靠你自己不断培植自己的"数字神经"啦。

### （5）外语能力

商务全球化是大势所趋。既然目前的翻译软件还不太过关，快速准确地翻译英文专业资料成了不少办公室女性在参加办公会议前的必修课。

### （6）舒解精神压力的能力

工作中总是充满了压力和挑战，学会舒解工作中积累的精神压力才能保持长期的良好精神状态。无论是同事还是老板都不愿看到职业女性神经兮兮或过分敏感、易于激动的样子。这种状态在告诉别人："这该死的工作，快让我发疯了。"即使你最终完成了工作，别人也会想："她不太适合担当重要责任，她太女性化了，工作会让她精神崩溃的。这样看来，年终晋升的机会并非被别人强走，也不是老板对你的工作成绩视而不见——他们只是不愿看到你紧张兮兮的样子，这也会令他们感到紧张不适。

### （7）具有善用金钱的能力

用金钱买时间、买效率、买机会是职业女性应具备的金钱观念。过分地"抠门"——自己亲自利用午休时间急匆匆地出门去接小孩都不是好的表现。其实，花钱请一位家务工代劳就可买回更多的时间和自由，因为专心投入工作。

另外，有时为了工作，也要舍得自己掏掏腰包，不必太过计较。需要争得一个商务机会时，客户急需一份资料时不妨自己出钱在家打打长途电话，自己出钱请速递公司带送文件。这些小花费虽然不一定符合公司的报销原则，但一味等上司批了再办就会损失掉一些宝贵的商业机会划算多了。

上帝不会奖励那些努力工作的人，只会奖励那些既努力工作又用对方法的人。努力而没有结果，是低效率的工作。用正确的方法努力地去做事情，才值得骄傲。

# 高效率女性的思维方式

公司职员程小姐一下班就向老妈诉苦，说自己每天从一进公司门就开始忙个不停，一会儿干这，一会儿干那，忙得晕头转向。一起进公司的同学兼同事小刘虽然和自己是同样的工作，看起来总是从容不迫的样子。更让程小姐有些心理不平衡的是，到月底工作量一统计出来，自己还不如小刘高。或许你读了这个例子，就颇有找到知音的感觉：每天忙忙碌碌，却老是忙而无功；感觉付出很多，却总是得不到老板的满意；没有一刻空闲，到总结时却说不出自己做出的成绩。

这种现象太普遍了。如果你正处于这样的状态，这时的你就需要提高警惕了，也许你不是工作不努力，而是需要掌握正确的方法提高工作效率了。因为，如今可不是讲求"慢功出细活"的时代，效率总是与工作业绩、奖金，甚至晋升挂钩，每天费尽心思琢磨的应该是如何提高工作效率。

看看下面的人士是如何做的，也许你能从中得到启发，有所收益。

**（1）将工作有规则地分类**

你每天所要处理的工作，如果仔细想来无非有两种：事务型和思考型。如果将你所要做的工作做如此划分，区别对待，也许你会收到事半功倍的效果。

职场王女士就是如此做的，她说，事务型的工作不用太动脑子，只要按照熟悉的流程或程序做下去就可以，而且不怕被干扰和中断，如收发E－mail、写信、填写工作报表、备忘录等，这些例行公事、性质相近的事情可以集中在同一个时间段来处理，即使在精神状态不佳的情况下也能完成。而对于那些需要集中精力、一气呵成的思考型工作，则要谨慎对待，在做之前要进行充分的思考，不停地想，苦思之后方有灵感闪现，这时要安排精力旺盛、思路敏捷，而且不易被干扰的时间段集中去做。

王女士的这种做法不仅使自己的工作效率大大提高，而且使自己拥有了更多的业余时间去享受工作之外的精彩生活。

**（2）为工作制定计划**

在这里需要指出一种错误的理解，制定工作计划不是给自己施压，是为了让自己记住该做的事。每天面对大量的工作，谁都不免产生"丢三落四"、忙而无序的状况；如果会工作，养成定时作计划的习惯，效果是大大不一样的。

某公司部门经理罗女士，就非常善于管理自己的工作，尽管每天需要应付大大小小的许多事情，但她总是显得很从容，该做什么，什么时候做，自己心中非常有数。她说自己随身携带的必不可少之物就是一个工作本，上面密密麻麻地写着自己的工作安排。每月之末，她会抽出一定的时间思考一下下个月的工作重点和计划安排。制定工作计划，关键是要会分解目标，把制定的月目标分解到一个周，一个周的目标再分解到每一天。也许看上去是一个很庞大的，担心完成不了的工作目标，经过这样的层层分解后，结果发现，原来要实现这个目标并不是很难，这样工作起来才不会感到有很大的压力。

**（3）在预定的时间内完成工作**

在"时间就是金钱"的现代社会里，一个具有时间观念的女性是受人欢迎的，尤其是在进行工作时，更要注意按时完成任务。

一项工作从开始到完成，必定有预定的时间，而你必须在这个时间内将它完成，决不可借故拖延，如果你能提前完成，那是再好不过的了。

### （4）保持办公桌的清洁

有人说过，可以从办公室的桌上物品的摆置，看出一个人的办事效率及态度。凡是桌上物品任意堆置，显出杂乱无章的样子，相信这个的工作效率一定不高，工作态度也极为随便。相反的，桌上收拾得井井有条，显出干净清爽的样子，想必是个态度谨慎、讲效率的人。事实也的确如此。一张清爽、整洁的公办桌可增加工作效率。另外，还可以使大家对你产生良好的印象，认为你是一个做事有条理的女性。

### （5）学会工作中说"No"

当你正专注于手头的工作时，突然上司让你去做一些不太重要的事情，或者同事找你帮忙处理一些文件，如果放下手头的工作，那么思绪就被打乱，有可能要重新再来，工作效率显然就不会高。这时的你要学会巧妙地说"No"，否则整天纠缠于帮别人处理事情当中，非但自己的工作完成不了，还有可能出力不讨好。

某公司的杨女士就有这么一位同事，是做效果图的，为人比较随和，别人有事情都找他。打份文件、加个标头、做个表格……甚至电话响了，也要他接，结果自己的一份效果图被一拖再拖，上司一催再催，被骂了好多次，迫不得已加班完成，他现在已经成了公司的"加班专业户"。其实，他完全可以说"No"。在工作中维持"老好人"的形象、令所有人满意是不可能的。杨女士说，在自己的工作和别人求助之间，也许持这样的平衡技巧是比较明智的："先扫自己门前雪，再管他人瓦上霜"。当然在说"No"的技巧上，可以采取婉转、迂回的方式，避免直接拒绝。

### （6）多使用内线电话而少窜办公室

如果你要跟其他办公室的同事交代事情或交换看法，打内线电话能节约许多花在寒暄及周旋上的时间，有益于养成单刀直入的工作作风。这也是一种成本低廉的提高效率的办法。

### （7）绝对不煲"电话粥"

对一位背负着沉重压力的职业女性来说，能够有一些经常往来的朋友，并养成在不顺心的时候倾诉的习惯，无疑是非常有利于身心健康的。一个真诚的问候，一个聚会的邀请，都会成为繁忙工作中的小插曲，调节着紧张的神经。但是如果频频接听私人电话，而且交流个没完，又会是种什么情况呢？

公司职员 Lisa 的一个同事就是一个经常煲"电话粥"的高手。让人浑身起"小米"的亲昵的称呼声，忽高忽低的讲话声，以及老公孩子的婆婆妈妈的琐碎事，她就能唠唠叨叨地讲个没完。这个时间以及之后的一段时间，她也很难干好自己的工作。

所以，Lisa 给自己的职场要求之一就是绝对不用公司的电话煲"电话粥"，有私人电话打进来，那也是长话短说。这样的目的就是尽量不打断自己的工作进程，让自己在尽量短的时间内完成任务。

**（8）不要在盥洗室的镜子前逗留**

"过分关注自身形象的女人在工作上多半没有什么创意"，不错，这是偏见。但你要记住，与偏见作战是世界上最艰难的事，它会浪费你的很多精力。何必与偏见宣战。

**（9）养成利于工作的好习惯**

一些好习惯的养成，常常有助于工作效率的提高。陈女士的几个工作好习惯也许可以拿出来与大家共同分享。

她说自己的第一个原则就是在工作时间里不做与工作无关的事，特别是私事。她发现周围有很多人，往往会同路过公司的朋友或认识的人聊天，而且可能是完全与工作无关的事，这样自己手头的工作就被中断，再回到工作中来时已找不到东西南北，所以她要求自己从来不"出轨"。

情绪好坏往往会影响到工作状态，陈女士要求自己尽量不要把一些不好的情绪带进工作里，当然谁也不可避免遭遇气愤、低落的时刻，但要学会控制。杨女士每当这时，都会闭上眼睛几分钟，告诉自己："只要不发作，就又战胜自己了"。她说，女人能够管理自己的情绪了，也就意味着在走向成熟。

此外，每天定时完成日常工作也很重要，如查看电子邮件，和同事或上级交流，浏览你必须访问的 BBS，打扫卫生等等，集中完成这些工作，就能让你腾出更多的时间和精力处理更重要的事情。

当然，保证工作效率的最佳方法就是：专注。曾有人说：聚精会神工作着的女人是最美的；当然也是效率最高的。

# 女人的战争
## Women's war

都市白领，面对的不仅是 21 世纪的不安定、不可测的多变经营环境，同时还要面对来自上司的压力，来自公司同事和部属的挑战，来自公司经营策略的变化……这群人所面对生存的压力与岌岌可危的态势绝不是努力加苦干就能应付的。· · · · · · · · · ·

# 应对办公室 "高压锅" 现象

因为，每天都会有新的竞争对手在他们身边不断涌现。此外，他们所面对的还将是市场竞争的不断加剧，利润空间的无限压缩，而压力也绝非仅仅来自外在的空间，更有自身的自危感受。

个案一：晓梅曾经在一家私企担任过 3 年多的部门主任，对"精神压力大"的体会特别深刻。她那个部门负责公司的宣传、策划工作，都是又累又细的活不说，而且工作当中的"变数"很大，日攻夜战赶出来的工作，常常要面临推倒重来的命运。工作带给她的精神压力非常大，一接到任务，就条件反射似的想到"肯定又砸了"，用"寝食难安"来比喻一点也不为过。

个案二：伟明在内地上班的时候，丝毫感受不到什么"压力"，一张报纸一杯茶，煲煲电话吹吹牛就是一天。来到深圳，费尽周折才找到工作，但人一进写字楼就有喘不过气的感觉。繁重的工作、同事间的竞争与摩擦，使原本开朗的他连笑也变得陌生了。在办公室里面对电脑屏幕和上司的脸色，还有冷不丁的误解和暗伤，的确让人不堪重负。

个案三：年近 30 的黄小姐也感觉自己这两年的生活过得有点不太顺心。作为企划主管，工作的压力让她时时刻刻绷紧神经，也丧失了很多生活乐趣。她与丈夫结婚快 4 年了，一直不敢要孩子。为了给自己减压，寻找丢失的生活乐趣，解决长期被职场生涯耽误的"个人问题"，黄小姐决定暂时辞去工作，先生个胖娃娃再说。

### （1）六大心病困扰都市白领

心病一：对自己认识不清

事业发展到一定阶段，很多白领对自己的认识反而模糊了。有的白领在机会面前瞻前顾后，犹豫不决；有的则过于追求变化，放弃了有发展前途的工作。

心病二：年龄恐慌症

最近，由年龄而产生的心理恐慌症在职业女性中开始弥漫。她们面临随时被老板解雇的危险，而许多招聘广告又拒绝 35 岁以上的女性。

心病三：心理疲劳

随着阅历的增长，白领对工作的敏感逐渐减少，不少人出现了莫名的疲惫感，这种来自心理的疲劳感降低了工作效率，也会削弱自身发展的竞争力。

心病四：寂寞无助

尽管生活和工作繁忙而紧张，可是一旦停止忙碌，许多白领就会从内心涌出一股渴望，渴望将生活中的烦恼、幻想和情感向人倾诉，以寻求心理依靠。

心病五：目标游移

许多白领爱跟别人比较，总觉得自己处处不如别人。这种来自内心的干扰容易让自己预定的目标被外界的目标所迁移。

心病六：薪水缺乏症

社会环境的不断变化，贫富差距的加大，使不少白领盲目地陷入对金钱的追逐中。这也许是一种工作动力，然而对金钱永不满足的追求会令人生失去许多应有的乐趣。

### （2）如何缓解精神压力

很显然，工作压力对我们有很大的不良影响。我们能否消除现代工作生活所带来的压力？不——因为这不是一件绝对的坏事，所以我们不能消除。在生活中我们需要一定的压力。压力可以刺激我们采取一些行动，挑战我们自身的能力，帮助我们达到自己认为不可能达到的目标。问题就在于我们怎么处理、安排和缓解工作中的压力而不至于因为压力过大而垮掉。

### （3）缓解压力的四原则

①用积极的态度面对压力

在充满竞争的都市里，每个人都会或多或少地遇到各种压力。可是，压力可以是阻力，也可以变为动力，就看自己如何去面对。社会是在不断进步的，人在其中不进则退，所以当遇到压力时，明智的办法是采取一种比较积极的态度来面对。实在承受不了的时候，也不让自己陷入其中，可以通过看看书、涂涂画、听听音乐等，让心情慢慢放松下来，再重新去面对。到这时往往就会发现压力其实也没那么大。

有些人总喜欢把别人的压力放在自己身上。比如，看到别人升职、发财，就总会纳闷，为什么会这样呢？为什么不是自己呢？其实只要自己尽了力，做好自己的工作就得了，有些东西是急不来也想不来的。与其让自己无谓地烦恼，不如想一些开心的事，多学一些知识，让生活充满更多色彩。

②减压先要解开心结

有一则小寓言，说有一种小虫子很喜欢捡东西，在它所爬过的路上，只要是能碰到的东西，它都会捡起来放在背上，最后，小虫子被身上重物压死了。

人不是小虫子，但人在社会生活中的所作所为又像极了小虫子，只不过背上的东西变成了"名利权"。人总是贪求太多，把重负一件一件披挂在自己身上，舍不得扔掉。假如能学会取舍，学会轻装上阵，学会善待自己，凡事不跟自己较劲，甚至学会倾诉、发泄、释放自己，人还会被生活压趴下吗？

③适度转移和释放压力

面对压力，转移是一种最好的办法。压力太重背不动了，那就放下来不去想它，把注意力转到让你轻松快乐的事上来。等心态调整平和以后，已经坚强起来的你，还会害怕你面前的压力吗？比如做一下体育运动，体育运动能使你很好的发泄，运动完之后你会感到很轻松，这样就可以把压力释放出去。

④对压力心存感激

人生怎能没有压力？的确，想想并不曲折的人生道路，升学、就业、跳槽，从偏远的乡村走向繁华的都市，我们的每一个足迹都是在压力下走过的。没有压力，我们的生活也许会是另外一个模样。当我们尽情享受生活乐趣的时候，都应该对当初让我们曾经头疼不已的压力心存一份感激。

生活本来就是丰富的。任何人的生活都不会一成不变。我们需要一帆风顺的快乐，但也要接受挑战和压力带给我们的磨炼。缺了哪个，我们的生活都会显得有几分单调。

**（4）缓解压力的具体措施**

①了解产生压力的原因

到底是什么压垮了你？是工作、是家庭生活、还是人际关系？如果认识不到问题的根源，你就不可能解决问题。如果你自己在确定问题的根源方面有困难，那就求助于专业人士或者机构，比如心理医生。

②分散压力

可能的话把工作进行分摊或是委派以减小工作强度。千万不要陷到一个可怕的泥潭当中：认为你是唯一能够做好这项工作的人。如果这样的话，你的同事和老板同样也会有那样的感觉，于是就会把工作尽可能都加到你的身上。这样你的工作强度就要大大增加了。

③不要把工作当成一切

当你的大脑一天到晚都在想工作的时候，工作压力就形成了。一定要平衡一下生活。分出一些时间给家庭、朋友、嗜好等，最重要的是娱乐，娱乐是对付压力的良方。

④暂时将压力抛开

休息一下，呼吸一下新鲜空气。一天中多进行几次短暂的休息，做做深呼吸，呼吸一下新鲜空气，可以使你放松大脑，防止压力情绪的形成。千万不要放任压力情绪的发展，不能使这种情绪在一天工作结束时升级成为压倒你的工作压力，时不时地做做深呼吸缓释一下压力。

⑤正确对待批评

不要把受到的批评个人化。当受到反面的评论时，你就把它当成是能够改进工作的建设性批评。但是，如果批评的语言是侮辱性的，比如你的老板对你说一些脏话，那你就需要向你的经理或是人力资源部门反映情况。这样的批评是不能接受的。

⑥随它去

辨别一下你能控制和不能控制的事情，然后把两类事情分开，归为两类，并列出清单。开始一天的工作时，首先给自己约定：不管是工作中的还是生活中的事情，只要是自己不能控制的就由它去，不要过多地考虑，给自己增添无谓的压力。

一个具有时间观念的人是受人欢迎的。一张清爽、整洁的办公室的确可增加工作效率。••••••••

# 胜利决战职场的秘密武器

### （1）尽快学习业务知识

你必须有丰富的知识，才能完成上司交代的工作。这些知识与学校所学的有所不同，学校中所学的是书本上的死知识，而工作所需要的是实践经验。当上司分配你某件工作时，首先你必须进行事前的准备，也就是拟定工作计划，无论是实际做出一个计划表，或仅有一个腹稿。总之，你需要对整个工作的进行排出日程、进度，并拟定执行的方法等。如此才能提高工作效率，成为上司眼中的好职员。

### （2）在预定的时间内完成工作

在"时间就是金钱"的现代社会里，一个具有时间观念的人是受欢迎的，特别是在进行工作时，更要注意按时完成任务。一项工作从开始到完成，必定有预定的时间，而你必须在这个时间内将它完成，绝不可借故拖延。

### （3）即时运用智慧

工作时难免会遭到困难与挫折，这时，如果你半途而废或置之不理，将会使上司对你的看法大打折扣，不再赏识你和提拔你，如此，昔日的优良表现，岂不是付诸流水！因此，随时运用你的智慧，或许只要一点构想或灵感便能解决困难，使得工作顺利完成。

### （4）在工作时间内避免闲聊

聊天确是人生的一大享受，尤其是三五好友聚在一起，话题更是包罗万象。但是，并非每个场合、任何时间都适于聊天，尤其是工作时间应绝对避免。工作中的闲聊，不但会影响你个人的工作进度，同时也会影响其他同事的工作情绪，甚至妨碍工作场所的安宁，招来上司的责备。所以工作时绝对不要闲聊。

### （5）离开工作岗位时要收妥资料

有时工作进行一半，因为上司叫唤、客人来访，或其他临时事故而暂时离开座位。在这样情况下，即使时间再短促，也必须将桌上的重要文件或资料等收拾妥当。或许有人认为，反正时间很短，那么做很麻烦而且显得小题大做，其实问题往往发生在你意想不到的时刻。遗失文件已经够头痛了，万一碰巧让该公司以外的人看见不该看见的机密事项，那才真正叫你"吃不了，兜着走"呢！

### （6）因业务外出时要保持警觉

商业间谍早已不是什么新鲜名词，更何况业务机密的泄漏，往往是人为的疏忽造成的。作为公司的一名职员，免不了要因业务外出，在外出搭乘交通工具，或中途停留于某些场所时，应提高警惕，留意自己的举止。即便是在上班时间以外与朋友会面，也应避免谈及公司的事情；不要将与公司相关的文件遗忘在外出地点；当对方询问有关公司的事情时，应该采取避重就轻的回答方式；外出时公干不可为了消磨多余的时间而随意出入娱乐场所。

### （7）做琐事要有耐心

一位缺乏经验的新职员，自然无法期望公司将重要的责任由他来承担，换言之，刚刚开始接手的工作往往以一般的杂务居多。这种情况对于刚刚踏入社会，雄心勃勃的准备一展才干的青年来说，极易令他们产生不满。可是无论心中是多么不乐意，也不要让这些想法溢于言表。从公司的角度来讲，培育一名新人不容易，必须由基础开始，让他们一点一滴地学习工作内容，等有了一定熟练程度后，才逐渐委以重任。你明白了这一点，便会自觉地做那些琐碎的杂务。总之，你应当记住："一屋不扫，何以扫天下"。

办公室因女性的存在而温馨，生气勃勃，当然也有一些不受欢迎的 Office 小姐。但愿你不像她们——主动公开自己的隐私或谈论别人的隐私。·········

# 别做不受欢迎的 Office 小姐

这种女人浅薄无知，不知道什么话该说，什么话不该说。总之是该说的说，不该说的也说，嘴上没个把门的，浅得就像一个盘子。女人的坦率令人钦佩，但是过分的坦率到将她的隐私告诉了不该告诉的人的时候，这时候的坦率就不再是坦率了。

**（1）以弱者自居的女人**

虽然现在大部分女性都展现出不弱于男士的工作能力，但仍有部分女性，总以弱者自居，在工作上不愿承担过重的责任，甚至推卸责任。尤其是与男性同事共同合作时，这种现象就更加明显。敢于承担责任是职场女性表现自己能力的一项重要指标。仅仅能完成自己的本职工作是不够的，还要有承担责任的意识。动不动就把责任推给别人，自己只享受成果，这种做法会使自己在办公室不受欢迎。

**（2）经常抱怨工作的女人**

一边埋头工作，一边对工作不满，一边在完成任务，一边愁眉苦脸，让人觉得你是个干扰工作，爱说牢骚话的人，只知道对工作环境和同事的工作发牢骚、泄怨愤。也许你希望工作和环境秩序好一点，却不能在适当的场合，用适当的方式认真提出来，而只一味地抱怨。同事认为你难相处，上司认为你不顺手。结果升级、加薪的机会却被别人得去了，你只有"天真"的牢骚。

### （3）该做的事不做的女人

几个人同在一个办公室，每天总有些杂务，如打开水、扫地、擦门窗、夹报纸等，这虽都是小事，但也要积极去做。如果你同事的年纪比你大，你不妨多做些。懒惰是人人厌恶的，如果你开水从来不打，可每天都喝，报纸从来不夹，可每天都争着看，久而久之，人家对你就不会有好感了。如果你自己的房间收拾得非常干净，可是在办公室里从来不扫地，那么人家会说你比较自私。几个同事在一处，就是一个小集体，集体的事，要靠集体来做，你不做，就或多或少有点不合群了。

### （4）非让男士请客的女人

按理说，男人是不应该吝啬的，尤其是与女士在一起的时候，是要有点儿男子汉的派头。比如请女士吃饭、喝咖啡、吃冷饮。但这必须是男士主动向女士提出邀请，而不是女士要求男士请客。可是，有时女人就是不懂这个道理，她们不是以女性的魅力来唤起男人的主动、大方和潇洒，而是直接地向男人乞讨，叫男人左右为难。男人面对这样的女人，总是不自在，感觉很不好。女人在男人面前，还是保持点儿矜持为好。

### （5）工作不用心的女人

你可能心不在焉的工作，时常迟到早退，拖延工作或者东游西逛打发工作时间。只是因为你并不促使自己恰如其分地工作，所以你根本就没有发挥你的潜能。由于你的自制行为有了问题，使你形成了不良的工作习惯，阻碍了你的升迁晋级。善于观察工作能力的人常怪你为何不能做得更好。起初，上司或许也有点失望和惋惜，可是到了后来也不抱什么希望了。上司总是想方设法把这种人打发走，或者调到无足轻重的岗位上。

### （6）领导面前献殷勤的女人

对单位的领导要尊重，对领导正确的指令要认真执行，但不要在领导面前献殷勤。有些人工作上敷衍塞责，或者根本没本事，一见领导来了，就让座、倒茶、递烟，甚至公开吹捧，以讨领导的欢心。这种行为，虽然与同事没有直接的利害关系，但正直的同事都是很反感的。他们会在心里瞧不起你，不想与你合作，有的还会对你嗤之以鼻。如果你们单位的领导确实优秀，你真心诚意佩服他，那应该表现得含蓄点，最好体现在具体工作上。有些人还经常瞒着同事向领导反映问题，而这些问题往往是同事们平时在办公室里谈论的。这实际上是一种变相地献殷勤，同事得知后，也会厌恶的。

### （7）霸气十足的女人

女秘书与老板接触的机会最多，也常是老板的心腹之一。在这种情况下，一些女秘书容易自我陶醉霸气十足。这样的女秘书令员工讨厌，也颇遭毁誉。老板常因工作忙而让女秘书代为传达指令，但这并不表示女秘书有权对员工发号施令。故女秘书切忌以"二老板"自居，否则，不但会使老板的指令难以执行，也会给自己的工作带来麻烦。

### （8）不接受意见的女人

这类人做事都很认真，有时，就一句话的表达、一个词的选用都要费半天劲琢磨来琢磨去。可当她做的这项工作不符合要求，别人善意地提醒她该怎样做的时候，她却总是表现出"用得着你来告诉我"、"你说的那点东西好像谁不知道"的态度。

每个人都有自己的优点与短处，大家在一起相互取长补短，才能齐心协力出色完成工作任务。如果不能虚心接受同事那些善意的建议和意见，便无从谈默契合作，也不可能高效率地完成工作。因此，在对待同事的意见和建议时，我们提倡"有则改之，无则加勉"。

如果你周围的不少人都晋升了，那就该好好反省自己了，是什么阻碍了你的晋升之路。••••••••

# "乖" 女升职路障

投入职场的你，处处显现出职业女性应有的干练和果断；精明美丽的你，天天朝九晚五奔波于写字楼和外面的世界，8个小时被繁忙的公务、复杂的人际关系以及大男人们的眼神和某些不良居心包围着；再加上自我心理某些劣势和障碍，有没有想过，若不及时地加以控制和解决，那坚强的外表终将会被内在的虚弱慢慢吞食，直至全军覆没。

**（1）掩藏职业抱负**

不愿意显露才华，只坐等伯乐的出现。持有这种心理状态说明你是一个对自己的能力缺乏自信的人，有极强的依赖性与惰性，也许你会默默地做许多工作，而且是一些对你来说引不起任何兴趣与激情的工作。但由于你抱有这种心理状态，不会努力去争取你所感兴趣的位置，更不会向上司展现你的特长与才华。只希望老板能够有朝一日看到你勤奋工作的样子，进而发现你、提拔你，而你在他发现你这位"能人"之前，所做的只是苦苦地等待再等待。

可见，一味被动地等待他人的发现是极为愚蠢的想法，特别是你的上司乃至老板。他们的头脑中不知有多少事要考虑，多少关系要处理，你勤恳的工作态度他们固然不会视而不见。但若指望他能够明白你的真正需要，那可是天方夜谭了。所以别太天真了，聪明的做法是在老板肯定了你的敬业精神之后，适时讲出你真正的需要，这样反倒会让他觉得你是一个了解自己并充满自信的人，委以重任不说，关键是你得到了自己真正喜欢的工作。

### （2）太在意别人看法

这类人希望人人都喜欢自己，太在意上司和同事的评价，稍有一点差错就自责。

晓雨是外贸公司的公关部助理。也许是由于工作性质的原因，经常要和公司上上下下的人打交道。晓雨本身是一个谨小慎微的人，她深知在大公司做事人际关系的重要和人言可畏的后果，所以她处处留心，生怕得罪了同事或上司，生出什么枝节。对每个人她都是有求必应，笑脸相迎，从来没有对周围的人说过"No"，她本以为自己的为人处事可算得上是天衣无缝了，可不知为什么，渐渐的她成了办公室里最遭冷漠的一个人。她感到疑惑和委屈，因为她自感没有做错任何事，相反由于自己对别人有求必应，使自己无形当中做了许多额外的工作，占用了大量的时间。直到有一天，一位从前和她挺要好的同事告诉她缘由，才让她恍然大悟。原来正是由于她的过度随和，使人觉得她虚伪，不可相信。

其实像晓雨这种心理的女性为数不少。这种为人处事的态度非但不聪明，其后果往往会使自己处于一个尴尬的境地。其实身处职场，大可不必为了博得所有人的欢心而为难自己。只要本着个人的原则，坦诚共事，就不失为明智之举。相反，若把自己引入一个人际网的漩涡之中，非但你的业绩不会有所提高，能否在此久留都可能成为问号。所以，还是将自己的大部分精力投入到本职工作中，做出成绩才是在公司立足的前提。

### （3）认为只要努力就会有结果

这类人不会向老板推销自己，付出了却没有获得应有的回报。

婷是从事企业标志设计的，她工作十分努力，为了一个标志的设计经常是几天几夜地泡在工作台上，直至最后定稿。

婷不是一个善于表现自己的人，从自己的设计中她能够获得足够的满足与自我的肯定，也许正是因为这个原因，对于每次的成功，在老板眼中是整个企业设计部努力的结果，而丝毫没有注意到作为总体设计的婷所起到的作用。就这样，婷拿着与其他人相同的薪金，却干着超出旁人几倍压力与辛劳的工作。她感到了一种失落与不公，毕竟她也要生活，也要休闲。她提出了辞职，好在她的老板此时也意识到了什么。以高薪挽留住了婷。

在工作上，你除了应努力做出优秀的业绩之外，更应注意让上司知道它们，当然这并不是让你不论大事小事都要汇报。而是要学会适时地表现自己，因为你的付出应获得应有的回报，而且应该成为让上司记住你的砝码。

### （4）不善于沟通与合作

在公司里工作沟通是非常关键的，有些女性却非常不善与人合作交流，特别是与男同事、男客户的关系。

琪是电脑公司客户服务部的助理，由于公司上上下下男同事较多，琪无形中便成为一朵众人竞捧的金花；再加上性格外向活泼，更成为公司里不可或缺的一颗明星，因此也生出了不少是非。不久一些不好的话便充斥了公司所在的写字楼，琪成了一个被人议论的中心。最可悲的是，和琪交往了3年的男友因为一些议论与琪进入了一段冷战期。琪因此而极为苦恼，本想在这家公司做出一点事业的想法早被淹没了，无奈只好早早收兵，离开这一是非之地。

其实，对于琪的遭遇并非一个特例，身处职场的女性或多或少都会遇到与男同事、男客户共事的情况，如何处理好与异性的关系不仅关系到你在旁人眼里的形象，还会进而影响你的情绪。其实说起来也很简单，保持距离，而又不失亲密，既不要让男人觉得你是个空有曲线到位身材的铁腕女人，也不要给人以有机可乘的柔弱之感，还有至关重要的一点是尽可能杜绝办公室恋情的发生。

### （5）常陷于办公室战争

陷入内斗漩涡，在办公室内争利益，互不相让，必然两败俱伤。

严是公关公司的项目发展一部的经理，她与二部的经理东向来是死对头。有一次因为争取一个时装发布会的赞助商，和东展开了一场激烈的竞争，从而导致这个公司的运营状况都陷入了危机，结果由于该赞助商对严和东所在公司的整体凝聚力产生怀疑，宣布退出此项目，严和东也因此被处于降级的处罚。

其实，在同一个公司下进行明显的竞争是极为不明智的做法，结果往往是导致两败俱伤，对于自己看不惯或有利益冲突的人，最好的办法是选取一条互利之道，团结为本，回避矛盾。这样不仅显示了你宽容的胸怀，更体现出你以公司的整体利益为重，记住，顾全大局乃是公司决策者所欣赏的首要素质。

### （6）工作不懂劳逸结合

把工作当苦役，而非乐趣，不会忙里偷闲。

静是外企职员，每天的工作就是拟定合同，统计销售情况，制定市场运作方案。通常是每天最后一个离开办公室的人，回到家已是精疲力竭，连煮咖啡的力气都没有了。到了周末，只想昏天暗地睡上两天。至于休闲、外出根本就是心有余而力不足。渐渐地，静发现自己简直就是一个工作机器，信用卡里的钱在几个百分点地涨，可自己的眼角的皱纹也在以几何指数的速度狂增。这究竟是不是自己所要的生活呢？

回答当然是否定的，对于职业女性来说，工作固然是重要的一部分，但生活中还有许多值得你去看、去享受的内容，千万不要把自己变为工作的奴隶，学会劳逸结合才是真正会生活的人。

### （7）害怕冒险

对挑战有恐惧感，不愿冒险，不喜欢改变。

性格温柔，善解人意的梅是一大公司的业务主管。谈起她成功的秘诀，梅如是说："成功需要艰苦的付出，同时也需要一点冒险精神。以前，我在另外一个部门工作，属于比上不足，比下有余的一类，所以对现状很满足。直到有一天，公司内部重组，老板找到我，问我是否愿意去拓展一项新业务。说真的当时心里真是没底，可最后还是硬着头皮接下了。于是，才有了今天这个样子。当然，这其中也不乏努力与艰辛。"

有句老话说得好：不入虎穴，焉得虎子。成功需要艰苦的努力，但更需要勇气和敢干冒险的精神。克服惧怕心理，面对挑战，相信自己能行。这恰恰正是成功者与平庸者的差别所在。

　　成功的职业生涯不仅仅有才华就够。不少深具才华者在职场上遭到的失败，都起源于对小事的疏忽。一个成功的职业生涯，是一个非常值得小心和认真对待的过程，绝不可因为拥有才华就粗率地处理它。·····

# 职场生存仅有才华是不够的

### （1）遭遇职场政治

　　有人做过一个试验，打出整整30个电话给受过高等教育，并献身职场的各年龄段人士，提出同样一个问题，"你觉得才华对你一生的职业生涯很重要吗？"答案当然，"是。"可是对另一个问题，"这是否能代表你就会拥有一个成功的职业生涯？"答案是百分之百的否定。

　　为什么有才华却并不能代表你拥有一个成功的职业生涯。先得清楚一个问题：职场政治。

　　当一个人置身于竞争激烈的职场时，就已被迫卷入一场职场政治。上班不久的王欣雨在一天夜里打来电话说："我不想在那里干了，我知道他们想赶我走。"虽然没有经验，但王欣雨的求知欲很强，工作也很勤奋，很快得到上司的信任。可是她在同事间并不受欢迎。这让她很寂寞沮丧。她那时并没有想到，她已经陷入了一场职场政治中。

　　去年11月，自由撰稿人郑星不断接到一个顽固的电话，说要对她进行采访，对方在多次被拒绝后，威胁要闯进朋友家去。于是，12月23日，圣诞夜的前夜，郑星跟这位打电话者约定好在一家酒吧见面。那是一个小报记者，那一次见面，双方虽然没有进行什么实质性的交谈，但聊得还算愉快。

　　过后几天的一个大清早，郑星还一夜未眠地坐在电脑前工作，那个电

# 女人的战争
## Women's war

话又来了，这一次对方要约她去最好的咖啡馆喝咖啡，并说要送她咖啡豆。郑星当即一口拒绝。她拒绝的理由是：我不喜欢别人打搅我的生活。

这次拒绝，让郑星受到了严厉惩罚。12月23日，后来被她戏称为耻辱日，这几天，她在报纸和网络上同时看到了小报记者恶毒诋毁自己的文章。对方摸透她不愿意抛头露面的心理，用非常刻毒的文字对她进行了一番无中生有的描述。面对这种侮辱，郑星觉得已经超过了她的心理承受能力。她说："我不明白，我到底跟她有什么相干？她为什么要这样侮辱我？当初我选择自由职业这一行，以为就是选择了自由。我以为这样就可以避开那些传统上班族所面临的同事间复杂纷繁的关系。可是我错了。"

她确实错了。自由职业也是职业，只要当你持有一份职业时，就会有一个无形的职场链在那里。

职场政治是涉及到一个人除了才华还有性格、情商、社交等许多自身能力和复杂的人际交往能力。这有时是在考验你的应变力、协调力、不断学习的能力、自控能力。如果你不为此付出代价，你的职场生涯一定会遇到阻隔。

所以职场分析学家爱楠说，有了出众的才华，下一个就是非凡的智慧。才华有了智慧的指引，才会展示它的完美性。

### （2）面对失控的才华

我们都碰到过这样的经验，对某个只有一面之交的人怀着强烈的感觉，"这人不错，一定会有出息。"究竟为什么？似乎说不清，可是就是认定这个人会有成就。这是因为这个人身上显示了某种无形的智慧。

才华有时能毁掉一个人的事业和前程，但才华本身不能说是好还是不好。我们可以利用才华来完成某个设计，制造某个新产品，可是却不能完全控制它，它有时会变成一种让人厌恶的东西。一个太擅辞令，有滔滔雄辩才华的人，如果在不适当的场合不收敛他的"才华"，他将面临被耻笑的危险。

而智慧却毫无质疑地会成就事业，并因此发掘出你身上所具有的意想不到的才华。因为缺少智慧，很多人对待机会就像小孩在海滩玩沙子一样，他们让小手握满了沙子，然后让沙粒往下落，一粒接一粒，直到全部落光。

能够发现自己与世间万物相互联系的人就能生活在睿智之中。可是好像没有人确切地说清楚，"智慧"究竟意味着什么，这是一个复杂而微妙的词汇，如果说"才华"表达了某种单一，"智慧"就代表了无限。"才华"是一种显而易见的现象，而"智慧"则是隐而不显、说不清道不明的资质，它事实是人类所有品质完善的集合体，是"意识与行为"的完美结合。一个有着超常能说会道能力的人就是具有了"能说会道"的才华，可没人能保证这个人就会有一番成功的事业。

打出的 30 个实验电话里，有一个最关键的问题，"你觉得比才华重要的还有什么？"80% 的答案是：智慧。其次是人缘、做人、宽容、协调、自信、真诚……其实，正是这一切品质集合成了人类"智慧"。智慧有如一张高密度磁盘，每一单个品质就是一个磁道，磁道填得越满，你成功的几率就越大。

有一个关于蜜蜂的启示：在春天的清晨，窗外的花丛里总有一团彩虹似的东西在忽闪忽闪地盘旋。一只蜜蜂把它那细长的尖嘴扎入花蕊中美美地进食早餐，但它却没有伤及到花瓣。过了一会儿，它只吮吸了它所需要的营养并把花授粉后就飞走了。那么精确、有效率、灵活而让人崇敬。这就是我们的榜样。可是这个世界，真正智慧的天才不多，绝大多数的人都有一二种或更多的缺陷，不少人往往在一些微不足道的事情上导致了一生的失败。

比才华重要的还有什么，这是你职场中提升自己的必然法宝，看看他们怎么做，知彼知己，才能不轻易失败。

称赞 顾珊若说到公司的一位"后起之秀"，"老实说，我嫉妒她，甚至心里有过非常阴暗的想法。这是让人心烦的事，其中有那么多愤怒、怨恨，肯定让我觉得自己悲惨极了。看到大家跟她都相处得那么好，我开始莫名其妙地恨起公司所有的同事来，我开始用一种尖酸刻薄的态度对大家，总是无事生非，结果大家都开始讨厌我。我差点要待不下去了。我觉得压抑，要发疯。妒忌是残忍的，残忍得像坟墓。当然，后来我好了。我试着去称赞她，真诚的称赞，到最后我真的是发自内心地觉得她确实优秀了。不过反过来，我也得到了越来越多的称赞。我们现在已相处得很好，彼此接受。"

敏锐 程天在游戏软件开发行业一直保持旺盛的势头，原因是他不仅注重游戏软件开发本身，还深谙"嗅觉"之道。他说："人犯的最大错误，

# 女人的战争
## Women's war

是不知不觉。你必须时刻提高警惕。这是一个科技资讯时代，原来是十年一个代沟，可是现在一年就是一个代沟了。越来越密集的代沟，让人一不留神，就被淘汰了。你以为我是一个天才对吗？错了。我是一个敏锐的人，可我总是担心自己不够敏锐，随时要卷铺盖走人。"

**自信** 泽琼大学毕业，不想做传统上班族，加入网络公司，做起新经济下的劳工。他是典型的科技自由主义者，很疯狂的工作，除了想换取财富自创事业外，也是一份成就感。可是，自从纳斯达克股市的神话破灭后，几乎所有的网络公司开始"削减成本（COST CUT）"，媒体也在每天宣传网络公司如何穷途末路，虽然自己任聘的公司还没有开始动静，但他已开始感到惶惶不可终日。

人生起伏是再正常不过的事情。泽琼这时需要沉着和冷静，可这需要自信来依托，相信自己是最好的。退一步，即使真被"飞人"，他也应该这样想：机遇终于来了。很多成功者是在逆境中开始成长的。勇敢面对才能勇往直前。自信是隐藏的资本，能在每一次忧患中都看到一个机会。

**宽容** 林晓电脑上的设计方案被同事窃取了，她在愤怒之后，开始冷静思考，这位同事为什么那样做，肯定有她的原因和想法，她真诚地尝试替同事设身处地想一想。"她一直是个有信誉的人，这一次，我想应该事出有因吧。"她理智地找到同事，证实事出确实有因。后来，这位同事对朋友们说，"当林晓需要我时，我会献出一切。"

**热情** 方蓝形容自己是个不拘小节，心宽体胖，喜欢傻乎乎笑的人。她在离开原来供职的公司前，公司为她开了一次欢送会。老板给了一句赠言：相信每个人都有这样的感觉，一位热情的朋友好似阳光普照一天，把光亮倾泻在周围一切之上。

"我大吃了一惊，居然大家都那么舍不得我走，说会想念我，我真的很感动！"方蓝说。其实她是一个充满热情的人，也是一个助人为乐的人。不过她从来没想过有什么回报。

**踏实** 童非在三个月试用期过后，顺利签下了一份正式合同，而另一个同期试用，被全面看好的应聘者却没有她的幸运。因为两个中间必须走一个。童非总结说："我知道我行。要知道那些成功的人，都是一步一个脚印的人，他们每天都在用心做好每一件事，把自己带到明天的最佳位置。我想我是那样做的。她确实是个聪明的人，有善于钻营的本事，左右逢源的能力，可是这并不能使她无往而不胜。至少在这里。"

信任　欧彬决定跟一个同行合组公司时，遭到很多朋友的反对。他们一致认为，公司肯定成不了气候，欧彬不会有好结果。欧彬否认说："不。那是我的事，我信任他。"他说得很干脆。他觉得，这就像两个有心人谈恋爱，如果彼此间最基本的信任还没有，那怎么可能有下文。你总得尝试，否则将一事无成。这需要宏观视野。

坚忍　因为关系升职加薪的利益，周周被办公室同事暗箭中伤。开始当然是愤怒透了。我想对他进行还击。可是，有朋友对我说，你跟这种人纠缠什么，愤怒的结果，是对你自己的伤害更大，你想释放出心里的愤怒，会惹更多麻烦。你现在沉默，时间会证明一切，那样你会赢得尊重，赢得更多朋友。你就把这当成一个笑话。你仔细想，一个人，除了你自己以外，没有人能伤害你。你应该学会忍耐伤害，除非自己的过错，你永远不会真正受伤害。

真诚　于师师是一位出色的记者，所有的被采访者都真心接受她的访问。不管面对的是一个什么样的访问者，她都绝不咄咄逼人，把对方逼到墙角拐弯之地，去挖取一些属于非常私人的资料。她的访问宗旨是：使每个人都感到舒服和自然。她的真诚使对方如沐春风。

于师师解释说，真心是于心的东西，它来自你的心，如果大家都敞开心扉，很多困难便不复存在。这种真诚确实使她赢得了成就感。

尊重　Wen是一个受欢迎的CEO，在公司捉襟见肘时，没有人离开他，大家与他一起共同渡过难关。职员们说："因为他尊重我们。他从来没有自己的办公室，一直和我们挤在一起。他和我们一起挽起袖子修电脑，让客户常以为他只是一个技术员。他从来不说废话，总是听我们说。"

Wen认为，我们生活在一个快餐时代，如果有话要说，就快点说，说了重点就停下来，也给别人一个说话的机会。你尊重对方，对方才会尊重你，这是相互的回应。

胡戈火起来了，郭德纲红起来了……在这个眼球和点击率的年代，你还是一个悄无声息，甚至领导连名字都想不起的"无名英雄"？如果是，那你真的应该学点炒作大法，不求炒成名人，起码也该吸引点自己应得的目光……

# 白领炒作大法

你的价值，别人了解吗？你的父母当然了解，因为在他们眼里，你永远是最优秀的。但这有什么用呢？除非你是"小超人"李泽楷，当你的超级富豪父亲李嘉诚认识你的价值后，你就有了一个成功的开始，就像你现在知道的那样。但你不是李泽楷，这是你的命运，所以你必须首先了解自己，并充分展示自己的价值，以便让应该了解你的人了解你的价值。

天生我才必有用，作为一个白领，你首先必须是一个自信的人。所谓"有才能要让人知道，没有才能，创造才能也要让别人知道。"况且，身为都市白领，你怎么会没有才能呢？

关键是你的手法如何。

现代商业社会，竞争惨烈且残酷，事实上，能跻身白领这个舞台的，个个都不是等闲之辈。当然，人各有所长，也各有所短，问题是，你该怎样把自己的长处展露出来？

你只能炒作自己，因为你别无选择。

在这里，所谓的炒作，无非就是经营、包装的意思，你完全不必谈虎色变。

我们都知道大禹，而且大概都是从大禹治水"三过家门而不入"开始知道的。本来辛辛苦苦劳累多年，且为的还是公益事业，经过家门口了，进去看看，和老婆孩子照个面，聊聊天，甚至再干点别的什么，也是人之常情，况且未必就会耽误多少时间。可大禹就是不，这也是我小时候一直无法理解的。

后来多读了点历史书，算是有点明白了。古往今来，大禹之外，治过水的人还真不少，有惊天动地功业的，信手拈来，就有西门豹治水，李冰父子治水，汤斌治水，于成龙治水，甚至因焚烧鸦片而名垂青史的林则徐，也在治水上有过重大成就……这些，又有多少人知道呢？

所以可以下结论了：同是治水，如果没有"三过家门而不入"的动人细节，大禹或许也免不了和后辈一样，水也治了，名也留了，却留不了那么大。

我们不能说"三过家门而不入"是大禹刻意的自我炒作——在那个远古的时代，民风还淳朴可爱，即使伟大如大禹，也不大可能有如此的商业觉悟。但事实上，这又确实是一个成功的案例。

所以说，成功的炒作自己，是事业飞黄腾达的一个如影随形的条件。

所以说，你一定要敢于炒作自己，更要善于炒作自己。

前期准备——自我炒作的基础。

你是最好的——不容置疑的自信。

首先，对你自己，你必须有足够的自信。

汽车大王亨利·福特在论证自信心之于人的重要性时有一句经典名言："如果你认为你能成功或是认为你不能成功，通常情况下你都是正确的。"

坚强的自我信念究竟能起多大的作用？英国著名的培训大师罗宾·希格尔曾经这样分析过英国皇家特种航空部队所成就的伟大业绩的重要基础：这个团体最大的贡献是它本身的创建并自我命名为特种航空部队——它自认为是特殊的，更重要的是，连它的敌人也认为它是特殊的。这种特殊感因为选拔过程的严厉而进一步加强了，教练们不断提及的辉煌业绩也加强了其成员的精英意识。有了这种坚定的信念，不难想象其成员的自信心。

你其实也是一样。从小学、中学直到大学，你显然都是优秀的，在你现在供职的公司里，你当然也是优秀的，这从你通过自己不懈的努力一步步成为白领就足以证明。所以，任何时候，你必须对自己充满信心，因为只有这样，你才会有足够的底气来炒作自己。

# 女人的战争
## *Women's war*

### （1）认清你独具的才华与优势

在生活中，人们通常会认为，所谓的才华，只是文学、艺术、运动或智力上的天赋，但其实我们每个人都有一些看似平常，所以也容易被忽视的才华，比如灵活、幽默、吃苦耐劳或是积极乐观……事实上，这些看似不起眼的品质，恰恰是你工作与事业成功的重要因素。

走在大街上，当我们看到一家家服装店或是餐厅时，仿佛它们都不过大同小异。确实，它们的商品大都没有太大差别，但如果仔细观察，你会发现，凡是顾客盈门的，它们无不是在品牌意识、店面装修、顾客接待与企业整体形象上有大大小小的不同——这正是它们的另一种卖点，使它们在残酷的竞争中得以树立自己的优势。

某种意义上说，你也是如此。只要认清了自己独具的才华，你也能成就独一无二的形象，树立自我特殊的品牌，很多时候，这也是你的卖点。

比如假设你是一个文员，而且是一个幽默而又颇具交际能力的文员，那么这个幽默与交际能力就很可能是你独具的优势，对此，你首先要认识到这一点，同时你也要自信。

### （2）包装自己

当你认清了自己的才华与优势以后，你需要做的，是利用你的才华，精心地包装自己。

可能你的才华与你的工作并没有直接的联系，没关系，世界是普遍联系的，天生我才必有用，问题是你一定要会用。

有一个笑话，说的是一个人自我吹嘘擅长网球和象棋，"我赢了象棋世界冠军，还赢了网球的世界冠军。"就像你知道的，他打网球赢了象棋冠军，下象棋则赢了网球冠军。

如果你愿意，你也可以不把它当做笑话，因为这正是一种自我包装手段，至少这位先生让别人知道了，他既会下象棋，又会打网球。

你也许会说，又能怎样呢？

假如你是一个产品推销员，如果你既会下象棋，又会打网球，而你的潜在客户里正好有几个是喜欢此道的，难道你不认为你先天就比别人多了一些机会吗？

关键是，你要清楚自己的才华，并且也让别人清楚，或者说，你要会充分利用它。

所以你最好能多发掘出自己的兴趣与爱好，就算不能对你的工作产生现实的影响，至少也能让你有更多的渠道广交朋友。

### （3）广交朋友

也许你是一个较为封闭的人，你才华横溢，但因为你的性格与习惯，在任何地方，你都很少有朋友。你可能并不在乎，因为你自己的世界已非常精彩，但即使如此，你仍是不对的，如果你希望在事业上有更好的发展的话。

也许你是一个开朗达观的人，朋友遍天下。但和大多数人一样，你不屑于和你不喜欢，有时甚至只是第一眼感觉不那么好的人交朋友。你可能觉得这样挺好，但你也是不对的，如果你希望在事业上有更好的发展的话。

俗话说，多一个朋友多一条路，何况他可能就是你同业的朋友呢！如果正好他是你同一家公司的，那很可能会是一条光明大道呢！

就像你需要认清自身的优点一样，你也一定要懂得发现别人的长处，只有这样，你才会自觉、主动且热情地去广交朋友，而这对你的帮助，则是不言而喻的。

### （4）巨人的肩膀

大科学家牛顿曾经有言，"如果我比别人高，那只是因为我站在了巨人的肩膀上。"这句话反过来是这样的——如果你能站在巨人的肩膀上，那么你就一定比别人高！

所以你一定要想方设法让自己站在巨人的肩膀上，这样你才能让自己达到更高的位置。

不必疑惑谁是你的巨人，事实上，凡是比你更强势的人或是背景，都是巨人。问题是，你要怎样才能让他们成为你的人梯。

陈先生，半年前因为头脑灵活，在工作中建立了广泛的社会关系，从编辑临时升任一家规模不大的杂志主管经营，其实是主抓广告的副社长。该杂志原来影响不大，广告并不多，客户大都是些名不见经传的企业、商家，并且不乏江湖游医的广告。陈先生上任之后，对此类广告一律谢绝，转而专注于有国际影响的大客户，比如可口可乐。在艰苦努力之后——比如建议调整杂志的编辑思路，密切保持与客户的沟通等等——终于签下了可口可乐的单子。渐渐地，许多知名的品牌被很顺利地谈了下来，直到有一天，可口可乐的竞争对手百事可乐也主动找上了门来……

随着杂志的经营状况越来越好，陈先生也从一个并不被看好的临危受命的临时副社长，实至名归的成为了副社长。

谈起这段经历，陈先生认为，最关键的一步是，宁愿没有广告，也不和江湖游医合作，而只是盯着国际大品牌。"这样我们的起点才高，客户也才看得起。"后面的事就更简单了，"我天天和可口可乐、摩托罗拉的高级主管打交道，别人会小看我吗？领导也精着呢，就算他不一定欣赏我，但就冲着我这些大名鼎鼎的客户，他不升我升谁呢？"

梁小姐的经历更为典型。想换一个环境的她一度被两家网络公司看中，一家是著名的"首都在线"，另一家则不太有名，属于小公司，但给的薪水更高。梁小姐最终选择了薪水相对较低的"首都在线"，因为"两家公司之间背景的差异，完全不是那点薪水之间的差别所能衡量的"。

最近梁小姐接到了一家更有吸引力的公司的邀请，她认为大公司的背景确实提升了她自己的形象。

我们的职业生涯中必定会面临诸多如此的机会与选择，你需要的，是高瞻远瞩的眼光。

### （5）借力打力

如果说你站在巨人的肩膀上会使你看起来更高大的话，那么把巨人打倒，或者哪怕只是和巨人能够势均力敌地交手，则更会令人对你刮目相看。

"上司永远是正确的"、"专家与权威永远是正确的"，这就和商家所谓的"顾客永远是正确的"一样。

可事实上，不管是上司，还是权威与专家，往往都会因为考虑不周或是自身的某些局限，而犯下各种各样的错误，这时候，你可以选择视而不见，也可以选择据理力争。有时候，据理力争可能会有更好的结果，特别是当你的利益受到威胁的时候，你别无选择。而当你和一个强大的对手抗争之后，接下来的，很可能就是海阔天空。

严先生曾经是一家法国广告公司的 sales，并且是全公司业绩最好的 sales。然而业绩最好却并不能带给他相应的收益，因为公司规定，业绩越好，定额越高，这样的后果是，他的提成经常甚至比其他同事还少。面对这种事实上没有奖励的机制，严先生多次找老板——一个越南女人交涉，都没有结果，于是很快两人的矛盾公开化，严先生索性把公司多数员工对越南女人的种种不满，诸如待人粗暴，疏于律己、严于律人，经常抢下属的功劳等，以及更要命的制度性错误，日复一日地向法国总部反映，最终导致了越南女人的离职。而他因为这件事在同事中建立起的威信，被升为了销售主管。

这个事情说明，当你手里攥着一把好牌的时候，你绝不要缩手缩脚，甚至轻言放弃。这就像我们在电影中看到的那样，只有在对方同样握有一把好牌的情况下，你才可能赢得最好的赌注。

这一点，相信作家王朔吃得更透。在江郎才尽的时候，为了保持自己的知名度，王朔选择了骂人。当然，他不会去骂无名小辈，而是专挑诸如赵忠祥、白岩松、徐志摩等人骂，在效果并不十分理想的尴尬下，他开始骂拥有难以计数的拥戴者的金庸，终于招来了全国范围的追捧与反弹，"王朔"二字也终于得以再度被放大。

这就叫"借力打力"，对方是什么样的级别，在交手之后，通常你也不会比他低多少。

当然，作为更愿意自己的行为张弛有度、严谨端正的人，我们不必像王朔那样肆无忌惮地天马行空，而是要首先保证自己所做的一切都站得住脚。

### （6）以退为进

我们经常会听到这样的抱怨："不管我怎样努力工作，不管我工作的再好，老板还是不满意。"在工作中，这是很普遍的情况，而且站在老板的立场上，这也无可厚非——你要是老板，相信对员工也会这样。

现在的问题是你还不是老板，所以你一定要想方设法让老板充分了解你的努力与成绩。

最简单的办法就是，你更加努力地工作，可问题是，你的精力是有限的，虽然，为人民服务是无限的。

也许我们可以换个思路，比如当你确信自己是足够优秀的时候，你尽可以让别人来做你的工作，如果他们不能比你做得更好，那么旁人自然会立即明白原来你是如此出色。

# 女人的战争
## Women's war

梁小姐在网站做过一段编辑，她工作很认真，也很出色，但像你知道的一样，网站对员工的工作就像一句广告词——只有更好，没有最好。所以部门经理对她始终不够满意。梁小姐感到很委屈，也很不服，于是决定给自己放个长假——休息 10 天假。"当我努力工作证明不了我的价值的时候，我决定用不工作来证明自己！"在这段时间，因为顶替者远远达不到梁小姐的程度，经理终于明白了原来她是那么优秀。

三国时的庞统是这么做的：刘备以貌取人，派他去当县官。庞统深知自己的才能远不止此，却也不向刘备言明，而是上任后天天醉生梦死，就是不工作。40 天后，刘备派张飞去问罪，庞统当着张飞的面，只用了半天的时间，就把 40 天的工作处理完了。于是刘备认识到了庞统的才华，升任他为与诸葛亮并列的军师。

我们可以设想，如果庞统上任后，只是循规蹈矩地工作，就算他才高八斗，工作异常突出，也不可能升得这么快吧！这就是所谓的"退一步海阔天空"，其实在工作中，需要退一步的时候，很多很多。

### （7）坚信自我

如果你总是怀才不遇，而你又确实才华横溢的话，那么通常是因为你的谦虚、你的不事张扬。你可能受传统文化影响过深，而忽略了现在早已不是"酒香不怕巷子深"的时代。

换句话说，即使你暂时还不是那么出众，比如你还是个初出茅庐的新手，只要你愿意去尝试，并且有足够的信心与决心，你就会比别人有更多的机会。

Tom. com 初入江湖时，一穷二白，一无所有。倚仗自己的资本优势，大张旗鼓、虚张声势，各种各样的广告、宣传铺天盖地而来，简直是无孔不入。那时，许多人通过各种渠道被动地知道了这个网站，一登陆却发现几乎什么内容也没有。但无论如何，人们总算是知道了 Tom 这个名字，在前段时间讲究注意力经济的浮躁月份里，Tom 也算是有所建树了。

及至后来，通过充实内容，通过并购，Tom 一跃成为国内最重要的门户网站之一，也算是对其苦心经营的一种回报吧！

对于个人发展来说也是这样。在这个所有人都在计较经验的社会，假如你是一个新手，或者虽已有了不错的工作经验却还想进一步拓展自己，你便毫无例外地会面临他人的怀疑。这时候，你需要的正是 Tom 一样的勇气与决心。比方说哪怕你曾经只是公司的 reception，但因为你在公司的时间不短，对各项业务也并不陌生，你完全不必自惭形秽，你也完全可以告诉别人你的经验是多么的丰富与优秀。这样做也许有点不够实事求是，但大多数时候，只有当机会被自己争取到以后，你才会明白自己原来确实有那么巨大的潜能。

事实上，生活中确实有一个网络公司 receptio 通过自我包装之后，直接成为另一家网络公司市场部主管的事情。

你为什么不行呢？

### （8）不择手段

职场如战场，没有一成不变的规则，所以你需要有绝对灵活的头脑，甚至有时候，你需要不择手段。

比如前一段轰动一时的某种涂料，在其尚籍籍无名时，为了证明其不含毒素以打开市场，该公司经理竟当众喝下了一杯该涂料，一举成名；又比如无名小子"黄河娃"，在柯受良驾汽车飞越黄河后，他想出了驾摩托飞跃壶口瀑布的招数，并把这种冒险的游戏上升到为国争光的高度，同样也一举成名……

在这方面，演艺界众人显然是最没有想象力却最有魄力的。比如李怡清，这个在广州混迹多年却一事无成的重庆女子，为了达到出名的目的，不惜一手炮制了在某报花 10 万元以头版一整版征婚的新闻，最终也如愿以偿。

李怡清的故事说明，有时候你只要脸皮够厚，也能够出头。

但我们并不赞成这样的手段，毕竟这有损尊严。当然，它很实用，但通常也不会太长久。而严先生的所作所为就比较有意思了。

严先生先是在公司里放出风声，然后当面对老板讲，另一家大广告公司准备高薪挖他过去。他的目的很简单，只是想加薪——最后他做到了。

《围城》里有这样一个情节，汪处厚开导方鸿渐说，讲师升副教授容易，副教授升教授则难上加难，这就像旧社会的丫头升姨太太容易，姨太太想做夫人就几乎没可能了。为了方鸿渐能从副教授升为教授，汪处厚给他出了个主意：放出风去说有别的大学想聘他去当教授，这样才比较有希望。

看来不管是姨太太升夫人也好，副教授升教授也好，或者是职场里的加薪也好，都是需要一些智慧和手段的。当然，你现在心存的是比这高远得多的志向，因此，你就更要学会炒作自己。

# 女人的战争
## *Women's war*

　　"宁要武大郎，不要穆桂英"，这是目前许多用人单位在招聘员工时的原则。据有关资料显示：80%的女大学生在求职中遭遇性别歧视，有34.3%的女生有过多次被拒绝的经历。传统观念让风华正茂的女大学生欲说就业好困惑。· · · · · · · · · · · · · · ·

# 职场性别歧视何时消

　　浏览报纸、杂志和招聘会上的各种招聘信息，"限男性"、"仅招男性"、"男性优先"等字眼屡见不鲜。性别歧视，一个并不新鲜的职场话题，它屡屡被人们谈起，而又常常叫人感到无可奈何。在人才市场上和许多人的职业生活中，它甚至已经变成了一种司空见惯的现象。

　　有一些权利虽然被忽视但依然存在；有一些偏见你可以不理睬，但决不能隐忍对待；有一些权益会偶尔被侵害，但决不可以束手认命。

　　**（1）女大学毕业生的"伤心之旅"**

　　提起性别歧视的问题，一届又一届的女大学毕业生对此大多有切身感受，很少有女生没经历过因为自己的性别而被拒绝的遭遇。

　　今年毕业的小杨一提起这个话题就有些激动。"上周，一家南方的单位到我们系里来要人，我和班上另外一个女生还有一个男生一起去应聘。本来跟他们谈得都挺好，我甚至认为我的条件最符合他们的要求了。结果过了一天他们来话了，只要那个男生。我敢说，不管是专业成绩还是能力素质，他都赶不上我们俩。我们同宿舍的人都安慰我说，人家大老远上北京来招人，总不能带两个丫头片子回去啊！好像就只有男生才是掷地有声的人才似的！"

　　情况的确有些叫人气馁。前段时间在国展接二连三召开的好几场人才招聘会上，许多精心准备而来的女生感受到了同样的失望。"有的在招聘启事上就写着男性优先——拒女生于千里之外；有的招聘人员一看你上去，就说这个职位只招男性——一棒子就将你的自信心打没了；有的虽然不明说，好歹接过简历去了，但那不冷不热的态度叫人心里直打鼓——好像我是女生就天生低人一等一样！"另一位名校毕业生小董说。她的毕业成绩在班上名列前茅，但是为找工作已经碰壁多次。

大学生就业难，女大学生就业难上加难。为了提高自己在人才市场上的含金量，越来越多的本科女生加入到考研的行列中来。然而，女研究生的就业形势也并非一片大好，有时候甚至还不如本科生好找工作。用人单位拒绝她们的原因很直接：女研究生的年龄更大一些，将比本科生更早面临结婚生育的问题。而结婚生育这些"麻烦事"往往正是用人单位将女性拒之门外的理由。有的外企甚至明确要求女职员就职期间不能结婚。

然而这还只是职业女性"伤心之旅"的开始。另一个困扰她们的问题是年龄。比较普遍的看法是，一个女人过了35岁以后，除非在她所在的领域非常杰出，否则就不要轻易放弃原有的职位。因为，再就业是如此之难。许多优秀的白领女性在30多岁以后宁愿选择放弃事业回归家庭，一方面为了弥补之前为事业而付出的更多代价；另一方面则是因为年龄使她们进一步丧失了竞争力，提升的机会越来越少，倒是逐渐加大的压力让她们不堪重负。

### （2）用人单位要求匪夷所思

某些用人单位的性别歧视，最近又有了新花样。前毕业生江某在应聘时，遇上了用人单位使出的"新招"：作为女生的她，必须拉一名优秀的男生"入伙"，方能被录用。

小江是武汉理工大学应届毕业生，她不仅拥有英语六级证书，而且各科成绩均为优秀，应聘的单位是上海某大型国有船厂。该厂招聘负责人查看过小江的求职资料后，给了她一个意想不到的答复："你各方面条件都不错，只可惜是个女生。如果你能带一个优秀的男生过来，我们就可以录用你。"由于一时拉不到合适的"入伙"人，小江只好无奈而归。

### （3）谁说女子不如男

除了结婚生育会分散女性的工作精力这样的客观理由之外，对女性产生性别歧视的原因常常来自一些主观想法。诸如女人天生缺乏理性思维，容易冲动，女性是团队中级别较低的一部分，她们只适合在"软性"领域——如销售和人力资源领域工作。"一旦你看起来与众不同，或者做出了出乎意料的成绩，人们又会对你做出种种臆断。"一位公司女主管这样说。

而事实上，越来越多的职业女性的成功证明，这样的认识只不过是偏见。尤其是随着以网络和新技术为特征的新经济时代的到来，女性已经获得了与男性同样多的机会。在网络经济的大潮涌来时，张树新、谭海音、黄飞燕的名字并不比张朝阳、王志东逊色。当天生的体力已经不再成为创业和守成的一个重要因素的时候，我们还发现一大批女性正在悄悄进入商务世界的顶层。

在著名的 IBM 公司，女性经理人的数量之多成为人们津津乐道的话题。早在 1934 年，IBM 的创始人 T. J. Watson 先生就对女职员做出了同工同酬的承诺，从 1943 年任命他的第一位副总裁开始，女性以其特殊的智慧和才能在这个企业里发挥了不可或缺的作用。一位女经理人曾经这样说过："在 IBM 每个人都有自己的发展计划，经理会和你一起考虑你的发展，不会因为你是女性，而与别人有所不同。"IBM 总部及亚太区有专门的高级经理人会定期调查各地员工中有没有性别歧视问题。

只要提供给她们一个可以平等发展的环境，女性未必不如男。不过，由于上面所述的原因，用人单位对前来应聘的女性在能力方面往往缺乏足够的确信，又容易以一种先入为主的看法代替实际工作中的考察，因此而轻率作出要男性不要女性的决定。

### （4）谁对法律熟视无睹

事实上，讨论对女性的性别歧视是如何形成的，以及它是否合理都已经毫无意义，法律早已不允许此类讨论。我国在《劳动法》中明确规定：劳动者享有平等就业和选择职业的权利。劳动者就业不因民族、性别不同而受歧视。

然而，随意翻开一张报纸的招聘广告，在招聘条件中我们轻易便能找到性别限制的字眼儿。处理劳动纠纷案件的著名律师左祥琦说："这样的广告要是出现在外国媒体上，马上便会有女权主义者和妇女运动团体找上门来，但在我们这里却是司空见惯的现象。我们在保护劳动者的合法权益方面的意识还非常不够，劳动者自我保护的意识也有待加强。"

有一则趣话说，美国宪法规定禁止任何形式的歧视，某公司有一个职位只想雇用男性员工，又怕遭到"妇运团体"的控告，因此贴出这样的征才广告："征员工一名，条件是必须在上班时间打赤膊而不会影响到周围其他同仁的工作效率和情绪。"

当然，形式远不如实质重要。隐藏在这条广告语背后的是美国妇女的平均收入不足男子收入的70%，妇女失业率比男子失业率高30%以上的事实。但是我们不得不承认，这方面的意识我们自己还欠缺太多。

### （5）求职先从完善自身开始

"女性在择业过程中也存在着误区。"一些专家说，"女性大多喜欢比较稳定、风险小的工作。就女大学生自身而言，应该结合社会观念和背景，结合男女性别角色和所承担的社会责任来客观地分析，减少一些极端的或是带有偏见的认识。最重要的是，女生要先提高自己的个人素质，增强自己在社会中的竞争力。想找到满意的工作，就要先从完善自身开始。如果的确在择业过程中发现用人单位有性别歧视的问题，也不要妥协，可向劳动、人事部门以及妇联系统投诉，创造公平、公正的就业环境。"

# Women's war

## 第六章

# 女人为财富而战

· · · · · · · · · · · · · · · · · · · · · · · · · ·

女人必须懂得在自己最灿烂的时候，

创造和利用自己的资本去获取财富。

不管你信不信，

有诸多证据表明女性比男性更善良、更善于理财，

对财富有一种天生的敏锐力。

· · · · · · · · · · · · · · · · · · · · · · · · · ·

# 女人的战争
## Women's war

现在，女人的地位发生了很大的变化，各行各业都有女人的脚步，打破了只有男人能开飞机的神话，无论高科技还是重工业都有女人的身影，女人真的能顶半边天了。追逐财富不是女人最关注的，而经济独立却是很多人认同的。••••••••••••••••

# 女性经济独立最重要

经济转换到生活的角度来说其实就是物质，然而从恋爱时人们的情绪高涨，到父母提供的物质为前提，那个时候彼此间似乎最痛恨的就是物质二字。很多年轻人认为谈恋爱谈的是感情而不是物质，总把物质挂在嘴边就会显得沾染了铜臭味，甚至有很多海誓山盟的恋人认为，有了爱情有没有面包都无所谓等等。可是，随着结婚走入围城，似乎大家又都在转变着自己的一种方式。

物质二字在婚后倍显重要，恋爱中的双方逐渐感受到光有爱情去生活是万万不能的，此时面包显得尤为重要，因为花前月下不能当饭时这是个不争的事实。当找到一个有事业心的男人，能干的老公，似乎就是一个女人此生最大的追求，因为这样她可以过上衣食无忧的生活，永远不用再为了下一顿饭吃什么而发愁等等。更有条件的，一般就在家作个全职太太，除了花钱上街买衣服，做美容之外，就是尽情地享受生活了。然而，却要提醒这样的女性朋友们，危机就藏在这种衣食无忧中。我认为，如果家里的经济条件是充实的，不错的，那么也至少要给自己找点事情做。大不了别人上班是为了挣钱养家，你上班是为了消遣也不为过的。

那么婚后女性经济的独立性真有这么重要吗？我认为是有的，因为女人天生爱被呵护，喜欢被依赖，这就容易久而久之造成一种不愿意再去实现自己梦想的过程。这个过程看似没有什么，但也是可怕的。试想夫妻间的变数有多少？其实谁也说不清楚，可是因为你现在没有了经济的独立性，当发生了诸如一些意想不到的情感变故时，你就无疑是那个无法接受现实、感觉遭受晴天霹雳的人了。如果说，你自己有独立的工作，有独立的经济收入，那么一旦出现什么状况，你也不会太惊惶失措。

女性被社会认为是一个弱势群体，可是在婚姻的围城圈中，我想在享受爱、爱别人、为人母的过程中，也要学会保护自己，学会让自己更加独立起来。女人不是一种附属品，而应该是相对独立的一种性别，尽管现在的社会舆论是男主外女主内，但是这个内不是你永远不接触社会，不代表你放弃自己的梦想和空间。不管是婚前还是婚后，你如何一味地让步，最终放弃的将是你广阔的天空，到那个时候，你自由飞翔的翅膀就等于让自己给折断了。

### 女性只有经济独立才能缩短和男人的距离

如今社会讲究男女平等，但真正落实还是有一定差距的，大到一个团体、小到一个家庭，男女的地位与平等还是有别的，就拿一个家庭来说，女人经济上的收入要是不稳定，或是没有自己男人多，那她在家说话与做事就没有男人有地位，而且腰挺得也不直，想要干点什么事也只能看男人的脸。如遇到一个脾气好、知道疼女人的男人还能说得过去，若遇到一个小心眼又很小气的男人，把什么都算计到的男人，那只能是花一分要一分了。所以只有自己经济独立，才能和男人平起平坐。

### 女性只有经济独立才能自立

退回以前的年代，女人没有地位，更谈不上当家作主，嫁到男人家既敬公婆、又得侍奉男人，围着锅台、带着孩子，打理家里的一切，男人稍有不如意、不顺心，还会恶语伤人、甚之拳脚相加。女人如同他们买来的商品，但商品还能退还，可以往的一纸休书连换都不能换，只能休回娘家，所以说女人没有经济收入，只能是一只被宰的"羔羊"。换成现在的年代，自强、自立的经济女性还怕男人"休"吗？还不定谁"休"谁呢。

### 女性只有经济独立才能活出自我

随着时代的发展与进步，女人已从以往的附属转到现在的独立，女人在各行各业崭露头角，而且和男人一样创造同等的价值，女人经济独立了，不必担心自己的生活，也不用靠男人来养活，更不用看男人的脸色，在自己的计划以外想怎么活就怎么活，不要浪费短暂的生命，无论美与丑、胖与瘦、天天高兴、开心、健康最真。

# 女人的战争
## *Women's war*

其时，女性经济独立的好处很多，女人只有靠自己才能活出自我，靠青春、靠容貌、靠身体、靠他人只是一时，只有经济独立，才能自立、自强，才能更好地展现自我。

长久以来，追求财富似乎都只是男人的目标，甚至在很多人的心中，女性与财富同属于一种资本，以一种依附的方式从属于男性。而很多女人们也甘愿这种从属地位，虽然她们也渴望拥有财富，可是女人们对自己的偏见影响了她们去获取财富。·············

# 揭开现代女 "负翁" 真相

很多时候，我们都会在影视创作中看到这种景象——宽敞明亮的办公室中，年轻英俊的总经理在忙于批阅文件或者主持会议，而助手们则在一边专注地看着他；或是在紧张忙碌的金融中心，表现成功的形象都是一式黑沉沉西装笔挺的男士们。这些，都在无形中不断地提醒我们，凡是与赚钱、投资方面有关的事情，都是男人的世界。这种宣传引起的后果是，从社会角色到生存形态，都让女人觉得财富与她们无关，很多女人至今也没有意识到自己真正的财务需要和理财的重要性。

其实，观念决定财富，有什么样的想法才有什么样的做法。举个例来说吧，同样是卖鸡，一个老太太养了鸡拿到农贸市场上去卖，辛辛苦苦卖了一辈子，养活了全家，盖了几间房屋，这叫圆满人生，幸福生活；另一个呢，肯德基也是卖鸡，甚至他还不卖整鸡，只卖鸡翅、鸡腿，但他的生意能覆盖全球，因为他有连锁店这个思路，他有做大生意的观念。确定基本的人生观和是非观也确定了一生的财富。

看看女人在理财方面的错误观念和理财方法，我们会明白为什么今天女人与财富无缘：

### （1）害怕财富

从小我们就被灌输这样的概念：金钱是丑恶的，有金钱的欲望是羞耻的。当然，金钱的确不是万能，精神的满足与崇高诚然值得我们去讴歌，但拥有财富的欲望本身并没有错，它与阳光、空气一样，都存在于我们身边，都是每个人应该拥有的东西。用扭曲的眼光去看待金钱，首先就拒绝了财富。更可怕的是，这种心态没有办法可以让你健康地、自然地获得金钱。

再看看市面上流行的一句话，叫："男人有钱就变坏，女人变坏就有钱。"这话反映一种歧视，女人都是弱者，倘若她们在事业上、金钱上取得令人羡慕的成绩时，通常都是通过一些不正常的途径来获得。这样的观念让女人自己也害怕成功。

### （2）没有正确的金钱观

我们对事物的看法，决定了我们的行为和目标。比如说我们爱上一个人时，我们会接近他，了解他，并且努力地让他永远跟自己在一起。

但金钱究竟代表了什么，很多人都是模糊不清的。当我们看到别人发了大财时，都会迷惑，为什么他会那么有钱？然后进一步猜测，是否用了不正当的手段？当你有这种想法时，你的潜意识会告诉你，"钱"不是好东西，"钱"让人变坏。潜移默化之下，我们的观念中觉得"钱"不是好东西，自然而然就会产生厌恶的心理，所以当我们面对自己所追求的财富的时候，往往产生畏惧的心理。

### （3）天生购物狂

女性大都有购物的嗜好与冲动，这是导致许多女性个人理财失败的重要原因。

如何控制购买欲？首先，在选购东西的时候，要慎重考虑自己目前是否真的需要这件东西，假如这件东西目前不需要，那就坚决不要买它，哪怕它的价格非常优惠。因为家里很多束之高阁的东西就是由于这样的诱惑才被买回家的；其次，身上不带过多的现金是控制随意花钱的好方法。控制了钱包，在某种程度上就能控制肆意膨胀的消费欲。理财需持之以恒，适当调整自己的消费习惯，完全可以将自己的钱财打理得井井有条。

### （4）盲目投资

很多女性觉得金钱的获取是太复杂、太困难的事情。有些女性目光的长远性不够。一位下岗的妇女通过东挪西借和按揭贷款，在一个新建的住宅小区内购置了一处150多平方米的饭店，经过一番紧张的装修准备，便自行开张营业了。由于每天营业很晚，厨房的切菜声、顾客喝酒的吵闹声，搅得居民难以入眠。因噪声扰民，楼上居民向环保部门进行了投诉。结果，饭店不得不暂时歇业。现代社会有的职业女性一边上班也一边搞投资，但对自己所投资项目了解不深，于是，常常跟随亲朋好友进行相同的投资计划，或完全交给投资顾问去理财，过于相信别人。这种盲目的投资手法，很容易制造财务危机，自然得不偿失。

### （5）做得好不如嫁得好

"能挣钱不如嫁个好老公。"有的女性把未来寄托于找个有钱老公，却忽视了个人创造、积累财富能力的提高；有的则凡事依赖老公，认为养家是男人天经地义的事情，自己只要管好家就行了。

记住，爱情和婚姻不是你放弃个人财务自主的理由。不要通过婚姻来解决自己的目前经济状况，因为不稳定的婚姻，不仅使你失去金钱还将使你失去爱。

女人天生的细心和耐心，应该让我们更接近财富。要摆脱以上的问题观念，可以从改变心态出发。曾经看过一本关于女性理财的手册，上面教导："关心自己的钱就像关心自己的容貌一样。"这，你很容易就做到了吧!

理财就是管钱，"你不理财，财不理你"。收入像一条河，财富是你的水库，花钱如流水。理财就是管好水库，开源节流。••••••••••••••

# 你不理财，财不理你

你不理财，财不理你。目前，"理财"得到越来越多人的重视。但是不可否认，在资本市场上，门外汉永远多于精通者；想投资的人多过已经开始投资的；收益少的永远多过收益高的；投资失意的永远多过点石成金的；芸芸大众永远多过索罗斯、巴菲特。

为什么他们赚到钱？那些财富像长眼睛一样，涌向那些少之又少的人手中。他们怎么赚到钱的？一天之内，从820元到56万元，资本市场创造的神话使平民也能成就梦想。我们如何赚钱，我们又怎样理财？

有人说，理财是有钱人的事；也有人说，理财是高学历、商人的事；还有人说，理财是年轻人的事。其实，理财面前人人平等，理财关系到每一个人。今天，拥有100万元的富人一旦选择全部存银行吃利息，那这个富人不用10年时间就变成了穷人，因为货币是有时间价值的。而10年前那个只凭1万元进入股市的年轻人，现在可能已经拥有了一套市价100万元的房产。

我们每个人在一生中都应该享有经济上的保障和富足，都应该尽早获得财务自由，而其中理财的理念和技能就显得至关重要。无论你现在的经济状况多么糟糕，如果你真想做的话，你就能扭转这种状况。是的，财富是无法复制的，但获得财富的理念是可以学习的，而理念也许就是最重要的。

### （1）要有一定的储备金

手中要有一定的储备金，至少要保证留有足够你一年的花销。

阿萍大学毕业之后，先是进了一家软件公司，之后又跳到了一家大型的留学中介。算起来工作已3年了，按说毕业后工资也不算低，但是始终没有存下钱来。记者几次跟她说，一定要用工资的五分之一用于储蓄或者投资。这样的话，万一以后有个什么突发事件，或者想要进修，就不会太被动。每每这个时候，阿萍总是说："我知道，但是现在一个月到手的就只有3500元，每个月房租1000元，吃饭1000元，买书买碟500元，交通300元，在加上电话、购置衣物、朋友聚会，怎么能省下钱，月光是不用说了，不做负婆就不错了。""再说了，不趁着年轻的时候好好玩，每个月存个五六百块钱有什么用。最重要的是要找个好工作，否则再怎么省钱也没有用！"

可是，最近阿萍却深刻体验到储蓄的重要性了。去年9月，阿萍打算换一个工作，于是就辞职了。原先她觉得找工作是一件轻而易举的事，不料一直没有找到合适的。阿萍一个月后就处于弹尽粮绝的境地了。她打趣地说，现在成为彻头彻尾的"负婆"了。早知今日，当时就应该多多少少每个月存一点钱，至少现在基本的开销不存在问题，不会为下一步该问谁借钱而烦恼。

年轻人一不小心，就成了"月光一族"。节俭是困难的，寻求更好的工作、追逐更高的收入，是年轻人对钱财最核心的思考。虽然流动资产回报率低，但是无论如何，都要存有一定的储备金，才能在任何情况下，都不会太被动。

### （2）年轻人，自身投资很重要

有个名人曾说过："对于自身的投资是最大的投资。"的确如此，但是自身投资也分两个方面：硬件方面就是要做好身体素质的锻炼，也就是健身理财，这一点已经得到越来越多人的认可；软件方面就是要拓宽知识面，不断学习，提高自己。

小张和小刘既是同事又是当年的大学同窗。小张脑袋瓜精明，人缘不错，工作期间就做了兼职，并且理财有术，积蓄颇丰。

而小刘似乎有点"败家"，对好友的提醒充耳不闻，工资分文不攒，全花在了买书和参加各种培训上，并且还举债数万元读 MBA。后来，他拿到 MBA 证书跳槽去了一家外企担任高管，工资立马翻跟头，比原来高出十多倍。而小张则非常后悔"把钱放错了地方"。看来，知识就是财富，此言不虚。

### （3）房产是项必要的投资

放在几年年前，普通老百姓很少会注意到房产投资的，总是觉得只要有一套自己的住房就满足了，顶多以后条件好了，再换套大的。总觉得买房子那是外地人的事情。因此，只有少数先知先觉的人在房产投资中获利丰厚。

而王先生就是其中的一位。他是属于自己打拼的老板，20 岁不到就一个人从浙江跑到上海来打拼。最困难的时候，回家时连车票都买不起。好不容易现在小有成就，在上海拥有了自己的企业，而且发展得很不错。

他告诉记者，十几年来，由于钱财得来不易，因而十分看重，但他不是守财奴，钱放在那里不用就很容易缩水。"我非常注重的是钱财的保值和增值。2000 年公司发展逐渐步入正轨，那个时候最大的想法就是如何能保值。房产投资起码有个自己的物业，这应该算是最好的保值方法。于是我把资金的80%都投资在了房产上，当时投资的房产数量有5处之多，还包括两个商铺。现在商铺每个月的租金就足足可以还房贷了。"

"投资意识也是需要积累的，我就因为要某一个好的楼层，而多花了20多万元，其实现在想来的确有些不值，若当时能够用这20万元再买一套房子，也许增值的速度更快。之后又进进出出过几套房子，现在基本上都翻了一番了，两套在浦东新区的房产，现在的价格甚至翻了两番。"

当记者问道有否考虑过股票投资时，王先生说："我也尝试过做股票投资，但是由于企业要打理，没有精力，另外总觉得风险太大，我不愿意让自己的钱和命运掌握在别人的手里，所以时间不长就抛出了。我觉得房产对于长期投资而言，收益不错，而且非常必要。"

某媒体最新的一项调查显示，对于占中国城市人口5%的新富人群来说，房地产投资是他们最钟爱的投资产品。的确，随着经济的增长，城市人口的增加，从长期的角度看，房地产投资不失为一项稳健而必要的投资。

### （4）小财更要理

刚从学校毕业，很多年轻人觉得理财这个问题离自己似乎还很遥远。就那么点钱有啥可理的。努力赚钱，不乱花钱，有钱就存银行，这是大多数毕业生对于理财的认识。其实，财不论多少都需要理，特别是小财更要打理。

身边的两个朋友就是活教材。第一个朋友大学毕业7年了，留在上海工作，7年的月薪平均7000元，7年的房租是10万元左右。第二个朋友与第一个朋友的学历、年龄和收入都差不多，7年的房租几乎是零，且拥有两室一厅房子两套。而这完全取决于他的理财观念。

他先是在工作最初的几个月省吃俭用，按揭了一套两房一厅，而后他自己住一室，租出去一室，那一室户的租金基本上可以用来按揭。这就叫以房养房。不久，他又用自己的存款购得了一套按揭房，又是租出去，又是用房租来交按揭金。

理财不是有钱人的事，小财更需要理，理得好，往往事半功倍，提前使你达到财务自由。

### （5）花钱有计划

钱是用来花的，舍不得用钱等于没钱。家有积蓄，手中有钱，但总是舍不得用，节衣缩食，生活得十分拮据，是典型的"守财奴"，即使有再多的钱也是枉然。有些老人平时省吃俭用，恨不得一分钱掰成两半用。即使有很多的钱，但舍不得用，不能用钱享受美好的人生，就和没有钱一样。

但是我们也要注意一点，一定要量入为出。

美国研究者 Thomas Stanley 和 William Dank 曾经针对美国身价超过百万美元的富翁，完成了一项有趣的调查。他们发现，高收入的人不一定会成为富翁，真正的富翁通常是那些低支出的人。调查显示，富翁们很少换屋、很少买新车、很少乱花钱、很少乱买股票，而他们致富的最重要原因就是"长时间内的收入大于支出。"

### （6）适当的负债有益

没有负债么？不是什么值得炫耀的，反而证明你对自己的生活是不负责任的。为什么不想想，负债和投资其实是伙伴呢？中国人觉得，欠着钱过日子，心里总是有负担的，但不欠债的生活只有这样的可能——挣多少钱就只能过多少钱的日子；把收入都用于生活、消费，没钱投资，错失取得高额回报率的机会。

可以选择这样的生活，即适度负债，释放一部分现金，利用投资的回报率抵消负债的利息，负债不但没压力，还会因为进行了合理投资而变得"引人入胜"。

张林就是一个很好的例子，研究生毕业后至今工作 4 年多了，平均月工资 8000 元。2002 年比较看好上海的房地产行情，苦于刚毕业手里没有资金，于是向亲戚借了 15 万元首付买了总价 55 万元的房子一套，余款 40 万元采用等额本息还款法 20 年还清。2005 年，用几年的收入还清了 15 万元借款，并且购买了一辆 15 万的轿车，折价后市场价格 9 万元，而现在张林的房产也升值到了 100 万元。

张林平时对于理财市场颇为留心。2006 年初，觉得股市行情不错，投资股票，可是融资融券业务的真正落实尚需时日，张林手上没有余钱，面对股票市场高额的收益率，张林算了一笔账后发现，扣除贷款的利息成本或手续费用之后，股票的净收益仍很高，值得贷款进行投资。

张林觉得通过典当行进行贷款程序简单、快捷，而且相对银行贷款的难度低。于是，以其上海牌照的小轿车为抵押，向当地的典当行申请贷款。经过典当行的评估，该车价值为 9 万元，所以张林申请到了 7 万元的贷款，并投入股票市场，进行短线操作，目前 7 万元已经升值为 16 万元。

适当的负债有益，不但充分利用了其资金的杠杆效应，使资金得到了较好的增值机会，同时自己也享受了舒适的生活。但是做投资决策时，要注意一点，当投资收益率高于贷款利息率时，负债是利用别人的钱赚钱，否则，很容易进入负翁而非富翁一族。

### （7）学会如何衡量分散投资

"把你的财产看成是一筐子鸡蛋，把它们放在不同的地方：万一你不小心碎掉其中一篮，你至少不会全部都损失。"对于这个理念，估计大家都耳熟能详，那到底是否如此呢？

这个理念最初来自 1990 年诺贝尔经济学奖的获得者马克维茨。他认为：关注单个投资远远不及监控投资组合的总体回报来得重要。不同的资产类别，例如股票和债券，二者之间可能只有很低的相关性。就是他们的表现彼此关联不大。比如 2005 年股票表现不佳，债券表现出色。而 2006 年的情况正相反，我们看到了疯狂的股市和沉寂的债券市场。

鸡蛋必须放在不同篮子的主要目的是，使你的投资分布在彼此相关性少的资产类别上，以减少总体收益所面临的风险。

投资大师巴菲特则持反对意见，他从赚钱的角度考虑，如果你错过这个机会，你将少赚不少钱。

我们身边有很多人在投资股票时也会有这样的经历：对投资利润贡献最大的往往只是一只个股，相反，亏损则多是来源于分散投资。这个买一点，那个也买一些，表面上看起来没有错过任何一个机会，但实际上哪一个机会也没有抓住。反而不如认认真真研究好一只个股，重仓杀进，全力争取最大的利润。

### （8）按照自己的方式理财

理财听谁的？是理财专家还是证券分析师？

罗杰斯从来都不重视华尔街的证券分析家。他认为，这些人随大流，而事实上没有人能靠随大流而发财。"我可以保证，市场的大多数操作是错的，必须独立思考，必须抛开羊群心理。"

投资之初，该听谁的，不听谁的？这是个问题。

很多成功的投资人告诉记者，他们做投资时，一般都是靠自己分析而并非听别人的意见。

100个人有100种投资理念，如果每个投资分析师所说的话都可能对你产生影响的话，最好的方法就是谁说的也别信，靠自己作决断。

按自己的方式投资的好处就是，你不必承担别人的不确定性风险，也不用为不多的盈利支付不值那么多钱的咨询费用。你的分析师如果确信无疑的话，他会自己操作去赚那笔钱，而不是建议你买入。

投资者大都经历过三种境界：第一种境界叫道听途说。每个人都希望听别人建议或内幕消息，道听途说的决策赔了又不舍得卖，就会去研究，很自然的倾向就是去看图，于是进入了第二阶段，看图识字。看图识字的时候经常会恍然大悟，于是第三个境界就是相信自己。在投资决策的过程中，相信别人永远是半信半疑，相信自己却可能坚信不疑。

### （9）买保险是用小钱省大钱

有一个调查显示，说起理财，八成白领都不会选择保险，他们都认为保险的回报率太低。其实，他们是误解了保险的作用。风险投资、股票投资也许体现的是钱生钱，而保险则反映了钱省钱。买保险才是有责任感的体现。这个责任感源自于一个假设：如果你不幸罹难，你的家属怎么办？你是否为她（他）们想好了足够的退路。所以购买寿险的主要原因是保护你和依赖你的人。万一不幸的事情发生，而你再没有能力或机会保护他们的时候，保险公司可能会站出来扮演你在财务上的角色，它至少能为陷入经济困境的家人减少痛苦。

而同样的逻辑也为你解决了另外一个问题：目前很多爸爸妈妈为孩子买保险，到底该不该买？显然在这些脆弱的小生命肩上尚未烙下"责任"的痕迹，相反，他们时时刻刻依赖着你们，你需要给自己买份保险的理由远远超过给孩子。

越来越多的人认同了保险的作用，保险体现着爱，体现着责任。钱生钱固然重要，钱省钱也很关键，保险就是让你花较少的钱来获得较大的保障。至于要购买多少保险，没有标准的答案，但如果追根溯源，你承担的责任多大，保额就该多大。

### （10）养老规划尽早开始

鸟儿尚知未雨绸缪，人类更是深明其理。人生不同阶段面临不同的理财需求和理财目标，而养老规划是人生理财规划中最重要的一部分，也在理财规划中排在首位，是每个人都要面对和必须考虑的事情。退休后能够过富裕、有尊严的生活，无忧无虑地享受晚年的金色时光，需要未雨绸缪，尽早开始养老规划。

中国财富管理网 CEO 杨晨先生指出，退休规划是贯穿一生的规划，为了使老年生活安逸富足，应该让筹备养老金的过程有计划地尽早进行。社保养老、企业年金制度，以及个人自愿储蓄，是退休理财的金三角。

筹备养老金就好比攀登山峰，同样一笔养老费用，如果 25 岁就开始准备，好比轻装上阵，不觉得有负担，一路轻松愉快地直上顶峰；要是 40 岁才开始，可能就蛮吃力，犹如背负学生背包，气喘吁吁才能登上顶峰；若是到 50 岁才想到准备的话，就好像扛着沉重负担去攀登悬崖一样，非常辛苦，甚至力不从心。同样是存养老金，差距咋这么大呢？奥妙在于越早准备越轻松。

点评：养老看似很遥远的事，但是却影响着我们每一个人。有调查表明，中国的在职者在 37 岁就开始面临养老问题，比已退休的老一辈提前了 10 岁。养老规划越早做，越划算。例如：你每个月都多存 100 元钱，如果你 24 岁时就开始投资，并且可以拿到 10% 的利润；34 岁时，你就有了 2 万元钱；当你 65 岁时，那些小小的投资就变成了 61. 6 万元钱了。

都说女性具有顾家、细心、周到的独特优势，天生就会理财。但是，女性在理财方面也有许多弱点。盲目冲动、斤斤计较、随波逐流、突击消费大都发生在女性身上。

# 女性理财误区逐个数

有统计表明，家庭理财的主角 68% 是女性。但其中 70% 的女性是家庭存折、信用卡、票据的"保管员"，这样的"特殊身份"决定了女性必须具有一定的"财商"，才能把家庭资产打理得井井有条。然而在现实中，女性却易在投资理财方面走入一些误区：

**（1）对自己没有信心**

多数女性对数字、繁杂的基本分析、宏观经济分析没有兴趣，而且不认为自己有能力可以做好，总认为投资理财是一件很难很难的事，非自己能力所及。对自己没信心，对理财心存恐惧。身为 e 时代的女性，不但在经济能力上不输男性，在理财上也可以迎头赶上。只要肯多花一些心思，建立在理财上的信心，你会在理财领域上表现得比男性更好。

**（2）觉得年轻还不用理财**

女性在理财上所犯的最大错误就是到了不得不做的地步才去面对理财的问题。从社会现状看女性的平均薪水较男性低。即使有退休金可领，因为职位多低于男同事，她们可领取的金额也会比男性少。因此，女性必须将理财的工作视为生活的一部分，积极追求财富的增长，才能让自己享受优质的生活水准。

**（3）缺乏专业知识**

投资理财要看统计数字、总体及个体经济分析，甚至政治等因素对理财投资都会产生影响，然后做综合的研判。这些对很少接触这类知识的女性来说，确实是大限制。

**（4）态度保守，心存恐惧**

有不少女性不相信自己的能力，态度保守，甚至对理财心存恐惧。有调查显示，一般女性最常使用的投资工具是储蓄存款与定存，其他还有保险。这样的投资习性可看出女性寻求资金的"安全感"，但是却可能忽略了"通货膨胀"这个无形杀手，可能将定存的利息吃掉，长期下来可能连定存本金都保不住。

**（5）没有时间**

一般女性上班时是个称职的职业妇女，下班后是个全能的太太、妈妈和管家，这些事做完已经有些体力透支，自然无暇研究需要聚精会神做功课的投资大计。

**（6）害怕有去无回**

认为投资应该等于赚钱，无法忍受在投资的过程中有赔的可能性。

**（7）环境使然**

从小根深蒂固的观念就是把钱放在安全的银行，习惯成自然。

**（8）害怕钱不在手边的感觉**

守成心态让很多女性很怕手上没有钱的感觉，现金要多才有安全感，随时摸得到、拿得到，所以把钱放出去投资，导致户头空空、手上空空，心中不踏实。

**（9）夸大想象投资难度**

在工作和家庭的双重压力下，很多女性朋友总习惯性地认为"理财太复杂"，认为理财规划是一件很难的事，不是自己能力所及，因而拒之于千里之外。其实，有空问问自己和家人，就可以简化原来对一些概念的误解和盲目：我们有什么财产（包括房子、汽车、保险及投资）？我们在什么项目上做了投资？我们有什么债务（包括抵押、汽车贷款、或其他欠款）？

**（10）懒得花心思**

这是大多数人的通病，今天懒得动，明天懒得想，时间就这样消耗掉了。

**（11）优柔寡断**

患得患失让本来就信心不足的女性更加裹足不前，买了怀疑是否买得对，卖了又怕卖错了，女性投资有时就缺了些豪气。

**（12）从众心理**

女性往往在理财和消费上喜欢随大流，常常跟随亲朋好友进行相似的投资理财活动，却没有关注产品的投资方向以及运营情况，也没有仔细研究工作人员的讲解和介绍，导致不少客户并不是很清楚自己购买的产品究竟投资到哪里，募集的这笔资金究竟用作何方。

**（13）信用卡、会员卡消费**

有关部门统计显示，中国一人拥有 2～3 张信用卡的比例已经高达

50%。一些银行还专门针对女性客户设计信用卡种类，但是如果不了解信用卡的各项规定，就可能给自己和家庭带来较重的财务负担，甚至给个人信用记录带来污点。同时，女性们对各种会员卡、打折卡也可谓情有独钟，许多情况下用卡消费不但不能省钱，还会适得其反。商家的主要目的是刺激消费和增加客户群体，不理智的女性消费者在享受折扣的同时可能也做出了一些本不需要的花销。

随着工作压力的加大，家庭负担的增加，环境污染的恶化，疾病已成为女性的一大困扰，许多重大妇科疾病已呈现出发病率提高、发病时间提前的趋势。···

# 买保险——另一种理财方式

"对我们女性来说，未来潜在的风险和一些难以预料的疾病随时可能发生，趁现在年轻，又有一定经济实力，应该提前买份保险为自己将来作打算。"在外企工作的孙小姐对记者说。

孙小姐的心声代表了目前很多职业女性的想法。女性疾病已成为现在都市女性的一大困扰，许多重大妇科疾病已呈现出发病率高、发病时间提前的趋势。"半边天"们因此越来越关注自身的风险保障，她们的保险意识也在逐步提高。

有资料显示，当代女性的平均寿命一般比男性长5至8岁，这意味着她们在养老和医疗方面将承担更多的风险。而随着女性独立意识和自主能力的不断增强，现代生活赋予女性更多自由舞动空间的同时，女性柔弱的肩头压上重重重担亦丝毫不逊于男性。

成家、生子之后，现代女性除了是父母的女儿之外，又添了丈夫的妻子、子女的母亲这两重身份，身兼三职的她们，既是家庭的一大经济支柱，又发挥着衔接家庭里外上下的重要润滑剂作用。压力和风险，一点也不比身旁的丈夫小。而女性同时在职场和家庭中要独立面对更多的压力，承担的责任日益增加。

据保险理财师介绍，目前女性疾病是都市女性的一大困扰，许多重大妇科疾病已呈现出发病率提高、发病时间提前的趋势。据统计，从1990年至2002年，在世界范围内，乳腺癌的发病率和死亡率均增长了22%。它在各种癌症发病率中排第二，占癌症患者20%～30%，40～49岁为发病高峰。宫颈癌发病率是女性肿瘤中的第二位，全世界每年有20万妇女死于宫颈癌，我国每年新增发病人数超过13万。近年来，这两种癌症发病患者日趋年轻化，国内发现最年轻的子宫颈癌患者为26岁。

这些数字不能不让一向重视安全感的女性朋友感到恐慌。现代女性比过去任何时候都更需要一个健康的身体、积极的心态，并寻求财务安全、投资理财的最佳渠道。在资金和家庭关系方面，女性更倾向于稳健的保值和增值策略。

如何借用专业的财务工具，分担肩头的担子呢？保险是非常基础而实用的一款，适合女性的心态和需求。于是，购买保险成为女性自我保障的第一道防线。

买保险就是买生活的保障，因而要慎重。对于有经济能力的女性需慎重购买保险。通常需注意以下6点：

**（1）不要偏听偏信**

保险公司是经营风险的金融企业，《保险法》规定保险公司可以采取股份有限公司和国有独资公司两种形式，除了分立、合并外，都不允许解散。所以，大可放下门第之见买保险，但重点要看公司的条款是否适合自己，售后服务是否更值得信赖。

**（2）不要盲目购买**

每个人在购买贵重商品时，都会货比三家，买保险也应如此。尽管各家保险公司的条款和费率都是经过中国保险监督管理委员会批准的，但比较一下却有所不同。如领取生存养老金，有的是月月领取，有的是定额领取；大病医疗保险，有的是包括10种大病，有的是只防7种。这些一定要看清楚、弄明白，针对个人情况，自己拿主意。

### （3）不要光听介绍

保险不是无所不保。对于投保人来说，应该先研究条款中的保险责任和责任免除这两部分，以明确这些保单能为你提供什么样的保障，再和你的保险需求相对照，要严防个别营销员的误导。没根没据的承诺或解释是没任何法律效力的。

### （4）不要心血来潮

首先考虑自己或家庭的需要是什么，比如担心患病时医疗费负担太重而难以承受的人，可以考虑购买医疗保险；为年老退休后生活担忧的人可以选择养老金保险；希望为儿女准备教育金、婚嫁金的父母，可投保少儿保险或教育金保险等。所以，弄清自己的保险需要再去投保是非常重要的。

### （5）不要考虑人情

保险是一种特殊的商品。一件衣服或一套家具买来了，如不喜欢可以不穿不用，也可以送人，而保险则不能转送。有些人买保险，只因营销员是熟人或亲友，本不想买，但出于情面，还没搞清条款，就硬着头皮买下，以后发现买到的是不完全适合自己需要的保险险种，结果是不退难受，退了经济受损失也难受。

### （6）不要只图便宜

俗话说"一分钱一分货"，保险也是如此，不能光看买一份保险花多少钱，而要搞清楚这一份保险的保险金是多少、保障范围有多大，要全方位地考虑保险责任。

如果你正要开始或是已经在思考什么是健康的理财观念，那么你就已经有了一个好的开端。可惜，多数人在开始时都不考虑长期、健康的理财观念，或许是不了解它的重要性，自以为可以处理好一切事情。····

# 将金钱增值的六大习惯

以下将要介绍的六种习惯，如果能够遵循其规则，完全可以引导一个最初起步的人学会如何很好地控制其经济状况，这些规则会使你相信从现在就开始制定一个理财计划绝对是个好主意，而且越早开始就容易达到目标，即使是很小数目的投资都是值得的。

**（1）记录你的财务情况**

如果没有持续的、有条理的、准确的记录，理财计划是不可能实现的。所以记账是很有必要的，如果坚持每周记账一次，每个周末整理一下小账本，看看你的收入、支出、目前拥有的资产以及信用卡透支的情况，划出不合理的支出，下星期就能做出相应调整。

**（2）明确你的价值观和经济目标**

了解自己的价值观，可以确立你的经济目标，使之清楚、明确、真实，并具有一定的可行性。

缺少了明确的目标和方向，便无法做出正确的预算。

没有足够的理由约束自己，也就不能达到你所期望的 2 年、20 年甚至是 40 年后的目标。

**（3）确定你的净资产**

一旦你的经济记录做好了，那么算出你的净资产就很容易了——这也是大多数理财专家计算财富的方式。

为什么一定要算出净资产呢？因为只有清楚每年的净资产，你才会掌握自己又朝目标前进了多少。

### （4）了解你的收入及花销

很少有人清楚他们的钱是怎么花掉的；甚至不清楚自己到底有多少收入。没有这些基本信息，你就很难：

①制定预算，并以此合理的安排钱财的使用；

②清楚什么地方该花钱；

③在花费上做出合理的改变。

### （5）制定预算，并参照实施

"财富"并不是指你挣了多少，而是指你还有多少。听起来，做预算不但枯燥、烦琐，而且好像太做作了，但是通过预算你可以在日常花费的点滴中发现到大笔款项的去向。

### （6）削减开销

很多人在刚开始时都抱怨他们拿不出更多的钱去投资，从而实现其经济目标。其实目标并不是依靠大笔的投入才能实现。削减开支，节省每一块钱，因为即使很小数目的投资，也可能会带来不小的财富。

随着时间的推移，储蓄和投资带来的利润更是显而易见——所以开始的越早，存的越多，利润就越是成倍增长。

男性以理论的思考力取胜，而女人感觉的直观力，一向会获得男人的好评。也是男人不得不俯首认输的一点。••••••••••••••••••••••••••

# 凭 "感觉" 捕捉金钱

如果你只饮用包装水，只租房不买房，只打的不买车；整夜上网而不会为了自己的健康去牺牲嗜好，总是改不了丢三落四的毛病；曾经恋爱很多次，但从不会爱得死去活来；从不会为养家、供楼、养老而去存钱，别人找你最为有效的方法是 ICQ（网络寻呼机），对喜欢的商品从来不计较价格；除情人节外从不喜欢任何一个其他节日，认为只要需要不在乎做任何工作。那么，你一定是一个新新人类了（也有人叫新人类或 Q 人类）。

对于今天的女性创业者来说，要想把这些新新人类变成自己的潜在客户，只要抓住两个词——时尚和酷就行了，而时尚与酷则就要凭借着女性特有的"感觉"了。

李华晓和她的"yeah"背包店就是这样的一个范例。

8 小时之内，李晓华是某大学数学系一年级学生，戴近视眼镜，模样文静，背着比别人都大一号的酷背包。8 小时外，李晓华在上下九路经营着"yeah"背包店。

在她的背包店里有两位员工，一位是她的父亲李文生，一位是母亲蔡玉凤，两人在一家国营皮件厂工作了近 20 年，技艺一流，只是因为整个工厂生意不好，两人暮年临困。李晓华用父母辛勤积攒下的钱走进大学，走进大学后的第一件事就是让父母主动申请下了岗，用借贷来的钱注册成立了"yeah"包店，专门为那些满嘴喊"yeah"的酷男酷女订做酷背包。

辛苦了半辈子的李叔，想都想不到，黄毛丫头的一个崭新的创意，就把自己积淀了20年的技艺一下子发挥到了顶点。

因为资金不充实，"yeah"包店装修极为简陋，甚至没有橱窗，一些样品就挂在墙上的木钉上，由于店铺太小，连玻璃门上也沾满了挂钩，充当了一面墙来用。

李晓华将从报纸、杂志上收集来的各式各色新潮背包、手袋、坤包，一应俱全地剪辑、归类，然后分装在透明粘胶相册中。朋友、同学知道她的兴趣与爱好，也一同帮她收集，有些在广告、招贴上看到的，无法拿来，便会想办法告诉李晓华，李晓华会带上"yeah"包店专门投资的一部小相机前去拍下来。

店铺装修简陋，但货品却绝对新潮、美观，且质量、做工都属一流。而价格却比其他商店便宜1/3，这对于那些收入还比较低的年轻人来说是很有吸引力的。

后来，李晓华索性就用这样两句话做了"yeah"包店的广告语——装修简陋，货品一流。8个红色艳丽的大字，让过往的行人驻足观望。

"yeah"包店有一条特别的规定，顾客可以提出自己的要求，包括什么样式、什么用料、什么大小等等，甚至可以直接画出来，画不出的可以口述，口述不清的还可以直接带样品来。然后由李叔出初样，顾客满意了，就可下订金、签订单。

无论什么情况，李叔都会笑眯眯地认真听顾客提出的要求，对那些订做自己设计出的款式的顾客，"yeah"包店一律保证版权独有，未经设计者许可，绝不为别人制作第二件。

另有一些"yeah"包店提供的款式，也鼓励顾客自己提供用料。比如做了一件外套，可用多出的布料配做一只与外套相衬相托的包。比如有的衣服是买来的，李叔也会在背里处巧妙地取出一点同花色的布来，为顾客设计、点缀在新做的包上，使其好像本来就是一套似的，凭空就让品味与档次瞬时上扬了无数个百分点。

不雷同与自成品味，恰恰抓住了酷一代的追求，也抓住了产品的卖点。

随着时间推移，年轻人开始成群结队地涌入，生意也成倍地增长，最高峰的时候，"yeah"包店一天可接到近20份订单，有皮质的、有布质的，甚至还有人要求用麻绳来制的。因为李叔样子慈祥，又好脾气，许多顾客不满意了，就让李叔修改，一遍一遍地，李叔总是不厌其烦。时间久了，就有了类似的做包店铺在市面出现，并有被模仿的样品也招摇地挂在那里，李晓华说对此她并不担心，她相信"yeah"包店总有别人抄袭不去的东西。她说，她还会让感觉延伸下去，创造出更大的灵感与财富。

　　今天的女性已经逐渐取得了经济的独立权，她们正在掌管自己的命运。而更有一些女性，以远远高于大多数男性的天赋和工作技巧，闯出了一片天地，聚敛了大量财富，于是"成功"和"辉煌"等等这些词语开始真正具有了性别的意义。·············

# 女人爱财，"取"之有道

　　所有的女富豪都有着一个共同的特征——就是不甘于平庸、胆子大、脑子活、能吃苦，并且擅长发现机会和把握机会。

　　**（1）敢想敢做，靠劳动致富的女人**

　　如果想和她们共进晚餐，那么请先付一万美元。这个出场费让许多好莱坞明星都望尘莫及，但苏茜·欧曼却做到了。她原本只是一个平凡的女子，但对财富的追求改变了她的一生，也改变了很多人。

　　苏茜出生在一个最普通的美国人家庭。苏茜回忆说："那时，在我家金钱意味着紧张、忧虑和悲哀。"13岁的时候，她进一步体会到了金钱那震撼性的力量。当时，苏茜的父亲有一家小小的鸡肉食品作坊，出售一些汉堡、热狗和油炸食品。有一天，炸鸡肉的油着火了，几分钟内整个作坊成了一片火海。他父亲在被大火吞没之前逃了出来。

　　这时，让苏茜一生难忘的事情发生了：他父亲不顾一切地又冲进火海，因为他想到他钱箱还在那着火的房子里。她的父亲机械地搬起了那个已经被大火灼热的金属钱箱，把它扛了出来。当他把钱箱扔到底上的候，

# 女人的战争
## *Women's war*

钱箱上已经黏上了他的胳膊和胸口的皮肤。

父亲冒着生命危险冲入火海，让小苏茜意识到，对父亲来讲，金钱显然比生命更重要。从那一刻起，挣钱、挣大把的钱开始成为她的职业驱动。

苏茜的第一份工作是在加州伯克利的巴特卡普面包房当女招待。当时，她的梦想只是开一家有餐厅、美发沙龙的休闲娱乐公司。

有一天，她向父母说了自己的想法，可是父母对她说：我们没有足够的钱帮助你。第二天，她向几位老顾客诉说了自己的烦恼。没想到第三天，一位叫弗雷德的老顾客居然交给她一张5万美元的支票！苏茜第一次有了可以创业的启动资金。不过，她临时改变了主意，并没有去开小餐馆，而是根据经纪人的建议购买了石油股票认购权。那是1979年。

在开始的几个星期，苏茜的账上获得了5000多美元的盈利。她完全被这种崭新的生财之道迷住了。正当她处在欢喜中时，石油股走势突然逆转，苏茜几乎失去了全部的投入和原先的盈利。

不过，让苏茜庆幸的是，在证明经纪人对她的交易风险有误导以后，美林弥补了她账户里的亏损。这让她意识到，要对投资者负责，必须要选择正确的公司和正确的经纪人。于是她到美林证券找到了一份工作。

从此以后，苏茜开始了投资顾问的职业生涯。在美林工作3年多以后，苏茜跳槽到了保德信证券担任投资副总裁。1987年，她建立了苏茜·欧曼财务集团，她的财富和事业在世人面前展开了一条辉煌之路。

"金钱是一种世界语言，不管男人还是女人，中国人还是美国人，金钱就是金钱，它的功能完全一样。"苏茜说。

### （2）坚持梦想，靠知识致富的女人

如果说，苏茜是靠辛苦而成就财富之路的话，那么，乔·凯·罗琳就是一个倚仗知识致富的勤劳女人。

对于乔·凯·罗琳，任何人都不会陌生，她就是《哈利·波特》系列的作者。仅靠五本《哈利·波特》小说就赚得10亿美元，由此而成为2004年全球排名第552位富豪，创造了从穷作家变成拥有10亿身家富婆的财富神话。

出生于1965年7月31日的英国女作家乔·凯·罗琳，目前已经写了6本《哈利·波特》系列儿童冒险小说，这些小说不仅让罗琳声名鹊起，更

让她赚了个盆满钵满。它们已被翻译为 60 种语言，全球销量超过了 2.5 亿册，与此同时，根据小说改编的电影也获得了巨大的成功，这些使得罗琳的个人财产升至 10 亿美元。

连续 3 年，罗琳名列英国超级富婆榜首位，2005 年她的财富总额甚至是英国女王伊丽莎白二世的 8 倍多，罗琳成为英国挣钱最多的女性。有些人预言，她最终的个人财产可能达到 100 亿美元。

对于罗琳来说，她的成功简直就像个神话，在《哈里·波特》第一部出版前，罗琳还是只是一个离了婚的穷作家。罗琳独自抚养着女儿，为了生活冒着失去领取救济金的危险偷偷打工。一旦闲下来，便在附近的咖啡馆里忘情地写呀写，写她心中的魔幻世界，她几乎是强迫自己写作。她把写好的小说送给出版商，遭遇到的是屡屡地退稿。但是她依然如故，锲而不舍，终于精诚所至，金石为开，她成功了，并成了世界上最富有的女人之一。

罗琳从赤贫到巨富，这一切她自己也始料未及。不过，这位出身苏格兰的单身母亲在穷困窘迫中构思并创作的"哈利·波特"的形象，成为全球儿童及成人读者最喜爱的童话人物之一。

"我改变的不仅仅是自身的贫穷，我作品的意义在于：在一个日益全球化的时代，仅仅用童话的形式解构了贫穷。"罗琳说。

### （3）敢作敢为，靠美丽创造财富的女人

出生在北京的章子怡，11 岁那年，考入北京舞蹈学院附中，学了 6 年民间舞。这个阶段，她赚到了个人的第一笔钱。"正是在舞蹈学校的时候，14 岁，拍了一个电视广告，好像是护肤品广告吧，不过我不是主角。第一次赚到钱，我好开心！"不过，对一个从小就知道节俭的女孩来说，金钱从不是用来挥霍的，纵然它看似来得容易。章子怡非常珍惜赚到的第一笔钱，"我不会把钱一次花掉，买一个礼物送给自己。我是慢慢用的，不要爸爸妈妈每个星期再给我 10 元零花钱了。那时候觉得，咦，赚钱了，我可以独立了。"也就是从那时起，在经济上，章子怡真的开始独立了，最起码她的零花钱不用向爸妈要了。

1996 年，章子怡从北京舞蹈学院附中毕业，并顺利考入中央戏剧学院表演系。她进的这个班就是大名鼎鼎的"中戏明星班"，班里的 8 个女生都多才多艺（比如梅婷、袁泉等），每逢校内演出，大出风头的总少不了

# 女人的战争
## Women's war

她们几个。在同学中间，章子怡的年龄是最小的，也是最不起眼的，没有人预料她后来会踏上一条那样引人注目的道路。

1998 年，章子怡迎来了人生中的转折点——她接拍了张艺谋导演的《我的父亲母亲》，并一举红遍大江南北。随后其在《卧虎藏龙》中的表演给了她一生进军国际市场的绝佳机会。她那骨感美与出色的表演立即引起了世界的关注。成龙的《尖峰时刻2》立即找上门来，一个大反派的角色为她带来了高达 100 万美元的片酬！

章子怡的票房号召力让韩国电影界也向她抛来了橄榄枝，《武士》随即邀请她做一回明朝的芙蓉公主。虽然韩国的片酬显然无法和好莱坞的大片相提并论，但《武士》还是为章子怡出了 1 亿韩元（约 60 多万元人民币）的身价。这个数字虽较同期进军韩国市场的张柏芝略低，但附带条件却更苛刻，比如章子怡要求《武士》需 4 个月内拍完她的戏份，否则剩下的工作日，每日加收附加费 100 万韩元（约 6000 多元人民币）。

从此，章子怡步入了"巨星"的行列！从 2004 年开始便进入福布斯中国内地明星排行榜。章子怡的漂亮面孔为她赢得了财富，但值得注意的是，漂亮只是财富之门的敲门砖。如果章子怡的表演功夫不被世人认可，她无论如何也红不起来。

"一个女人没事业，便会黯然失色，失去活力，女人一定要有自己的事业。现代女孩子除了外表，内在的美丽也很重要，女孩子如果没自己的事业，无所事事的话，你再美丽，也会变得没活力。也许一开始我们都在摸索之中，失败了摔倒了不怕，你可以勇敢地站起来，我觉得女孩子都有韧性，女孩子坚强起来比男孩子更能忍受疼痛。"章子怡说。

**Women's war**

第七章

# 女人为健康而战

· · · · · · · · · · · · · · · · · · · · ·

健康是人类永恒的追求，

健康是人生的第一财富，

有了健康就有了希望，失去健康就失去一切。

健康是通向成功的必备能源宝库，

开启大门的钥匙就在你自己手中。

人生和时间一样，是一条单行线，

让我们关爱自己，选择健康，

使生命之树常青，使生命的春天常驻。

· · · · · · · · · · · · · · · · · · · · ·

在职场，有这样一群特殊的人，他们虽然捧着别人的饭碗，为企业打工，却拿着比开一般公司丰厚得多的收入。他们是白领阶层，出入高级办公楼，工作起来果断，深得老板地赏识，在接受强大工作挑战的同时，也承受巨大压力。··········

# 直击女性健康十大杀手

近几年来，各大媒体报道青壮年白领猝死在工作岗位上的新闻屡见不鲜。经常听周围的人说起："怎么办呀，又查出来血脂异常了"，"某某血压偏高呀"，"最近又胖了怎么办，上次体检已经有脂肪肝了！"这些问题也许在你身上也发生过。下面给出了白领生活中的一些误区！

**（1）工作时间长**

白领工作的最大特性，就是工作时间长，人们常常发现办公室亮起挑灯夜战的灯光也就不足为奇了。

**（2）工作压力大**

白领排名第二的特性，是工作压力大。深居各行各业的白领阶层汇聚了不同专业的顶尖人才，肩负着工作单位赋予的神圣使命和工作重担，因此人与人之间的竞争尤为激烈。这样的工作态度，逐渐形成一种"不断挑战自我"的企业文化，因而造成常态性的工作压力。

**（3）睡眠不足**

白领们由于经常性的超时工作，"睡觉"已成为白领生活中最大的奢侈。由于平常经常每天只睡5个小时，利用周末假日补眠，也就成为白领难得的享受，不过也失去参与各种聚会活动的机会，使得生活圈愈来愈狭窄。

### （4）职业病特多

工作时间长及工作压力大，后遗症就是职业病也多。去年，某科技公司的员工进行年度体检，发现员工普遍有尿酸偏高的现象。除此之外，部分员工还有血脂高、脂肪肝、体重偏高、胃病、痔疮等毛病。这些都是因为工作时间长、用脑过度，工作压力大、饮食不正常及运动量偏低所引起的。

### （5）与家人相处时间短

有个温暖的家，是白领普遍的梦想，但对于住在宿舍的单身白领来说，只能每隔一段时间定期回家探视父母；而对已婚的白领来说，家庭生活通常也成为事业发展的牺牲品。

### （6）不进则退的学习压力

不管从事任何行业，只有每天持续不断地进修，才能保持自己不被落伍，而白领在这方面的感受和压力特别明显。

### （7）追求高效率

速战速决、保质保量地完成工作目标是白领们提高效率的一种工作方式，今天做这项工作花了 30 分钟，明天就要想办法缩短到 25 分钟，为了让工作效率发挥到淋漓尽致的地步，就要将更高的要求更高的目标排上日程。

### （8）工作环境压抑

界限分明的格子间及上司严肃的表情，给本来就很紧张的白领人士雪上加霜。"工作环境太压抑了！"这是白领最常说的一句话。

### （9）与人沟通机会少

特别是一些科技白领，每天所面对的都是图纸、文案、计划等，等待解决的问题一大堆，因此与人面对面沟通的机会很少，与人沟通也多半透过机器进行（如电子邮件、ICQ）。久而久之，白领也就习惯跟没有表情的机器沟通，遇到活生生的人反而不知道该怎样相处。

### （10）性格发生裂变

许多在真实生活中不善表达，见到如花美女会口吃、冒冷汗的白领，

# 女人的战争
## Women's war

因为习惯透过键盘和鼠标与人沟通，往往卸下拒人于千里之外的冷漠面具后，在网络世界中摇身一变，热心解决网友的计算机问题，或是成为口若悬河、风趣幽默的翩翩君子，这也造成许多白领的性格分裂，摆荡在虚拟与现实世界之间，成为潜藏两种极端性格的"两面人"。

每天从电视上各类的减肥排毒产品广告可知，减肥、排毒已成为现代女性的一个心结。无毒一身轻，女性在为自己的健康战斗着。••••••••••••

# 无毒一身轻， 好方法才能真健康

体内的毒素产生后，堆积沉淀，时间久了，就会侵蚀你的身体，就会使你记忆力衰退、面色无华、臃肿不适、枯瘦如柴、面黄肌瘦、食欲不振、精神萎靡、头发干枯……一旦毒素积聚到了一定程度，它还会堵塞你的血管，进入你的血液，侵蚀你的细胞，损害你的器官，你的身体就会每况愈下，最终就会崩溃！排毒就是要排清体内的有害物质，如果你面色不够红润，没有光泽，胃口不好，睡眠不好，大小便不正常，这就说明你需要排毒啦！

现代社会人体的排毒机制往往赶不上废物累积的速度。所以市场上出现了五花八门的排毒方法，但这其中有很多产品只具有腹泻的作用，而没有真正达到排除由自由基、脂肪酸堆积、宿便积攒、污染物质等产生的各种毒素，大多是治标不治本。排出毒素一身轻松，关键要治标治本，配合饮食、生活规律、运动乃至心情调节，多管齐下彻彻底底将"毒"逼出，做个消"毒"美人。

**（1）食物排毒法**

在5～7天内给你的身体来个大扫除，自我清理毒素。起床后喝一大杯温柠檬水。起床后不要立刻进食或忙着洗脸刷牙，此时你最需要的是加了一片新鲜柠檬片（如果没有新鲜的，干柠檬片也可以）的温开水，它可以促进肾脏的循环，激发一天的新陈代谢的开始。如果你有每天服用维他命或鱼油丸的习惯，此时也可以一并服下，帮助在接下来的早餐中吸收最多的营养元素，保证一天的营养和机体正常运作。

### （2）运动排毒法

对于喜欢运动却懒得动手做菜或没有条件禁食的人来说，这是最合适的方法。

①每日至少散步30分钟，做些轻柔舒缓的运动，如慢跑、打太极拳。

②练习腹式呼吸：平躺下来，用鼻孔吸气，然后屏气，气流经过腹腔，再慢慢从鼻孔呼气。

③洗桑拿来帮助出汗，10到15分钟后冲一下凉水澡，刺激血液循环。

④运动的同时，要时刻补充水分，也可以喝绿茶，但绝不能喝碳酸饮料。市场上的运动型饮料，在排毒的几天里最好不要饮用。

### （3）借助药物排毒

如果你实在是个懒人，加上工作的性质决定你一天几乎都在坐着，那么我的方法是服用排毒药物，简单、有效。在办公室的时候，尽量多喝水。一天的劳累后，晚上回家洗个热水澡，既能解乏，又可以帮助皮肤排毒。推荐国家批准的OTC药物，安全性更高。专家提示：在诸多方法中，药物排毒可算是主要途径，因为与其他方法相比，它显得更为成熟，作用更加显著。它可针对体内毒素，进行吸附、荡涤、分解和中和，然后将废物再通过消化道、泌尿道、汗腺排出体外。值得注意的是如何使用药物"排毒"，医师指导下最好。

### （4）断食排毒

上古时代，伯夷、叔齐耻食周粟，逃隐于首阳山，采集野菜而食之，从而把山间隐居定义为文人雅士的高尚生活。而如今的白领，周末寻觅一处山清水秀的度假村，在专业营养顾问地陪同指导下，通过两日断食给身体排毒，再配合轻松舒适的瑜伽体式及太极调养生息，或辅以中医调理身体，以缓解身体、心理压力，清理体内垃圾，为自己充电。这种周末"断食"加"隐居"的全新健康疗法已经成为白领养生的新潮流。

### （5）淋巴排毒

按摩是最传统同时也是最常见的淋巴排毒方法。据美容师介绍，人体本应有95%的自我净化功能，但现代人不良的生活方式以及环境的污染，令人们的自净功能降至不足50%，这就需要用人手按摩等外力来刺激人体器官，使之激发出更多的排毒功能。淋巴去水肿按摩顺应全身淋巴导管回流方向，以专业的手法疏通淋巴系统，提升人体免疫功能。目前市面上有许多淋巴排毒的美容院疗程，比如脊柱能量术、芳香排毒按摩等等。

### （6）玉石刮痧

"玉"从古到今都是珍宝中最有特色的灵物，玉越纯其吸毒效果越好，于是美容界就特地引用"玉"为美容工具，加以推拿技术，就是一种很好的身体排毒方法。在用玉进行疗痧的程序中，先是沿着颈部及两肩经络由内向外拨，接着沿着脊椎向外拨，然后再沿着肋骨向外拨。另外，用玉进行疗痧后，某些部位会出现"痧"，这表明该部位连着的某身体器官存在毒素。玉疗痧整个过程的手法非常讲究，主要以轻柔为主，最后还要敷上身体美白膜。

### （7）SPA

通过精油浸浴的高温和利用精油的强渗透性，是排毒又一个很好的方法。可以选用美容师专门配制的具有紧实和排毒作用的精油，配合含有人体所需矿物质等基本元素的海洋矿物盐，从而达到促进人体新陈代谢、紧实肌肤、消脂和消除水肿的作用。此方法属于典型的水肿针对性疗法，海洋矿物盐中所含的钙、磷、氯和钠离子等对人体健康十分有益，不仅具有解毒及活化细胞的功能，同时也能减压。

最后提醒大家的就是：精神、身体、环境多方面排毒比单一排毒更有效吃七八成饱，但品种要吃得杂、吃得新鲜。毕竟我们身处的环境——空气污染、工业污染、灰尘、紫外线、紧张的生活步调、工作压力、很多不健康的生活习惯，都让我们处处危机四伏。也因为如此，我们的身体就需要定期清毒和排毒。

每个女人都希望自己拥有不老的容颜，生育之后长期照料孩子的操劳会使自己的脸上和身体都平添了很多岁月痕迹：必须面对一个事实"我不再年轻了"。但是还是有很多女人30几岁依然很年轻，令人美慕。饮食专家认为这是良好饮食给她带来的贡献。••••••

# 饮食养生永葆女人年轻妩媚

饮食是健康的基础。既然如此，搞清楚饮食中是否含有保持身体平衡和健康，以及预防各种健康问题所需的营养物质就是非常重要的问题了。

### （1）多食水果和蔬菜

蔬菜和水果在饮食中是非常重要的。它们富含大量的营养物质，包括维生素、矿物质、抗氧化剂和植物纤维等。

维生素和矿物质对人体健康至关重要。因为如果你的身体中含有人体所必需的营养物质，那么你的身体就等于有"保健工具"在进行自我治疗。新鲜的蔬菜和水果是最佳的选择——如果可能，最好选择绿色食品———如果你不能买到新鲜蔬菜和水果，那么速冻蔬菜要好于罐头制品。

### （2）不要过多摄入脂肪

一般来说，女性要控制总热量地摄入，减少脂肪摄入量，少吃油炸食品。脂肪的摄入量标准应为总热能的20%至25%，但目前很多女性已超过30%。如果脂肪摄入过多，则容易导致脂质过氧化物增加，使活动耐力降低，影响工作效率。

### （3）多食含抗氧化剂食品

蔬菜和水果最重要的作用之一，就是能向我们人体提供抗氧化剂。

抗氧化剂能够保护我们不受自由原子基的影响。

我们都知道，氧气对我们的生存来讲是绝不可缺少的。但是，氧气同时又可以发生若干化学反应，使其他分子"氧化"。而这种氧化又会生成自由原子基。自由原子基是一个相当复杂的概念，但是简单地说，就是它们在化学上是非常不稳定的原子，会对人体造成各种各样的危害。

在日常生活中，种种污染、吸烟、油炸或烧烤食品，以及太阳中的紫外线等，都会引发这些自由原子基。

自由原子基与我们人类的很多疾病都有关，包括癌症、冠心病、早衰等。自由原子基通过破坏健康细胞，加速了人体的衰老过程，并且能够破坏细胞核中的 DNA，从而引起细胞病变和癌变。

不过，我们所吃的食物中的抗氧化剂，恰恰可以避免体内生成自由原子基。而维生素 A、维生素 C、维生素 E 以及微量元素硒和锌等，都属于抗氧化剂。

以上这些成分，大多含于下列食物中：

维生素 A——橙子等黄色水果；胡萝卜、南瓜等蔬菜；鱼等。

维生素 C——水果（尤其是柑橘类水果）；绿叶蔬菜如椰菜、菜花等；浆果类如草莓、蓝莓、覆盆子等；以及马铃薯和甜薯等。

维生素 E——坚果、种子、鳄梨、蔬菜油、鱼油等。

硒——巴西果、金枪鱼、卷心菜等。

锌——南瓜、葵花籽、鱼、杏仁等。

### （4）多食含络合碳水化物食品

碳水化合物能给人体提供能量，而能量吸取的多少，则完全取决于你所食用的碳水化合物食品的形式。

碳水化合物包括淀粉和糖，既有单分子的也有络合的。碳水化合物越复杂，人体从中获得的能量所持续的时间就越长，人也就会越健康。

简单碳水化合物（除水果外）都属于精制食品，而且被去掉大部分营养物质的白面制品也包括在这一类碳水化合物中。络合碳水化合物和简单碳水化合物对人体来说，差异是非常显著的。前者能够防止人体疲劳，平衡人体的血糖浓度，还能降低胆固醇并帮助平衡人体荷尔蒙的分泌。

### （5）多食植物雌激素

食物中含有的天然植物雌激素，对人体荷尔蒙的分泌有着很重要的影响。

植物雌激素，顾名思义，意味着我们为自己的身体增加了更多的雌激素。不过，这些植物雌激素往往以一种特殊的方式发挥作用。

### （6）饮食中要含有油脂类食物

看到这个建议，大家一定会觉得有点儿怪，因为很久以来，人们常把油和脂肪联系起来，而且时下媒体的许多报道中，也常常把脂肪描述成一种非常可怕的东西，仿佛最好永远不要让它进入口中。事实上，很多女性为了自己的健康（减肥就是其中之一），也大多采用了低脂肪或者不含脂肪的饮食。这种做法对健康的危害程度不但很大，甚至远远超过我们的想象。

### （7）适当摄入不饱和脂肪

人体应该避免摄入饱和脂肪，但要适当摄入某些不饱和脂肪。

一般说来，不饱和脂肪可以分成两大类：

①单不饱和脂肪

单不饱和脂肪（欧米加 9 号脂肪）虽然不属于基本脂肪酸，但是它们也属于有利于人体健康的。它们之所以被称作单不饱和脂肪，是因为从化学结构上讲，它们只有一个双链。

例如，橄榄油中就含有丰富的单不饱和脂肪。橄榄油能够有效降低 LDL（"不良"胆固醇），增加 HDL（"有益"胆固醇）。在地中海地区，心脏病发病率较低，其中一个关键的原因就是单不饱和脂肪在起作用。

②多不饱和脂肪

多不饱和脂肪又可以分为两类：一类是欧米加 6 号油脂，这类多不饱和脂肪在坚果和种子等食物中含量较多。它们属于基本脂肪酸，可以防止血液结块，保持血液的正常浓度，另外还可以减少关节的炎症和疼痛，从而防止患关节炎。二类欧米加 3 号油脂，这类多不饱和脂肪在鱼油和亚麻籽油中含量较多，另外南瓜籽、核桃仁和深绿色蔬菜中也含有一些。此类油脂有助于降低血压，减少心脏疾病的患病几率，增加皮肤的弹性，增强免疫功能，加快新陈代谢，改善能量，预防风湿性关节炎和减轻湿疹症状。油性鱼包括鲭鱼、金枪鱼、沙丁鱼、青鱼、鲑鱼等。115 克鲑鱼中，含有 3600 毫克欧米加 3 号脂肪酸，而同重量的鳕鱼中仅含有 300 毫克。

### （8）选择 EFA 补充剂

有许多人喜欢用鱼肝油来补充人体需要的一些营养，我建议要停止这种做法。

千万不要用鱼肝油胶囊来补充所必要的脂肪酸，因为生活在海洋中的鱼会在体内积聚一些毒素和汞，然后通过肝脏进行解毒。所以，从鱼的肝脏中提取的鱼油，很可能要比从其他身体部位所提取的鱼油含有更多的毒素。

当然，如果你是一个"素食主义者"或者不愿意服用鱼油的话，你也可以通过服用亚麻籽油胶囊来获得欧米伽3脂肪酸。因为亚麻籽油既含有欧米伽3脂肪酸，也含有一些欧米伽6基本脂肪酸。

需要注意的是：上面所列的基本脂肪酸不足可能引起的症状中，有一些也可能会由甲状腺失衡而造成；所以在确定脂肪酸的补充时，最好让你的医生给你做一个全面的检查，然后再根据具体情况选择适合的补充剂。

### （9）减少饱和脂肪的摄入量

脂肪虽然是人体所不可缺少的，但是饱和脂肪却不是人体健康所必需的——事实上，人体根本就不需要这类脂肪。

饱和脂肪主要来自肉类、蛋类和乳制品等食品种。另外，棕榈油和椰油中也含有一些这样的饱和脂肪。这种饱和脂肪对人体健康是十分有害的，尤其是再摄入量比较大的时候。

### （10）食用油的选择和使用

因为食用油很容易变质，所以它们的选择、存放和使用是非常有讲究的。

如果食用油过度加热，或存放于阳光下甚至是重复使用，则很容易受到自由基地侵袭。而我们在前面曾经讲过，自由基会诱发癌症、心血管疾病、心脏病、风湿性关节炎和早衰等。

为了防止食用油里形成自由基，请选用低温压榨非精炼的植物油或无污染的有机橄榄油为佳。如果加热并添加化学物质进行生产压榨，油的质量和营养成分就会遭到破坏。同时，食用油应该避光存放，并且加热后不要再重复使用。

不要用多不饱和脂肪油煎炸食品，因为它们在加热后会变得很不稳定。煎炸食品时，可以使用黄油或橄榄油。橄榄油属于单不饱和脂肪性质，不易生成自由基，而黄油是饱和脂肪，不会产生自由基。另外，应该适当降低烹调温度，以便最小程度地减少自由基生成的可能性。在煎炸过程中，应该尽量少放油——可以尽量采取蒸、煮、烤、烧、焙的方式方法。

### （11）饮用足够的液体

人体的70%是由水构成的，水可以说参与着人体各种活动的过程，包括消化、循环和排泄等等。它把营养物质运入人体细胞，同时又把代谢产生的废物运出人体细胞。

我们在没有任何食物的情况下，大约可以生存五周。但是我们如果没有水作为补充，大约最多只能活五天。可见水对于人的生存是多么重要。

但在我们习惯的日常生活中，我们大多数人每天摄入的液体量（或者说是水）是远远不够的。许多患有持水症的女性往往错误地认为，她们饮入的液体越少，体内留存的水分就越少，因此常常控制自己的液体摄入量。其实情况恰恰相反，如果限制液体的摄入，人体就会想方设法去弥补和保留水分以防止水分供应不足。

为了维持身体的正常运转，我们每天应该至少喝六大杯水。当然，这里所说的水并不包括罐装的软饮料、咖啡和含糖饮料等不太有益健康的饮品。茶水可以算作液体摄入量的一部分，但是像咖啡或红茶这样的饮品却不能算作摄入液体。

现代社会的人们大多是饮用自来水。不过自来水也有其不太好的方面，因为自来水可能会受到来自管道的铜、铅、砷等杂质的污染，也可能从土层中渗入杀虫剂和化肥等物质，所以，最好的办法应该在自来水龙头上安装一个过滤器，然后用过滤过的水来做饭和烧水喝。虽然过滤器不可能去掉自来水中所有的所有杂质，但是总比没有好。

### （12）增加纤维的摄入量

说到纤维，很多人就会想到它对肠功能的负面影响。

但是除防止便秘以外，纤维的确还有许多其他维持人体正常运转的作用。

首先，纤维在平衡女性荷尔蒙中起着很重要的作用。谷物和蔬菜中所含有的纤维可以降低雌激素水平，防止排入胆汁中的雌激素再次流入血液中去，从而防止体内雌激素过量。有研究表明，以素食（纤维含量高）为主的女性所排出的"旧"雌激素，比以肉食为主的女性多三倍，而且以肉食为主的人由于纤维的不足，往往会重新吸收更多的雌激素，从而破坏整个健康。乳腺癌、纤维瘤、子宫内膜异位等很多疾病的产生，都和体内雌激素过量有关。

纤维主要有两大类——可溶性纤维和不可溶性纤维。前者多见于蔬菜和谷物中，而后者多见于水果、燕麦和豆类中。可溶性纤维可以控制胆固醇，因为它会与你所吃食物中的胆固醇和脂肪进行结合。纤维还有助于减轻体重，因为它能够帮助人们增强消化功能，从而减轻饥饿感并排出体内的毒素。

毫无疑问，纤维的的确确对肠胃起着非常有益的作用，因为它能和水分相结合，并增大粪便体积，从而使粪便更易排出体外。纤维还可以防止体内的食物腐烂，避免出现由此而产生的胃气胀等症状。

### （13）避免食用添加剂、防腐剂以及其他化学物质

人体所吸收的食物，应该保持其最天然的状态，尽量避免添加防腐剂、人工甜味剂等化学物质。为了获得最佳的健康状态，一定要避免食物和饮料中可能含有的任何化学物质。所以在购买食品时，一定要仔细阅读标签，不要购买那些含有很多化学成分的食品和饮料。

你可能会用人工甜味剂来代替糖以降低摄入的热量，但这样做是完全错误的。

如果某一食品或饮料标着"低糖"，那么它往往含有人工甜味剂。研究表明，人工甜味剂和抑郁、情绪波动等症状有着直接的关系。而且，经常使用甜味剂的人很容易增加体重，因为甜味剂会减慢消化过程，并且增加人的食欲。因此，避免食用含有人工甜味剂的食品和饮料，对保持健康的体魄同样是非常重要的。

### （14）减少咖啡因的摄入量

咖啡是大众普遍喜爱的饮品，咖啡中的咖啡因有良好的利尿作用。但正因为咖啡因有利尿作用，所以会消耗大量人体内存储的维生素和矿物质。而我们知道，维生素和矿物质对平衡荷尔蒙是必不可少的。

茶（红茶和绿茶）、咖啡、巧克力和咖啡因软饮料中的咖啡因，可以说是一种兴奋剂，会使血糖迅速升高，然后又迅速下降，并使血糖浓度像

"过山车"一样忽上忽下。因此，我们应该尽量避免摄入咖啡因。如果可能，应该把它从你的饮食中完全去掉，取而代之的最好是喝一些草药茶、矿泉水和稀释的纯果汁等。

不过，你最好是慢慢地远离咖啡因，因为突然放弃饮用咖啡的习惯，可能会引起许多令人不愉快的症状，如头痛、发抖和肌肉抽筋等。

### （15）减少饮酒量

为了健康，应该把酒精的摄入量减少到最低程度——尤其是在治疗期间。

众所周知，酒精会直接危害人的肝脏，从而降低肝脏的解毒功能。另外，酒精还会导致血糖浓度失衡，消耗人体内的维生素和矿物质，妨碍基本脂肪酸的新陈代谢。同时，酒精所含的热量也很高，据测试，一杯葡萄酒含有 100 卡的热量，一杯啤酒则含有大约 200 卡的热量。

也许有的人要问，既然酒的危害这么大，那为什么很多报道中都说"常饮红葡萄酒有益健康"呢？有数据表明，法国人摄入的饱和脂肪比美国人和英国人多，但是他们患心脏病的比例却很低。究其原因，主要的原因就是法国人常喝红葡萄酒。

不过，这并非酒精有什么功效，而是葡萄的作用。因为葡萄中含有一种抗氧化剂，可以降低血小板的"稠度"，防止血管变窄。葡萄中的这种抗氧化剂主要存于葡萄皮里，这就是为什么红葡萄酒比白葡萄酒更有益于健康（红葡萄酒酿制时葡萄不去葡萄皮和葡萄籽，而白葡萄酒是由葡萄的果肉酿制而成的）。

### （16）避免糖的摄入

糖会使人的体重增加，从而增加雌激素的分泌量，造成荷尔蒙失衡。因为糖的摄入量越多，人体释放的胰岛素就越多，而胰岛素越多，就有越多的食物转化成脂肪，从而使以前存储的脂肪不能够被人体很好地分解。

人体存储的脂肪就像一座雌激素制造厂，所以体重过高对健康是有害的。另外，糖中并不含热量，也不会给人体提供任何有营养价值的物质，因此摄入过多的糖，只会给人体健康带来负面的影响。

# 女人的战争
## Women's war

人们常说"女人是水做的"，这句话里既包含女性有着涓涓流水般温柔的性格，也透露出了女性更加脆弱、更加需要呵护的性别特点。⋯⋯⋯⋯⋯

# 女性须遵守的健康戒律

牛津大学的科学家们通过对 130 万女性长达 13 年的跟踪研究发现，许多疾病的产生与女性的生活方式有着直接关联。由此，他们给女性提出了 16 条健康戒律。

## （1）不要太干净

美国微生物学家玛丽博士通过大量研究得出结论：用普通肥皂和水洗手就足够了，抗菌产品反而会起反作用。现在抗菌产品已经广泛进入了人们的生活，像各种除菌香皂、洗手液和沐浴液等。女性作为家庭主妇，为了家人的健康，往往会使用这些产品。"但是，这并没有让人们远离流感和感冒，打破了体内的菌群平衡，并减弱了人体对细菌的敏感度，反而使得病菌在体内大肆作乱。"玛丽博士认为，在人体消化和营养吸收系统中，大多数微生物对维护健康十分必要。经常使用抗菌产品，会让这些有益的微生物难以生存。

## （2）长期服用短效口服避孕药

此次研究进一步得出结论，短效口服避孕药能降低子宫癌患病率，而且在停药后 30 年内能够继续得到保护。研究显示，女性连续服药 5 年，患子宫癌的风险降低 20%。连续服用 15 年，患癌几率可降低一半。

## （3）喝红茶

牙龈疾病是导致心脏病的一个诱因。口腔中的细菌可以制造数千个微小的血液凝块，会使动脉变窄，从而引发心脏病。如何保护牙龈呢？最好的方法就是坚持喝红茶。美国专家研究发现，红茶能降低细菌活性，减少患牙病的几率，从而减少患心脏病的风险。红茶不仅能杀死口腔中的细菌，还能产生一种酶，它能使糖转化成一种黏性物质，起到坚固牙齿的作用。

**（4）服叶酸**

为了预防新生儿出生缺陷，怀孕女性必须在怀孕的前 12 周服够 400 微克的叶酸。此次研究同时发现，女性补充叶酸能减少患黄斑变性的发生。目前，哈佛医学院研究证明，在持续服用叶酸、维生素 B6 和维生素 B12 两年之后，可以延缓器官衰老。

**（5）尽量别喝碳酸饮料**

可乐等碳酸饮料中含有磷酸盐形式的磷酸，它会影响钙的吸收。一项关于骨质疏松症的研究显示，一周喝 5 听汽水，包括 4 听可乐，老年女性的骨密度会降低 4%。塔夫茨大学老龄化中心人类营养研究所、妇女骨质疏松研究者建议，女性尽量不要喝碳酸饮料。

**（6）不要太瘦**

理想的体重指数约为 24。体重指数 BMI 的计算方法为：体重（公斤）除以身高（米）的平方。英国女性平均身高为 5 英尺 4 英寸（1.62 米），对于这个身高的女性而言，其正常体重应该是 140 磅（63.5 公斤）。如果低于这个体重，就会影响生育。例如体重指数小于 18.5 的女性怀孕的概率会更小。此外体重指数小于 19 的女性更易患骨质疏松症。

**（7）避免使用激素替代治疗**

虽然激素替代疗法可以防止心脏病、骨质疏松、溃疡和肠癌等疾病，但现在越来越多的证据表明，雌激素和孕激素的升高会增加乳腺癌的风险。仅仅使用雌激素替代疗法可增加宫颈癌的风险，单独使用孕激素替代疗法会增加卵巢癌几率。

**（8）不吸烟**

吸烟女性患病几率比不吸烟女性高出两倍。烟碱堆积在子宫黏液中，会降低身体对人乳头瘤病毒的抵抗能力，从而大大增加患宫颈癌的风险。

此外，吸烟还会破坏人体的免疫系统。因此，美国专家呼吁：不要吸烟，特别是女性。

### （9）想要孩子要多晒太阳

英国妇产科专家研究认为，很多女性之所以出现不排卵现象，是因为缺乏维生素 D。孕产顾问分析认为，有 50% 的英国女性缺乏维生素 D，其中 12% 的人没有固定的排卵期。为此，耶鲁大学的专家让排卵期不规则的女性通过晒太阳来补充维生素 D，结果显示，她们的排卵周期有了明显改善。因此专家建议，想要孩子的女性，要保证每天晒 20 分钟太阳，就能获得足够的维生素 D 了。

### （10）当心你的处方药

有些处方药可能使你的皮肤对阳光更敏感，从而引发皮肤问题。这些处方药包括抗生素、胆固醇类药物、避孕药、抗炎药、治疗痤疮的药以及治疗高血压和糖尿病的药物等。如果你正在服用它们，出门时一定要格外注意防晒。

### （11）多吃香蕉

精神卫生基金会一项调查显示，1/4 的中年女性正经历着抑郁和焦虑。抑郁的发生，通常是因为体内缺乏"快乐激素"，即缺乏复合胺造成的。而复合胺的缺乏是因为摄入氨基酸、色氨酸的摄入不足，人体无法合成这种氨基酸，只能通过食物来摄取。《复合胺的秘密》一书的作者卡洛琳罗蒙博士指出，补充色氨酸要多吃火鸡、乳酪、李子和香蕉等。因此专家建议，女性最好一周吃 4 ~ 11 根香蕉。

### （12）少饮酒

女性每天喝一杯酒，患乳腺癌的几率就从 9.5% 升至 10.6%。此外，喝酒也可能引发其他癌症。目前，专家还没有明确给出饮酒量的安全范围，但他们建议，尽量不喝或少喝。

### （13）30 岁前完成生育

研究发现，女性在 20 岁至 30 岁之间生孩子，乳腺癌发病率会降低 7%。英国乳腺癌研究会称，母乳喂养 12 个月，乳腺癌等疾病发病率将降低 4.3%。这是因为，怀孕和哺乳可以降低雌激素水平，也意味着降低了癌症风险。同时，胆囊疾病的发病率也会降低 7%。瑞典一项最新研究也发现，母乳喂养超过 13 个月，女性患风湿性关节炎的风险会减半。

### （14）坚持负重训练

英国脊椎指压疗法协会称，一生当中，70% 的女性都会遭遇背痛。如果你正经历着疼痛，最好的缓解方法就是多做哑铃和杠铃运动。美国专家建议，背痛的女性至少要坚持做 16 周的负重运动，其中 12% 的时间要做有氧运动，也能帮你缓解背痛。

### （15）当心胃部赘肉

臃肿的胃部不仅难看，而且暗藏健康隐患，有 10% 的人遭受着肠易激综合征。更需要警惕的是，它往往是卵巢癌的征兆，并且 70% – 75% 的可能性是癌症已经转移到腹部了。如果胃部赘肉明显且持续腹胀，必须及时就医。

### （16）一年 200 次性生活

哥伦比亚大学心脏病专家认为，如果女性一年当中能有 200 次性高潮，那么她的生理年龄就会年轻 6 岁。性生活的频率与整体健康状态相关，能够让人从中获得更多的健康益处。

"睡美人"虽是一个虚构的童话故事，但从现代人看来，美丽公主深沉不间断的睡眠品质，着实令许多人羡慕不已。根据全球睡眠品质调查显示，现代人的平均睡眠时间越来越少，睡眠质量与逐年上升的工作时数正好成反比。•••••••••••••••

# 做个健康睡美人

美国杜克大学负责此项研究的爱德华·苏亚雷斯博士在接受智利《三

点钟报》采访时表示，睡眠不足会加重心理焦虑症状，提高患心脑血管疾病和Ⅱ型糖尿病的风险，而在相同情况下，睡眠不足对女性的影响更大。

**（1）睡眠的重要性**

睡眠是生命必需的过程，是一种生物节律，约占人一生中的三分之一时间。人的大脑需要睡眠，但在清醒状态下得不到任何休息。神经元和相关组织恢复重建和再生需要机体的休息，只有睡眠状态能提供这种休息。人如果丧失睡眠，行为就会发生改变；没有睡眠，我们无法在地球上生活下去。

**（2）现代女性失眠的原因**

①精神压力大、思考过度、情绪兴奋。

②滥用安眠药或兴奋药。

③睡前饮用浓茶、咖啡或兴奋性饮料。

④睡眠环境差。

⑤有神经衰弱及神经官能症的人。

⑥器质性疾病，如颈椎病、腰痛等。

**（3）走出睡眠误区**

①认为每天睡足8小时，才算睡得好

睡眠最忌有心理负担，如果认为每天必须8小时，唯恐自己睡不够影响身体，造成精神紧张以至于恶性循环。其实睡眠和吃饭一样，不是每个人饭量都一样，只要没有严重的睡眠不足感，哪怕只睡5小时，也是正常的。

②午餐后应趴在桌上打个盹

中午不休息的人，常会趴在桌上打个盹。但这种姿势会使横膈膜下降而压迫胃，此时胃正积极消化刚摄取的养分，睡觉会使肠道的蠕动减弱，新陈代谢减慢，易产生胀气，导致消化不良。正确的做法是饭前小睡20分钟，或是出去透透气，做一些伸展运动。

③把昨晚的觉补回来

由于昨晚两点才睡，所以今天白天在家大睡，把觉补回来，这个观念是完全错误的。睡眠由大脑中的松果体控制，这使得我们的睡眠有周期性和习惯性。补觉的睡眠质量是低劣的，即使睡得再多，起来后也会觉得昏昏沉沉，四肢无力。如果每一天的睡眠长度大体一致，即使睡得少，也没有疲劳感。所以即使没有睡好，也要按时起床，通过运动和饮食来缓解睡眠不足的压力。

④睡前一杯牛奶保证睡得香

很多人都听说过睡前喝牛奶对胃有益的说法，对此有消化科专家却表示了不同看法。专家表示：其实，睡前喝牛奶、果汁对养胃并无益处，特别是对反流性食管炎患者更是大忌。因为牛奶中的蛋白、脂肪和糖分等会引起胃酸分泌，长期如此，在夜间空腹状态下有可能对胃造成损伤，并加重反流症状。

**（4）睡前五不戴**

女性朋友如果忽略了睡眠中的一些细小事情，会对健康不利。就是在睡眠中做到五不戴的了。

一不戴"表"睡觉，手表特别是夜光表有镭辐射，量虽极微，但长时间的积累可导致不良后果。

二不戴"牙"睡觉，一些人睡梦中不慎将假牙吞入食道，假牙的铁钩可能会刺破食道旁的主动脉，引起大出血甚至危及生命。

三不戴"罩"睡觉，每天戴乳罩超过 12 个小时的女人，患乳腺癌的可能性比短时间戴或根本不戴乳罩的人高出 20 倍以上。

四不带"机"睡觉，手机电磁波释放影响人的神经系统和生理功能的紊乱。

五不带"妆"睡觉，带着残妆艳容睡觉，会堵塞肌肤毛孔，造成汗液分泌障碍。

**（5）几种优质睡眠的方法**

①细心安排良好的睡眠环境。为自己安排一个相对稳定、和谐的睡眠环境非常重要。房间色彩不宜太刺激，室内有良好的通风设备。最佳的睡眠温度应为 20 ~ 25 度，寝具可选用透气性好的纯棉制品。

②保持良好的睡姿。医学上倡导正确睡姿是侧卧。右侧卧不会挤压心脏。许多人做噩梦就是因为向左侧造成的。睡眠的方向应是头朝北，使人体与地磁场方向一致。

③有序的睡眠习惯。人的最佳入睡时间是 22 ~ 23 点。此时，人体处于

一天中最低迷的状态。总是晚睡或随意延长、缩短睡眠时间都会造成失眠和神经衰弱。睡前应避免剧烈运动、喝浓茶、咖啡和过量地吸烟。

④每天适量的运动。适量的运动不仅对身体有帮助，对睡眠也有很大的好处。运动能放松紧张的心情，使身心释放，有助于睡眠。理想的运动时间应是早晨，睡前剧烈的运动会刺激交感神经，使精神处于亢奋状态，难以入睡。相反，在睡前做几分钟简单的柔软操，让神经得以平静下来，是有助于睡眠的方法。

⑤吃得好，睡得香。吃和睡是人生的两件大事，吃得好是睡得香的前提。晚餐要以清淡为最高原则。罐头和油炸食品是睡眠的隐形杀手。另外须提醒你的是睡前三小时不要进食。

在奥林匹克运动的故乡古希腊的爱琴海岸山崖上刻着这样的字句：你想变得健康吗？你就跑步吧！你想变得聪明吗？你就跑步吧！你想变得美丽吗？你就跑步吧！这些富有哲理、精辟的警句告诉我们一个朴素的真理：生活源于自然，生命在于运动。• • • • • • • • •

# 制定一个健身计划

写字楼里的 OL 们总是长时间在案头忙碌。用电脑、看文件、商量研究……好静不好动。生命在于运动，老话还得听听，办公室里再忙，仍要坚持为锻炼留点时间，消除疲劳，远离亚健康，预防疾病。

有关专家曾做过一个实验：无论是兔子、夜莺还是乌鸦，如果长期把它们关在笼子里，不让它们出来活动，但给予充足的食物和水，使其打盹睡觉。等到把它们放出来时，兔子刚奔跑几步就栽倒在地上死去；夜莺没有飞多高就坠地而亡；乌鸦还没飞到树枝上就摔下来一命呜呼了。经尸体解剖后发现，它们有的心脏破裂，有的动脉撕开，原因是长期缺乏运动，内脏器官发育不良，不能适应运动时血压升高的需要。

专家们经过实验还证实，人和上述动物一样，其寿命的长短，在一定程度上取决于心脏功能的强弱，取决于肺活量的高低。爱运动的人心脏功能就强，肺活量就高，就能把身体的老化现象降低到最低程度。反之，心跳快的人由于心脏功能弱，排血量相对减少，老化程度就快。

为了拥有身心的健康，不妨制定一个运动健身计划当做礼物送给自己，办张健身卡、报个训练班、找朋友打打球。总之，我们应该用运动给自己减减压。

**（1）加入俱乐部行之有效**

健身，是改变自己精神面貌的有效途径。计划，是指在做一件事情之前对该事情做出合理有效的内容安排和时间安排，以达到高质量、高效率地完成。健康计划亦是如此，在参加健身运动之前，接受健身教练的体质检测，并在此基础上有针对性的为会员制定合理有效的计划，包括每天的运动量、运动项目、运动时间及饮食安排等，这将使你的运动起到最好的效果。

目前，市面上便宜的健身俱乐部的年卡大概是 700～800 元，中档的 2000 元以上，更高消费档次的 6000 元以上。你可以选择价格和距离对自己适合的俱乐部，与专业健身教练接触交流，对你健身计划的执行非常有帮助，你的健康状况会从此得到改善。

**（2）少运动者首选有氧运动**

你如果不准备跟随教练，自己随意自由运动健身的话，那千万不要急于求成，希望立竿见影得到身体健康的改善或减肥的目的。你可以选择简单的一些有氧运动作为健身计划的重点。

如果你是比较少运动的，那么你应该先接触有氧运动，有氧运动对身体的好处远超过其他种类的运动，所以当你想要运动、想要有效率的达到运动效果，有氧运动就是最好的选择。有氧运动让运动者的心脏功能及肌肉更有效率地吸收及运用氧气，并且能帮助燃烧脂肪。

促进健康，有氧运动可以增加活力、舒缓压力、放松心情，让你对自己的一举手一投足更有自信。让心脏更强壮，强健的心脏可以充分把充满氧气的血液送到全身，减少疾病及高血压的发生。燃烧脂肪，燃烧脂肪需要氧气，有氧运动可以帮助身体处于"有氧"状态，可以燃烧体内较多的脂肪。有氧运动的项目很多，包括有氧舞、交谊舞、有氧器械运动、负重徒步、自行车、慢走、登山、高尔夫、慢跑、跳绳、篮球、足球游泳、溜冰等。

### （3）不爱动女性可选瑜伽

对于工作紧张又不爱动的 30 岁以上白领，如果你没有任何运动习惯，建议你加入瑜伽行列。这里有必要提醒的是，练习瑜伽，你最好在入门时跟着专业瑜伽老师学习，这样可避免方法不当受到伤害。瑜伽通过锻炼人体的柔韧性，让人回归到最自然的状态，调节内在的机能。每次在练习时，身体获得舒展的同时，心中的压力也在不断释放。人只有在心境平和、知足的时候，才会对美好的事物更为敏感。

如果你是对事业对工作非常执着的女性，常常感到压力巨大、心烦不已，那么，瑜伽会让你的身体心理状况有个全新的改变。经过一段由内而外、由外及内的锻炼后，你会发现自己变得自信和快乐起来。瑜伽带给人的那份宁静，可以改变人为人处事的观念，不再像以前那样常为不顺眼的人或事心烦，不再总陷于牛角尖中无法自拔。

### （4）随时随地的运动

健身专家建议，如果女性没空到正规健身房健身，日常生活中也有一些随时随地健身的简易方法。

逛街，这个最受女性欢迎的消闲方式，就是一种很好的有氧运动。女性逛街少则一两个小时，多则三四个小时，这样不停地走动可以增加腿部力量，消耗体内大部分热量，达到健身效果。比起在健身房里的枯燥器械训练，逛街让女性在不知不觉中锻炼了身体，还愉悦了心情，是两全其美的健身方法。跳绳，可能会勾起多数成年女性儿时的回忆，她们也许不会想到，这种最熟悉不过的童年娱乐方式，恰恰是女性最有效的健身方式之一。"办公室健身操"，顾名思义就是在办公室做的操，简便实用。一般健身俱乐部里都有健身教练科学制定的健身操，在北京一家奥林匹克健身俱乐部里，健身教练向记者演示了他们推荐的办公室健身操——端坐在椅子上，双脚着地收腹数十次，或者抬起双腿，尽量用双手将身体撑离椅子，再轻轻放下。这种一看就会的健身操让女性在工作间隙轻松健身。

人体是一部复杂的巨大系统，像机器一样，人的各个组织、器官从出生起就在不停地运转着，天长日久，其功能必将随年龄的增长而衰退。更何况人体还与其所处的内、外环境有着密切的联系，比如天气的冷热、衣食的温饱、住行的舒适与否、精神的高度紧张、刺激以及各种危险因素的影响，都会使人体出现不可预料的损伤和疾病。••••••••••••••••••••

# 定期体检，　给健康上保险

女性朋友总是先想着如何照顾好家人的健康，却很少为自己着想。健康检查，即使是健康的女性也需要定期检查，并且随着年龄的增长，检查的项目会逐渐增加。对于某些疾病来说，提早检查就能提早预防，及早发现就会有助于治疗。

### （1）心脏健康检查

为了确保你没有患上心脏病的危险——这可是女性健康的第一大杀手。有数据统计64%的女性死于突然性的心脏病发作，之前没有任何的征兆。

20岁开始要每年进行一次心脏检查，特别是如果你的家庭有高血压病史和先天性心脏病史；如果你45岁及以上，如果你体重超重，如果你吸烟，这项检查就尤为重要。

### （2）雌激素检查

雌激素是一种女性必不可少的生物激素，是一个女人之所以为女人的重要指标，并在很大程度上决定着女人的身体年龄。雌激素水平在30岁左右达到顶峰，而后随着年龄增长开始走下坡路，并在更年期前（约45～50岁左右）迅速下降。因此，30岁以后最好定期检测一下雌激素水平，以判断是否有早衰问题，并进行适当调理。雌激素检查通常是抽血检查。

### （3）性传播疾病检查

并非所有的性传播疾病都是由不检点的性关系导致的。使用公共浴池、马桶以及带病菌的浴巾等也都可能染上性传播疾病。而且，通常来说女性比男性更容易感染性病。专家说，梅毒、淋病、生殖器疱疹以及霉菌性阴道炎、滴虫性阴道炎等都属于性传播疾病。性传播疾病是一种全身性疾病，不仅给我们带来不适，还严重影响女性的孕力。严重的如艾滋病，还会危及生命。性传播疾病的检查方式生殖道抹片及血液检查等。

### （4）乳腺检查

每个成年女性都需每一年或者一年半做一次乳腺检查。完整的检查应包括专业医生的触诊以及乳房超声和钼靶照相（建议从 35 岁以后开始）。可选择每年的固定时间去做。比如某次月经干净后的一周内，在乳房状态最放松的时候。专家提醒：女性从35 岁起应至少做一次钼靶射线检查，并储存起来，作为今后乳房健康的参照资料。而对于那些年龄超过35 岁或者有家族遗传历史的女性来说，每年进行一次专业乳腺照相检查是绝对必要的。

### （5）宫颈抹片 HPV 检查

在宫颈抹片检查流行开来以前，宫颈癌是女性癌症死亡的头号杀手，每年约有 3700 个女性死于此症。而医学发现 HPV 病毒是导致宫颈癌的罪魁祸首，因此 HPV 筛查对于预防宫颈癌意义重大。专家说，此项检查对21 岁以上的女性都很重要。21 岁以下的女性，如果性生活频繁，第一次性交后三年内也需要做子宫颈抹片检查。如果 30 岁以上的女性 HPV 感染检测结果是阴性的，同时细胞液没有发生任何病变，今后3～5 年就无需再做类似检查了。

专家建议有以下情况的女性应每年去做一次宫颈抹片检查：吸烟者，有多个性伙伴者，第一次发生性关系时年龄很小者、患有性传播疾病者。如果宫颈抹片检查呈阳性，则需去做阴道镜等妇科检查，以便确定问题的性质。

据调查数字显示：我国25 岁以上的妇女中，从未做过宫颈抹片检查的人数竟超过了70%，这正是我国宫颈癌死亡率如此之高的原因。因为如果能够及时发现，宫颈癌的治愈率可以达到100%。梅艳芳的英年早逝，让"子宫颈癌"成了最让女性胆战心惊的字眼。那么，您就应该提高警惕，为自己的健康做积极的准备。

### （6）皮肤检查

目前，随着大气污染的加重和臭氧层遭到破坏，各种皮肤疾病的发病率正在上升中。调查显示：皮肤癌的袭击对象虽仍主要是白种人，但环境变化让我们的皮肤变得更容易敏感、水油平衡失常。专家建议从30岁开始（如果日晒时间很长，还要提早些），应每年做一次全面皮肤检查，不仅仅是面部，还包括全身皮肤。对身体上的痣和其他突起应留心观察，出现异常情况要马上咨询皮肤科医生。

### （7）口腔检查

中国是美食大国，也是牙病大国。我国口腔病患病率达97.6%。而最近一次牙本质敏感的临床检查结果则显示，73%的国人为牙本质过敏症患者，其中女性患病率高于男性。专家认为，30岁以后，牙周普遍开始萎缩，部分牙根开始暴露。所有的成年人应每年做一次全面口腔检查。即使没什么问题，至少应做一次专业的牙齿清洁护理。

### （8）听力检测

在所有年龄段中，听力衰退是一个普遍的、长期存在的问题。女人们应该懂得从年轻时起保护好自己的听力，50岁后则更需要这样。调查显示：18~44岁的人群中，有9%的人有听力方面的麻烦；45~64岁的人群中，有14%丧失听力；65岁以上的人群中有超过30%丧失听力。专家发现，随着年龄的增大，听高频声音的能力会逐渐衰退。所以，所有女性都应每年做一次听力检查。

### （9）视力检查

专家认为，18岁以上的成人每隔一年或两年应做一次眼睛检测，直至61岁。对于用眼过度的白领一族来说，定期检查，确保眼睛健康尤其重要。专家说，眼睛检查操作简便，时间成本也很低。当眼睛已出现某些症状时，应遵医嘱勤看眼科大夫。

### （10）血压检测

每五个中国人中就有一个高血压患者。其中31.6%的人不知道自己患有高血压，很少的人知道高血压是一种需要诊疗的疾病。高血压通常没有太明显的症状，有时会表现为：头疼、眩晕、视觉模糊、性欲低或无。如不及时治疗，可加大患心脏病、中风和其他疾病危险。临床发现，在心脏功能衰退的女病人中，每5个就有3个是由于高血压引起的。因此早日检测和治疗高血压可以预防很多其他并发症。

### （11）胆固醇检查

胆固醇是血清检查中的一个重要项目，通过胆固醇检测可以预测一个人冠心病的发病危险有多高。每隔五年，成人应做一次常规的胆固醇检测，包括高密度脂蛋白、低密度脂蛋白、甘油三酸酯指标。而对于那些年龄超过35岁，又有心血管疾病家族遗传史的人，则至少每年检查一次，以了解自己的血液健康状况。

# Women´s war

## 第八章

## 女人为敏感期而战

· · · · · · · · · · · · · · · · · · · · · · · · ·

有人曾比喻女性拥有两座花园：

表象花园——脸,秘密花园——私处。

女性渴望花园……

虽然给我们带来月经这样的烦恼,

但月经却行使着许多重要功能,

让女人更女人、更青春……

· · · · · · · · · · · · · · · · · · · · · · · · ·

# 女人的战争
## *Women's war*

　　每次月经来的前几天，有些女人会变得情绪不稳、焦虑紧张、胸部肿胀、头痛、睡不好，注意力也没办法集中。可是月经来潮，这些症状就消失无踪了，这就是PMS（经前综合症），也是专属女人的情绪指标。

# 好情绪与 "好朋友" 和平共处

　　有时候很难说清经期和经前期到底哪个更令人头痛——经期带来的是腹痛、经血等生理痛苦，而经前期带来的更多是暴躁、忧郁等心理折磨。根据美国妇产医科大学的调查，全世界绝大多数的妇女（85%左右）曾或多或少地遭受过经前期综合症（PMS）的打击。

　　PMS一般会在女性排卵期到经期第一天之间的这段日子里"大驾光临"，而且发病很不规律。病症也许只持续一两天，也许会长达一礼拜。通常，20岁至30岁的女性是病发的高峰人群，在这个年龄段，不光发病的几率最大，而且病情恶化的几率也相对最大。

　　遗憾的是，对于这样一种最常见的妇科疾病，医学上至今还没有有效的治疗手段，甚至专家还不能给出一个关于它的成因的准确论断。以前，医学专家们普遍认为人体内荷尔蒙的含量高低是导致PMS的罪魁祸首。现在，有研究表明，人脑中有一种复合胺物质，能控制人的情绪、食欲等。随着它在人体内含量的起伏，人就会产生相应的情绪上的变化。而新的妇科理论认为这种复合胺，才是导致PMS的"真凶"。

　　其实我们没有必要去关心这种病的成因，也不必因为弄不清病因而无端忍受这些折磨，就让我们为你剖析如何应对这一月一次的精神极限大挑战吧。

### 我胖得连我最肥的牛仔裤都穿不下了！

　　没错，这并不是危言耸听，发胖正是PMS最常见的一种症状。在经期前一周内，人体"蓄水"的能力会大大增加，你甚至会增加 5 斤体重！

祛病妙法：难以容忍体重地增加吗？最佳对策就是——尽可能地降低身体内的盐分。也就是说，像什么薯片、熟肉制品、罐装食品，还是少吃为妙。每天保证八大杯水也是个有效的"减肥"秘方。还有研究表明，每天摄取 200 毫克的镁元素，也可以有效地缓解这种"虚胖"情况的产生。再有就是锻炼，每天坚持 30 分钟的连续有氧锻炼，同样奏效。

**我怒火中烧！**

情绪的失控，暴躁易怒，就像是 PMS 的名片一样一目了然。使你从淑女变成"泼妇"的原因正像我们开始时所讨论的那样——体内复合胺的含量比例失调。

祛病妙法：酒精和咖啡因可以直接促使复合胺含量波动，导致你的大脑"短路"，因此要严防这两种物质的摄入。每天 1200 毫克的钙摄入和坚持锻炼，都是防止情绪波动，保持正常精神状态的好方法。

另外有调查研究结果证明，患有 PMS 的女性呼吸比较短浅，这种呼吸方式会增加人体血液内二氧化碳的含量。而相应的，人体器官正常活动所必需的氧气含量减少，在这种情况下，人很容易产生焦躁情绪。因此，每天无论工作如何繁忙，也不要忘记每隔几小时做五分钟的深呼吸。这样不但可以保证你的淑女形象不会因为 PMS 而遭到破坏，还可以提高工作效率呢！

**我的胸部变得非常敏感，连上下台阶的颤抖都令我觉得疼痛难忍！**

如前面所提到的，腹部并不是在经前期唯一会肿胀的身体部位，你的乳房同样会肿胀，因而变得对外界的压力格外敏感。不过这并不是你一个人的专利，大约有 10% 的女性都曾经历过较为明显甚至剧烈的经前期乳房胀痛。

祛病妙法：一般来讲服用一些非处方类的止痛药就可以起到很好的镇痛效果，比如阿司匹林等。除了服用药物，你还必须停止对咖啡因的摄取。咖啡、红茶、苏打饮料，以及巧克力，在这段时期内都属于"违禁物品"。有些医学专家建议，每天定量摄取维他命 E（400IU），可以降低乳房的敏感度。

在穿衣着装方面也要注意，建议戴有金属托架作为支撑保护的胸罩，从而避免乳房遭受剧烈地震荡。另外，如果乳房肿胀得很厉害，最好买件比平时穿的罩杯大一号的内衣，以备"非常时期"的不时之需。

**我饿坏了，我极度渴望吃大量的甜食！**

暴饮暴食通常发生在经前期，可以作为一些女性经期来临的一个重要标志。患有 PMS 的女性在经前期往往会食量大增，她们甚至能将厨房里、冰箱里所有能看到的食物统统"打扫"干净。是什么使她们的胃变成无底洞的呢？归根到底还是复合胺。当人体内复合胺缺乏的时候，人就会对能够促进它生成的食物——尤其是甜食——产生极大的兴趣。

祛病妙法：适当地屈服于进食的欲望是对身体有益的。在这个时期，女性体内一些激素的含量激增，导致人体热量的消耗要比平时大一些——大约每天多燃烧 100 至 300 卡路里。所以，如果你有很好的自制力，就可以尝试着略微放纵一下。但是决不能过分——你可以吃掉一支冰淇淋，而不是吃掉一整盒！还是无法克制咀嚼食物的冲动吗？那你只好试着转移自己的注意力了，给朋友打电话，上网聊天，总之让自己忙起来别闲着，就会感觉好多了。

**多愁善感的我经常为了一点小事哭得死去活来！**

"泪人"一般"出生"于经期前的一到两天。目前医学界对这种情况的成因解释为由于人体内复合胺和雌性激素的含量过低所致。

祛病妙法：毕竟这种悲哀情绪只是暂时的，尽量放松心情吧，等荷尔蒙失调的阶段过去后，一切都会风平浪静的。除此之外，医学家普遍认为让自己哭出来并不是一件坏事，它是缓解压力、调节人体激素含量的有效物理手段。所以在这段时期内一旦碰到什么烦心事，不要强行压抑自己，把一切都明朗化、表面化，更加有利于身心的健康。但是如果你的眼泪总是过于"汹涌澎湃"，就应该咨询一下医生了。

**我浑身没劲，下不了床！**

当人体内复合胺的含量急剧变化的时候，我们的今日主角再次显示了它的强大能力（这家伙可真够烦人的）——令人手足无力，行动迟缓。这种症状通常发生在经期前一天或第一天的清晨。另外，孕酮是一种天然的具有舒缓肌肉作用的激素，当人体内它的含量急剧增加的话，也可导致类似的情况发生。

祛病妙法：避免晚餐过量进食，以及酒精的摄入，否则这些都会严重影响你的休息和睡眠。有意识地早睡一个小时，也就是延长一小时的睡眠，也许灾难就不会发生了。如果这些都不奏效，你还是一觉醒来觉得无法动弹，试着有节奏地轻击自己的下腹部，并口服 50 至 100 毫克的维他命 B6 药片，这些手段可以帮助你恢复能量和精神。

除此之外，为了避免 PMS 的这种病症再次发作，你不妨试试平日养成"少食多餐"的饮食习惯。多吃些碳酸盐含量较高、单糖含量较低的食物，例如既营养又美味的全麦面包加花生酱，以保证你血糖的稳定和精力的旺盛。

月经，对于成熟女性一般没有什么不适。但少数女性除可出现心烦、失眠、水肿、腰痛等一般反应外，还可发生一系列"怪病"。・・・・・・・・・・・・

# 学会自治经期　"怪病"

### （1）经前期牙痛

有的人在月经前一两周内，吃凉拌菜或喝冷饮时，便会发生瞬间剧烈牙痛，顷刻即止。这是因为在月经周期前，牙髓和牙周黏膜血管因生理影响而扩张充血，当牙本质受到冷的刺激后则发生阵痛。此病并非牙部疾患，故无须治疗。

虽然月经期容易牙痛，但一定要注意的是：女性拔牙应避开月经期！

### （2）经期头痛

现代医学研究证明，在月经期间，女性体内雌激素与孕酮分泌失调是经期头痛的根本原因。口服麦角胺咖啡因、谷维素或服用元胡止痛片、加味逍遥丸均有一定疗效。

### （3）月经疹

每逢月经来潮前 2 ~ 3 天皮肤瘙痒，出现疱疹、红斑或发生紫癜等。皮疹多发生于颜面、胸前、后背及四肢等部位，随着月经结束，皮疹和瘙痒症状便不治而愈。对月经疹较重、影响睡眠者，可口服克敏能、塞更啶、扑尔敏等脱敏药。

### （4）经期口唇疱疹

这与经期机体抵抗力降低、体内潜伏的疱疹病毒活动有关。常在经前 1 ~ 2 天至行经 2 ~ 3 天内发生，以口唇多见，亦见于眼睑、鼻孔边缘、阴唇边缘，可用桑树汁涂擦，不要搔抓，以免引起继发性感染。

### （5）经前鼻塞

月经出现鼻塞症状。究其缘由，是鼻黏膜上皮与女性生殖器官之间存在着生理方面的联系。卵巢激素的变化可使鼻黏膜发生充血、肿胀和渗液，从而导致鼻塞。症状较重者可用鼻通或滴鼻净点鼻，每日 3 ~ 5 次。

### （6）经期咯血

有的妇女在行经前 3 ~ 4 天或经期发生咯血，待月经干净后即不治而愈。现代医学研究证明，经期咯血是因体内雌激素显著变化而引起支气管充血，渗透性增加的缘故。故治疗月经病，可在医生指导下肌注黄体酮。

### （7）月经期心律失常

早搏、心动过速、心动过缓、阵发性室上性心动过速多见。发病时注意多休息，适当服用镇静药。

大约60%的女性需要每月忍受痛经之痛，从轻微的不适，有时严重到身体里一场地动山摇。······

# 痛经——不能一忍了之

"痛经忍一忍就过去了！"目前有不少女性认为痛经不是什么病，常抱着挺一挺就好的心态。而事实上，这种想法是很不明智。

痛经很有可能是患上慢性盆腔炎、子宫内膜异位等疾病的报警信号，甚至有一部分人因此而不孕。所以，一旦女性有持续痛经难忍的情况，一定要到医院进行检查，不能掉以轻心！

**（1）痛经不治会导致不孕**

正读大学三年级的孙俪，早在中学时期就有痛经症状。她听别人说，结婚后痛经就会消失，所以她一直没把痛经当回事。可是，上个月因为实在痛得难以忍受，就到妇科去检查，这时她才知道她是患了子宫内膜异位症，此病若不积极治疗日后会影响怀孕。

子宫内膜异位症，顾名思义为子宫内膜组织生长在子宫腔以外（不包括子宫肌层）其他部位所引起的一种病变。本病的临床症状呈周期性发作，痛经为最常见的临床特征，多呈进行性加剧疼痛等于经前1~2天开始，经期第一天最为严重，经血干净后逐渐缓解以至消失。其次为月经失调，常表现为经量增多，经期延长，或周期紊乱。子宫内膜异位在盆腔内常引起生殖器官粘连和输卵管阻塞不通，从而导致不孕症，不孕的发病率高约75%，另外，由于异位的部位不同，还会出现性交痛、肠道症状及泌尿道症状。

**（2）科学护理缓解疼痛**

除了继发性疾病引起的痛经外，多数人的痛经都是原发性的。即女性在经期或行经期前后发生的下腹部疼痛，常伴随有恶心、呕吐、腹泻等，严重的可出现面色苍白、手脚冰冷、冷汗淋漓等症状，并伴随月经周期反复发作，痛经多见未婚或未孕的女性，往往生育后就会减轻或消失。

### （3）原发性痛经护理方法

从饮食及营养方面着手改善，若经痛以腰脚酸痛、腹部抽痛、乳房胀、抽痛为主，平日应摄食富含维生素的食物；月经来时下腹子宫卵巢部位疼痛的人，则建议多摄取富含维生素 C、维生素 E 的食物，如黄绿色蔬菜、柳丁、柠檬、核桃、杏仁、小麦胚芽等。

至于经期整个腹部均痛者，平日尤应注意饮食及营养，少吃生、冷、油腻的食物，可以维生素 B 群、酸乳酪等调理肠胃。因贫血而引起经痛的人，月经来时多有头痛或兼耳鸣、腹痛绵绵的症状，不妨多补充铁剂、深绿色蔬菜，或偶尔喝一些白兰地酒，经痛的情形可以逐渐改善。

消除对月经的紧张、恐惧心理，解除思想顾虑，心情要愉快。可以适当参加劳动和运动，但要注意休息。

平时要加强体育锻炼，尤其是体质虚弱者。还应注意改善营养状态，并要积极治疗慢性疾病。

疼痛发作时可对症处理，口服去痛片，也可服用阿托品片及安定片，都可缓解疼痛。另外，喝一些热的红糖姜水也会收到良好效果。

现代女性因学业、上班等没太多时间去细心照料这段特别的日子，加上现代人的营养不于匮乏，似乎"吃补"之谈有些多余，但遵循古法要看自己的体质如何。虽然不用刻意"吃补"，但却需要适度的照顾。

# 健康饮食， 轻松度过经期

女人要是想永葆青春的话，就得想法保住渐渐减少乃至消失的雌激素，月经停止得越晚越好。

雌激素赋予女人第二性征，比如乳房的丰满，月经按时来潮等等。也就是说，雌激素可以使皮肤中的水分保持一定含量，使皮肤看上去柔嫩、细腻。所谓更年期，就是雌激素的分泌量渐渐减少，到月经终止时降到最低，这个时候大约是女性 50 岁左右，此时的女性完全失去了生育功能。

事实上，从 45 岁开始，女人就进入了更年前期，卵巢机能逐渐下降，雌激素分泌减少，皮肤的含水量也随之递减，皱纹慢慢出现，皮肤失去以往光泽和弹性。在 50 岁之前，与男性相比，女性患心脑血管疾病的机会要少，这是因为雌激素的存在维护了血管的柔软，她们的血管不易硬化，但雌激素消失之后，女性患这类疾病的机会就增加了，同时，骨质疏松开始出现，妇女大多数的腰背痛是因为骨质疏松所致。

更年期来临前后，还有一点最常见的变化是脸面一阵阵轰热潮红，情绪激动，不能控制，种种这些都是卵巢分泌雌激素减少的缘故。这个时候，补充雌激素是当务之急。人为的补充雌激素可能诱发一些癌症。比如乳腺癌和子宫内膜癌等。西方医学的先父希波克拉底说：人类离自然越远离疾病就越近，离自然越近离健康也就越近。他的这一古训已经体现在现代人回归自然的健康准则之中。具体到延缓衰老，雌激素的补充完全可以融化在日常的生活当中。

**（1）服用或涂抹新鲜的蜂王浆**

在蜜蜂中，吃蜂王浆长大的蜜蜂就是蜂王，它的一生都在产卵，而如此巨大的消耗之下，它的寿命却是一般蜜蜂的几十倍，现在发现，因为蜂王吃的是工蜂上腭腺分泌出的王浆。进入更年前期的妇女应该每天服用 10 克左右的蜂王浆，来补充雌激素；在国外治疗更年期综合症时，用蜂王浆涂抹的大腿内侧，一个疗程后潮红轰热渐渐消失。因为蜂王浆有保水的作用，所以不妨在成分简单的护肤品中每天加入黄豆大小的蜂王浆，拍打涂抹在脸上，不仅补充了雌激素，还起到了驻颜的作用。

**（2）每天保证一杯浓豆浆**

专家建议，妇女应该从年轻时起就特别重视大豆类食物的补充。进入 30 岁之后，每天应保证一杯浓豆浆或是一块豆腐的量，因为大豆对雌激素的补充不可能即刻体现出来，所以，大豆的补充应及早开始。

**（3）补充雌激素的自制饮品**

当更年期的前期症状，比如轻微的潮红已经渐渐出现时，仅靠大豆就无效了，这个时期，用当归煎水，每天 10 克左右，当茶一样饮用，可以明显地改变雌激素减少带来的症状。当归，一直是中医治疗各种妇科疾病的"圣"药。另外一种用山楂、蒲公英和生姜泡茶，在进入 40 岁时就开始饮用，当成每天必喝的茶，循序渐进，自然地补充渐渐减少的雌激素。

**（4）炒莴苣容光焕发**

原料：莴苣 500 克，精盐、酱油、葱花、花生油各适量。

制法：1. 将莴苣削去皮，洗净，切成长薄片，下沸水锅中炸一下，捞出，捞去水分。2. 锅内放花生油烧热，放葱花煸香，放入莴苣煸炒，加酱油、精盐炒至莴苣入味即可出锅装盘。

特点：清淡、鲜嫩、酥脆。

功效：莴苣含钙、磷、铁较多，还含有多种维生素，特别是含有丰富的维生素 E。此菜有减缓人体衰老、防止皮肤色素沉着的作用，从而延缓老年斑的出现，促进末端血管的血液循环，使皮肤滋润健康，尤其是面部皮肤润滑，起到良好的健美效果。

**（5）白木耳是润肤佳品**

人年纪大了，皮肤会产生皱纹，失去了年轻时的光泽。为什么？原因很多，其中很重要的一点是皮肤下层的胶质失去弹性。

整容医生利用胶质外物植入皮下，拉平皱纹，固然不失为一个好办法，但是利用食物延长皮下胶质的寿命，或增加皮下胶质，才是更好的办法。白木耳就是有这种作用的食物。

白木耳富有天然植物性胶质，加上它的滋阴作用，长期服用是良好的润肤佳品。并且其价格不高，烹调方法多种，适合长期服用。

白木耳一般可以加冰糖炖吃，或加红枣煲汤喝。

**（6）莲子美容羹**

原料：莲子 30 克、茨实 30 克、薏仁米 50 克、桂圆肉 10 克、蜂蜜适量。

制作：先将莲子、茨实、薏仁米用清水浸泡 30 分钟，再将桂圆肉一同放入锅内，用文火煮至烂熟加蜂蜜调味食用。

功效：桂圆肉大补元气，莲子补脾养胃，薏仁米、茨实为健脾利水之品。

现代药理研究茨实中含有美容必须的维生素 A、C、B，蜂蜜中含有胶原蛋白和酶类等物质，可刺激皮肤细胞的生长，促进新陈代谢。

另外，用桂圆肉 10 余粒，加枸杞泡茶饮，效果也不错。

### （7）延缓皮肤衰老的食物

高蛋白类食物，如瘦肉、蛋类、鱼类、牛奶、大豆制品等。

蛋白质是人体的必须营养素之一，经常食用，可促进皮下肌肉的生长，使皮下肌肉丰满而富有弹性，对防止皮肤松弛、推迟衰老有很好的作用。

富含大分子胶体蛋白的食物，如猪蹄、猪皮等。食物中的大分子胶体蛋白可以使组织细胞变得柔软湿润。

富含维生素 E 的食物，如植物油中的芝麻油、麦胚油、花生油，莴苣叶，另外如奶油、鱼肝油中含量也较多。这类食物中的维生素 E 可以防止皮下脂肪氧化，增强组织细胞的活力，能使皮肤光滑而有弹性。

富含维生素和矿物质的食物，如萝卜、西红柿、大白菜、芹菜等绿叶蔬菜，以及苹果、柑桔、西瓜、大枣等。这些食物中的维生素和矿物质，可增强皮肤的弹性、柔韧性和色泽，对防止皮肤干裂粗糙有很好的作用。

### （8）营养之道

摄入充足的蛋白质：女性通过补充蛋白质，能满足组织更新的需要，还可从内而外调理身体机能；爱好运动的女士则可以通过补充蛋白质改善肌肉劳损，促进组织更新。足量优质的蛋白质对维持年长女士正常的免疫力也很重要。

摄入铁、钙等矿物质：铁质对于女性而言非常重要，铁是合成血红蛋白的重要原料，对于预防缺铁性贫血及保证孕期内胎儿正常发育都是不可缺少的。而钙质，对于孕妇、哺乳期妇女及年长女士而言都属于需求较多的营养素，如果钙质长期摄入量不足，不仅会使骨骼与牙齿受到损害，还可能增加患高血压的几率。

摄入充足的维生素：维生素对女士保持健康和美丽有很重要的作用。

例如，维生素 C、E 是有效的抗氧化剂，有助身体抵御自由基的侵害，延缓衰老，亦有助肌肤保持健康弹性的功效。

摄入充足膳食纤维：膳食纤维有助于促进肠胃蠕动，因而缩短排便时间和增加排便频率，从而改善便秘并加快排出体内毒素。另外，摄入膳食纤维，可增加胞腹感，有助控制体重。

月经期女性体质较弱，过冷过热的刺激，以及外界细菌入侵都易影响正常的行经。•••••••••

# 女性经期禁忌

大家都知道，女性每月都有那么几天得面临种种"不要"。然而妇科专家从专业角度出发，又罗列出更多容易被忽略的"不要"：经期停吃活血化淤药、经期腰酸背疼别按摩、经期不要长时间高声唱 K……因为此阶段女性激素水平波动大、身体抵抗力处于较低状态，各组织器官的机能都可能受到影响，所以女性朋友有必要多掌握一些医学常识，更多关爱自己。妇科专家提醒，此时，上至喉咙、牙齿，中至腰部，下至足底，都有值得注意和避忌的事项。

女性月经期饮酒较平时更易醉，且酒精对肝脏的负担也会进一步加重。此外，喝酒会加快人体血液循环，从而诱发月经量增多，饮冰镇啤酒等还可能引起痛经。

月经期别做五件事：

**（1）别用活血化淤药**

后果：会增加经血流量，引发贫血。

"一般来说，补血保健品、活血化淤类药物都应在月经期停用，但很多女性不懂，结果发现自己月经量突然增多，严重者甚至引发重度贫血或经期大出血。"陈志辽表示，在月经期使用补血、活血药物，一方面会增加经血的流量，从而引起不必要的经血过多，另一方面经期出血也可能影响药物的疗效。

他介绍，补血保健品以口服液为主，而活血化淤药物则分外敷和内服两种，尤以中药为主。"很多活血化淤的中成药同时具有抗凝、抗栓效果，使用后会扩张血管、加速血液流动，会进一步造成经血流失过度。西药中也有不少扩张血管的药，像阿司匹林等都可能引发经期大量出血。"他提醒。

**（2）别按摩捶腰**

后果：或导致经血过多，经期延长。

月经期间很多女性都会感觉比平时更容易疲劳，全身酸胀乏力，所以不少人会去做按摩。对此，陈志辽指出，其实女性在月经期间，最好避开腰部、足部按摩。"足部按摩的作用主要是保障气血运行、疏通经络，从而促进人体正常生理功能运转。而此举和活血化淤药殊途同归，同样可能进一步导致女性月经量的增加。"他说。

此外，还有不少女性则会在经期出现严重的腰酸背疼现象，可能选择他人按摩或是自己捶打的方式来舒缓腰部疲劳、酸胀感。陈志辽表示，女性在月经期出现腰酸现象非常正常，是由于盆腔充血所引起，此时盲目大力按摩或捶打腰部，会导致盆腔充血更加严重，反而会使腰酸背疼现象加剧。

"此外，此时按摩还可能引发皮下出血、且不利于子宫内膜剥落后的修复，方法不得当甚至可能出现经期延长等情况。"专家表示，此阶段女性总体的生理疲劳状态很可能由缺钙所引起，正确的做法应该是女性在经期多吃一些含高钙的食物，以补充失血带走铁和钙。

**（3）别大声唱 K**

后果：声带受伤。

"月经期不但盆腔充血，而且喉部声带毛细血管以及鼻咽部黏膜也会产生一定程度的充血和水肿，如果此时间内发声、唱歌方式不正确，女性有可能遭遇喉部毛细血管破裂，结果造成短暂'失声'。"

专家表示，女性不用太过紧张，在绝大部分情况下，正常嗓音唱 K、说话都应该问题不大，但如果长时间飙高音、挑战高声域歌曲，则可能造成声带受伤。

专家建议，如果女性在月经期间要参加 K 歌活动或是演讲，应该注意以下几点：注意保护嗓子，发声时间不宜过长、用力不要过大，避免强行吊嗓；如果出现严重的声带嘶哑，应及时到专科就医检查；预防上呼吸道感染，此类疾病会加重对喉部的破坏。

### （4）别饮酒

后果：容易醉酒从而引发肝脏毛病。

有研究认为，女性在月经期间体内激素水平发生较大波动，此时饮酒较平时更易醉，且酒精对肝脏的负担也会进一步加重，所以建议女性朋友月经期间尽量少喝酒。

专家解释，女性此阶段体内分解酶的活动能力处于较低水平，分解消化酒精的能力下降，使得酒精难以快速从血液中排泄出去，而滞留在身体内就会演化成有害物质。为清除这些有害物质，人体肝脏必须不断分解制造出酶，使得负荷比平时加大很多，一不小心就容易引发肝脏毛病。

此外，专家还分析指出，喝酒会加快人体血液循环，从而诱发月经量增多，饮冰镇啤酒等则还可能引起痛经。

### （5）别拔牙

后果：容易大出血和引发感染。

"经期不要拔牙，因为在月经期，女性体内的血小板数目减少，血液凝固性比平时降低。如果此时进行创伤性手术，包括拔牙处理，都可能难以止血，导致出血较平时手术更多、出血时间更长。"陈志辽介绍，据研究发现，月经期间女性的痛觉神经也比平时敏感，而且全身抵抗力较弱，所以月经期拔牙还会感觉疼痛加倍，且感染率大增。

如果在月经期间做拔牙处理，必须面对拔牙完成后口腔内较长时间留有血腥味，从而导致食欲受影响。所以，建议女性一定要避开月经期拔牙。

卫生巾的"卫生"状况，这一核心安全问题正一再被人们忽略。有专家忧虑地提出"卫生巾有时候简直就是女性随身携带的一颗细菌炸弹，随时会引发一场或轻或重的疾病"。· · · · · · · · · · · · ·

# 小心卫生巾成细菌炸弹

卫生巾是大家非常熟悉的女性必需常用品，女人的一生中有大约40年的时间要跟其打交道，因此人们一定要保持卫生巾的卫生、质量。

使用两小时后，每平方厘米表层细菌可达107个。

一个女人，一生中大约需要1.5万个卫生巾。但这小小的贴身之物，一旦使用不当，很可能造成健康隐患。日前，甚至有专家忧虑地提出：卫生巾有时简直是女性随身携带的一枚细菌炸弹，随时会引发一场或轻或重的疾病。

一位世界卫生组织的官员曾表示，全世界有50%的妇科病患者曾使用过不洁的卫生用品。而据权威部门统计，我国现在约有3.4亿妇女处在需要使用卫生巾的年龄段。那么怎样让如此众多的女性在使用卫生巾时避免"细菌炸弹"的"袭击"？女性又该如何呵护自己娇嫩的私处健康呢？

月经期被很多女性称为"非常时期"，处于这一时期的女性抵抗力较差，如果不注意调护，就会引起各种不适。据了解，我国早在1996年的一项统计数据显示，使用不合格的卫生巾，有38%的人患有严重的妇科疾病，73%的女性会在经期感到局部皮肤瘙痒、烧灼、灼痛，80%左右的女性用上不洁的卫生巾后，还会在经期出现高烧、头痛、腹痛等症状。

对此，中华医学会妇产科学分会副主任委员、北京大学妇产科学系名誉主任魏丽惠表示，这是因为，女性盆腔、子宫、宫颈、阴道、体外环境都是相通的，这样的结构使女性的生殖系统容易遭受外界致病物地侵袭。

# 女人的战争
## Women's war

尤其月经期间，生殖器官的抵抗力下降，比平时更加脆弱，如果使用了不合标准的卫生巾，就容易发生感染。另外，经血中有丰富的营养物质，也因此成为细菌大肆滋生的"培养基"。一项实验表明，普通卫生巾连续使用两小时后，表层细菌总数可达每平方厘米 107 个。不仅如此，目前，关于卫生巾的国家质量标准仍不完善，仅仅规定了卫生巾的生产环境和产品卫生质量标准，对生产卫生巾所用的原材料和辅助材料，比如卫生巾的包装塑料袋、袋内的纸质印刷品等，并没有严格的卫生要求。

由于大多女性的使用方法不当，容易造成卫生巾的"二次污染"，让健康受到威胁。

不常更换　一项调查表明，日本女人在月经期间平均每天更换 6 次，而中国女人为 3 次。上海市国际妇婴保健院名誉院长程立南教授对此建议，卫生巾最好每 2~4 小时更换一次。

忽略卫生巾的有效期　一般来说，卫生巾是使用高温消毒的方法达到无菌的，一次性消毒灭菌的有效期毕竟有限，超过期限就没有无菌保障了。

长期放在卫生间里　卫生巾多为非织造布制作，受潮后材料变质，细菌易侵入繁殖。大多数卫生间终日不见阳光，很容易繁衍霉菌，污染卫生巾。因此，拆包后的卫生巾应放在干燥、洁净的环境里，受潮后不应再使用。

一味追求大吸收量的卫生巾　这种卫生巾未必有益健康。长时间不更换卫生巾会增加各种妇科疾病的发病几率。

用卫生巾前不洗手　在使用卫生巾前不洗手，很容易在使用过程中，把手上的病菌带到卫生巾上。

经常使用带有药物或香味的卫生巾　专家表示，药物保健卫生巾一般都宣称有抗菌、抑菌、止痒等功效。虽然，这种卫生巾在一定程度上能对经期女性起到保洁作用，但并不能够杀菌，健康女性没必要用。

针对市面上琳琅满目的卫生巾种类，女性朋友挑选时应注意以下几点：棉质表面的好。干爽网面的纤维质地容易导致过敏。棉质表面对肌肤更有亲和力，渗透性也好一些。不回渗功能很重要。

尤其是夜用卫生巾，渗入的经血不易被挤出，就能减少慢性盆腔炎的发生。卫生棉条要慎用。程立南提醒，棉条使用前，不洁的手会将病菌带入阴道，容易引起阴道壁损伤，加上与经血长时间接触，很难痊愈。

　　更值得重视的是，应该尽可能地避免卫生巾在使用过程中遭受"二次污染"。人的手上带有大量细菌，打开卫生巾时，尽量不要用手接触卫生巾的表面，使用前最好要洗手。经期必须及时更换卫生巾，以免大量的经血成为微生物大量繁殖的"温床"。最好购买独立包装的卫生巾，不让空气中的有害细菌"有机可乘"。

# Women´s war

## 第九章
## 女人为反性骚扰而战

· · · · · · · · · · · · · · · · · · · · · · · · ·

长期以来,由于害怕被人"非议",

很多女性在遭受"性骚扰"时,

往往选择沉默。

而一些勇敢站出来维护自身权益的受害者,

同样面临取证、概念界定等一系列司法难题。

"性骚扰"维权的难点在哪里?

地方立法能否为"性骚扰"撑起绿色保护伞?

社会各界再次把目光聚焦到"性骚扰"这个话题上。

· · · · · · · · · · · · · · · · · · · · · · · · ·

性骚扰是个世界性话题，无论是观念开放的欧美，还是言行较为保守的亚洲，发生在交际中、街道上和办公室内轻重不一的性骚扰在与日俱增。·······

# 性骚扰——无处不在的黑手

对于白领丽人来说，这种危险和威胁更大。任何姣美女子，均要重视与学会一整套应对性骚扰的办法。

**听听形象顾问的忠告：打扮不可"招火"**

欧洲数名形象顾问提出了防止性骚扰的数种着装方法。基本要领：首先要准备宽松的有明显保护功能的外套；佩戴围巾或领带，以"保护"脖颈；充满性诱惑的香水不宜使用；为了美观，少量的化妆是不可缺少的，但不宜太艳。其次要避免穿着黑色的紧身裤，同时避免穿显眼的内衣或透视装；走起路来不可风摆杨柳；长发和直发也是极具性魅力的，也不可过于飘洒。总之，要适当把性征包起来，这是避免性骚扰的重要着装办法。

曾发生这样一件事，某漂亮女子穿着极露极透的上装，搭配超短迷你裙，在街上被人当众强奸，可见保守着装是避免性骚扰的重要策略。有的人认为这种打扮与展示美相矛盾，这就需要把握外表美的度数了，如果不是在婚床、舞台上，你就应注重美在内涵、在高雅、在情操。

如果你的外表美给了你不便，出门难免遭到骚扰，你应作好应对这种卑劣的准备。西方一些国家专为女性设计生产了一系列软性防身器具，比如高压电击手套，不得已时只需对人头部轻轻拍一拍，便可击昏对方；粉尘喷射器，可使对方睁不开眼睛，流鼻涕，打喷嚏；超强光发射器，能让受到照射的人在 30 秒内睁不开眼睛，之后视线要模糊 5 ~ 8 分钟。我国也有不少商家生产类似的防身器具。

**反性骚扰讲究策略：随机应变信如神**

近年来有许多女青年在工作和生活当中，善于利用环境和对方的实际情况，利用各种方法成功地使自己摆脱困境，捍卫了自身人格的尊严，保护了自身的圣洁，值得青春妙龄女性借鉴。

经验一：蒋某是某银行职员，一天接到大学同学钱某的电话，说是有重要商机信息告诉她，请她吃饭，并说明自己住在某某宾馆几号房。钱某是她在大学时谈过的第一位恋人，由于年轻冒失，当时两人在校外租了一间民房，过了两年"夫妻式"的生活。但后来蒋某发现钱某原来是花花公子，在与她同居的同时，竟然还与两名女生发生过性行为，一名竟是她的室友，另一名是低一年级的女生，蒋某便离开了钱某。这次见面，钱某不谈商机，只提出要发生关系，否则便把他们过去发生的一切告诉她丈夫。她爱她的丈夫和4岁的孩子，很珍惜这个温馨的家。蒋某没想到钱某耍弄阴谋，只能以其人之道还治其人之身。蒋说自己的丈夫知道这些隐私，对钱某可能图谋不轨也有准备，她再不回家，丈夫就赶来了。钱某只能放手。

经验二：某大饭店的公关小姐陆莉，一天上晚班时被总经理叫到办公室，询问有关事宜。刚进屋，躲在门后的总经理就拦腰抱住她，同时攥住她的胸脯，她挣脱后想冲出门去，总经理却堵住了出路。陆莉急奔办公桌旁，操起话筒给保安打电话。摁了几个键后，她声色俱厉地警告说："你马上打开房门让我出去，要不我就摁下最后一个号码。"总经理摆了一下手，说："开个玩笑嘛！"突然顺手揿灭房间的灯。正当陆莉不知按下哪个键好时，总经理已经跨了过来，就势将她撂倒在地毯上。挣扎扭打中，借着窗外霓虹的微光，她发现总经理的后边赫然立着一个衣架。瞅准时机，她一脚揣倒衣架，猛地一下衣架重重地砸在总经理的头部，他疼得捂住头部"嗷嗷"乱叫。陆莉趁机跑了出去，其实陆莉不一定要如此吃力挣扎。一般的经理，均重名利，你只要坚决宣称："你若非礼，我必控告，不怕鱼死网破"，99%的流氓会退却。

经验三：兰兰的丈夫是一名军人，夫妻俩常年两地分居，孤独和寂寞常常与她相伴。兰兰和丈夫有一个共同的朋友王强，三人同过学。现在王强做生意，发了不少财。丈夫不在家，王强便不时登门替兰兰干些力气活，有时还给兰兰送些小礼品。趁兰兰孤独和寂寞，生出一丝丝不可告人的念头，不断邀兰兰看电影、进歌舞厅，走夜路时送兰兰回家，还试探性地挽过兰兰的手臂。为了进一步发展，他还将《包法利夫人》、《情场赌徒》之类的书籍借给兰兰看，还有一些"特别的细节描写"下面打波浪线。一天晚上，他来到兰兰家，掏出一盘淫秽光碟塞入 VCD 机。当屏幕上出现不堪目的画面时，便向兰兰挨近，张开臂膀要搂她的肩，企图拥她入怀。兰兰腾地一下站了起来，铁青着脸说："古人说得好，朋友妻不可欺。如果我把今天的事告诉我丈夫，你日后怎么做人?!""别……"王强脸上即刻变成灰色，说："嫂子……真对不起……"便灰溜溜地走了出去。

经验四：余小姐是某公司总经理的秘书，人长得高挑、匀称，模样儿又好，极富时装模特气质。在经理眼里简直就是一朵含苞待放的鲜花，早就垂涎三尺。有一段时间，余小姐注意到总经理与她说话时眼光游移不定，或者盯着别处，她后来明白了，总经理的眼光在瞟着她的胸脯，有时甚至像被磁铁吸住似的。余小姐心里十分气恼，但又不便发作，再次到总经理面前时，她总是抱着文件夹，把胸部挡住。有一次，总经理带她到广州去开会，10 点后回宿舍，总经理赖着不走。余小姐频频看表，总经理装做不懂，最后余小姐干脆站起来，说："我要冲澡了，请您回避一下。一会儿就要停热水了，您是不是也该回去冲个澡?"总经理嬉笑着说："对对，是该冲澡了。我就在你这里冲吧，我很快的，等一会儿你再冲吧。"不等余小姐说话，总经理已经脱光了上身，哼着小曲走进了卫生间。十几分钟后，总经理围着浴巾出来时，惊奇地发现自己的皮箱等物全在余小姐房间。原来他进卫生间后，余小姐已经招呼服务员把她和总经理的房间对调了。自此以来，总经理对余小姐十分敬重，再没敢打她的主意。

经验五：元月的一天深夜 11 时许，某发廊来了 3 名喷着酒气的年轻人。当时发廊已关门，老板娘张某和打工妹宾某正准备入睡，听见敲门声，张某便问他们这么晚来干什么。王某等人嬉皮笑脸他说："想找你玩玩。"说着便挤进屋内对张某和宾某动手动脚。张某不忍屈辱，拿起门后的垃圾桶及扫帚连打带赶，想将王某等人赶走，另两名觉得没意思，知趣地溜了。但王某却不甘罢休，死皮赖脸地在屋内缠住张某，讲一些不堪入耳的下流话来挑逗，强行拥抱和接吻，并将张某压在床上。宾某过来帮架被王某在小腹上狠狠地蹦了一脚，捂着肚子直喊疼。张某压抑着怒火，知道力拼是敌不过的，便做出软下来的神情，轻声说："你既然非得做那事，我就答应你，其实我一个发廊女能够和你好是我一辈子的福分。"王某一下子也便放松下来，说："跟你搞是抬举你，知道就好。"伸手要解张某的衣服。张某说："既然答应了你就别性急，总得让我洗个澡吧，我们总不能让人看着做吧，那同畜生还有什么差别。"于是叫宾某出来，王某来不及细想，便一把将宾某推出门外，醉意中以为宾某半夜里也耍不出什么花招。于是耐着性子等张某进内间洗澡。大约过了10来分钟，公安警察便到了，将王某铐了起来。原来不远一家小铺经营电话业务，宾某敲开了门，向"110"报了警。

性骚扰在我国还是个新鲜的话题，但问题不少。无论是在熟人之间，还是在陌生人之间，都可能发生。如果处理不当，极有可能一失足成千古恨，比如有的青年女性走向堕落、卖淫，做情妇、犯罪，这些都是从性骚扰防卫失败或失当开始。随着经济的发展，改革开放的深入，性骚扰问题将更为严重，但女青年们只要把握自己，讲究策略，加强防卫，避免和逃脱厄运是总有办法的。

当今社会，网络已成为人们加强与世界的沟通及交流的最便捷、最先进的现代化手段之一。但是，随着网络技术的发展和网民队伍的不断壮大，许多网络负面问题也日益突出，网络性骚扰就是其中之一，并成为令众多网民深感头疼的一大难题。・・・・・・・・・・

# 你被网络性骚扰了吗

一些上网聊天的女孩儿都有过这种体验：当自己兴高采烈地点击鼠标进入某个聊天室时，很快就会有人过来说出这样的一些话："小姐，你漂亮吗？""可以知道你的三围吗？""想不想一夜情？"有的干脆直截了当地说出一些淫秽语言，弄得聊天室内乌烟瘴气。而在俗称 QQ、注册用户已达 8000 万、最高在线人数达 180 万的 OICQ 上，这种情况更是已经见怪不怪。

我国网龄超过一年的女性网民 95％ 都遭受过不同形式的网络性骚扰，男性网民中也有 30％ 遭受过性骚扰。网络性骚扰的猖獗程度已经超过了现实生活中的性骚扰。更重要的是，目前我国上网群体中 30 岁以下的人占了 91％，其中大中学生占了 75％，他们是最容易受到坏习气影响的，尤其是年轻的女孩子，受到不怀好意的成年男子地骚扰和引诱，很容易出现意外，因而网络性骚扰频繁的现状让人担忧。

### （1）发不健康图片占"主流"

在网络上怎么实施性骚扰？尽管多数聊天室只能发送文字，但 QQ 等即时通讯工具具备传送图片功能，不健康图片成了骚扰者的主要"武器"。

调查显示，遭受网络性骚扰的网民中，收到不健康图片的占 70.8％；通过视频收到挑逗性语言或动作的占 48.2％；收到淫秽文字的占 40.9％；淫秽场景和其他的占 10.9％。

另外，从性别上区分，在男性网民中，收到过挑逗性语言或动作的占 45.9％，收到过淫秽文字的占 55.4％，收到过不健康图片的占 68.9％，收到过淫秽场景画面的占 6.8％；女性网民收到过挑逗性语言的占 50.8％，收到过淫秽文字的只有 23.8％，收到过不健康图片的占 73.0％，收到过淫秽场景画面的占 7.9％。

### （2）网聊——言语的直接刺激

网络上的确有性骚扰，每当夜幕降临，网狼们的精神头就开始来了。他们通常要泡了一杯咖啡，或者是沏上一壶酽茶，点上一支烟，便开始悠然上网了，他们常去的地方无非是聊天室、论坛，以及一些婚恋交友网站。他们用灵敏的嗅觉搜索着"MM"们的蛛丝马迹，细心地搜集"MM"们的 E－mail 地址和 OICQ 传呼号。一旦发现目标，或者是觉得有机可乘，他们便会勇敢地扑上去，发起性骚扰。

当然，大多数情况下不是一上来就性骚扰，而是要有一套程序，比如先要"套瓷"，表示好感云云，然后按照程序逐渐推进感情，直至实现在网上进行性骚扰之目的。这个性骚扰的前奏，依网狼的个性而不同，时间或长或短，节奏或快或慢。还有的网狼则比较直率，他们恨不得一上来就要玩真的，他们会写出一些非常肉麻的文字进行挑逗，这种直率型的网狼之所以如此放肆，是由于经验告诉他们，这种直率常常可以取得"MM"的好感，成功地骗取到"MM"的芳心，从而可以解一时精神之饥渴，陶醉在捕猎成功的满足中。男人为什么总是要对女人进行性骚扰呢？这是因为男人潜意识里总是想讨好女人，取悦女人，说好听一些就是爱；而女人潜意识里也确实非常渴望这种男性的性骚扰。这种潜意识的渴望在现实世界里受到了种种限制而受到压抑，只能埋藏在潜意识的底层。而网络打破了这种限制，于是男人女人都暴露出本能。网狼们不辞辛苦挑灯夜战，搜肠刮肚编造情书，目的无非就是一个——要讨好女人。

### （3）黄段子 E-mail

刘小姐在一家广告公司做设计。由于她们公司的3个设计部经常同时做一个case，由客户选择最满意的，而她的设计选中率最高，所以收入相对要高一些。但刘小姐不是特别张扬且相貌平平的女孩儿，所以，当她收到第一封黄色 E-mail 时，实在没想到自己会接二连三被骚扰。有时她一天会收到两三封匿名 E-mail，尽管对方每次都用不同的名字，可手法一看就知道是同一个人干的。起初刘小姐以为是某网虫无聊，可有一天，那人在信中写：你今天穿得很性感，紫色让人想入非非，我真的难以控制我的……刘小姐才开始警觉身边的每一个人。一个月后的一天，刘小姐到另一个设计部看稿子，无意中发现一个平日不多来往的男同事正在收一封电子公文，他用的名字就是曾骚扰她的众多 E-mail 信箱中的一个。刘小姐暗暗留意了片刻，最终证实他就是那个无聊的骚扰者，她猜想他是报复自己常常"撬"了他的活儿。第二天，她把这事告诉总经理，在取得他和其他领导一致同意下，刘小姐把部分黄色 E-mail 打印出来，连同发信者的 E-mail 地址和内容一并贴在公司的公告栏里，并附一封"我已知道你是谁"的申诉信。虽然她没有指名道姓，那人也该好自为之了。同事们并没有笑话她的遭遇，而且纷纷猜测是谁扮演了这样一个不光彩的角色。那人做贼心虚，不久便找了个理由辞职不干了，刘小姐也不想追究他的责任，觉得犯不着再招惹他。所以，他离开的第二天，刘小姐的心情就恢复了平静。

### （4）视频骚扰

视频聊天为我们带来了很多方便与乐趣，但有时会遇到某些恶意视频请求的骚扰，直接打开视频暴露身体器官和敏感部位，没有心理防范的人会被吓一跳。面对丑陋视频，人们通常会采取一关了事或将当事人拉黑名单，但无论如也造成了视觉上的影响和心理上的污辱。

### （5）恶意帖——更大范围的骚扰

一名记者进入全国闻名的某网络聊天室后发现了这样一幅场景：一个取名"一吻倾心"的男子先是说出"请大家注意了：本人经过几个月的'钓鱼'得到以下资料，绝对真实"。然后便反复粘贴出十几个各色各样女子的姓名（网络名）、职业、传呼电话等资料，声称这些女子是一些隐蔽较深的、以纯情为诱饵的不安分女人，还说出什么诸如"希望你们悬崖勒马"、"请广大男同胞节省自己的腰包，不要上当受骗"等冠冕堂皇的话语。记者随即按照此人"提供"的一部电话打过去，接电话的女孩儿先是不解，然后便气愤地反问："你是怎么知道我的电话的？"还没等记者说什么，女孩便严正以告："请以后不要再打我的电话了！"说完便气呼呼地结束了这次通话。记者随后拨通的几个电话也无一例外是对方言语中难以掩饰的敌意。一个脾气大些的女孩儿甚至声色俱厉地大喊："你们是不是吃饱了撑的，有病啊！"言语中既然带上了"你们"，很明显，她接到这样陌生人的电话已经不是第一次了。通过这次特殊的暗访，可以断定"一吻倾心"是一个无聊透顶的网络性骚扰者。他有自己独特的骚扰方式：和女孩聊天后要来对方的电话等资料，然后在某一个他认为适当的时候将这些积累起来的资料在网络上一并公布于众，在女孩儿被骚扰打搅的同时获得某种变态乐趣。

在宁波一家广告公司任业务主管的吕小姐，被人用网络开了一个极为荒唐和恶劣的"玩笑"，性骚扰电话纷至沓来。身心遭受极度伤害的她愤然将作恶者推上被告席。

吕小姐诉称，她从去年9月15日晚开始，连续接到一些电话，有的接通后马上挂断，有的直截了当表示要"做爱"。另有一些电话通过她的男友和同事找到她，表示一些下流意愿，让她感受到极大的污辱。

她打听后发现，他们是根据中华网留言板上的内容来找她的。当吕小姐看到留言内容时差点儿昏倒："我是宁波的，想找一位宁波朋友共度良宵。本人身材好，电话……"经向中华网网管部投诉，黄色留言板于9月17日12时被关闭。

但在此期间，她和男友接到各种骚扰电话一百多个，身心遭受极大伤害，公司业务也因此遭受损失。警方侦查发现，黄色留言是两年前曾与她共事、现在某单位通信部门工作的陈某所为，陈某是9月15日晚上利用单位电脑上网发布的留言。

她与陈某多次交涉，但两个多月里陈某一直没有诚意，她只得诉至法院。被告陈某辩称，上网留言本无恶意，只是觉得好玩儿，事后才知是违法的，他愿意道歉、适当补偿。但陈某认为自己行为尚不足以构成对吕小姐名誉权的侵害，不应承担相应民事侵权责任。法庭没有当庭判决。

和上面那些被骚扰女孩儿不同的是，家住天津的孟女士春节前被居心叵测者贴在了某网站的BBS留言板上。上面写着"天津专业妓女，外地打车报销"之类易引起好色之徒非分之想的话语。自打这条信息贴出后，孟女士家的电话就猛地"火爆"起来。最初一家人莫名其妙，因为有很多电话在孟女士丈夫接的时候会"啪"的一声挂断，而当孟女士和女儿接的时候，对方便说出"要多少钱啊""有什么服务啊"之类的话，气得他们一家饭都吃不好。无奈之下，那些日子来的电话只好不让尚年幼的女儿接听，到晚上全家人睡觉的时候就把电话线拔下来。

面对记者的采访，孟女士表示至今他们一家都想不通究竟是得罪了什么人而引起这场"飞来黄祸"。最终，他们通过某种途径和那家网站取得联系，把信息删除后才将这场特殊"战争"平息。

### （6）黄网——跳动的纷扰

某女士称，自己家的电脑主页不知什么时候被恶意修改了，每次打开IE浏览器都会跳出黄色网站，家里孩子正上初中，特别担心让孩子看到那些色情的内容，把青春期的孩子引上歧路。自己又不太懂得电脑，根本不会修改主页，平时都不敢开机了，电脑放在那不能用，浪费又误事。

有些音频视频的网站往往会跳出来一些色情网站的广告或网页，强迫人们看黄色图片、色情信息，如果网民自己不会基本的电脑常识，就很难解决问题。

所以，网民在上网的时候不要随意点击任何链接，因为有的网站为了赚钱随便链接黄色网站或广告，有的甚至会有病毒，不停地跳出恶意网站。最好自己了解一些电脑常识，便于自己处理一些简单的故障。出现复杂的问题，尽量请技术人员处理，以免造成不便或者信息丢失。

# 女人的战争
## *Women's war*

目前，还没有关于网络性骚扰的权威定义。一般认为，通过网络行为表达出来的语言、黄色作品（含照片）或淫秽场景，为接收人所不愿接受但确实收到的，常常是持续不断地对于性的关注。

虽在法律法规中无规定，但对性骚扰并非无法处理，其行为实质是对他人人身权利的侵犯，具体而言是对人格权的侵犯。对此行为，我国最高人民法院早已作出司法解释，受害人可以要求侵权人赔礼道歉、消除影响、赔偿损失（包括精神损失），公安机关也可根据《治安管理处罚条例》来进行处罚。同时，提醒受害人应该注意保存骚扰内容，查找骚扰者，搜集证据，甚至可以录音、录像，MSN 聊天画面截屏，用法律武器维护合法权益。

性骚扰，不少女性深受其苦其害。该怎样应对性骚扰而又不得罪上司或老板呢？这是很多女性都在寻求的良策。· · · · · · · · · · · · · · · · · · · · · · · ·

# 上司性骚扰， 不能承受的亲

性骚扰这个词是一个外来词汇，在它被引进之前，人们习用"耍流氓"来统称此类行为。尽管至今对性骚扰的界定还有争议，但一般认为，性骚扰是"对异性作出一些与性有关的异常行为及注视，包括语言及身体方面的接触，而这一类言词或行为都会引起对方不快或不为对方接纳"。基于男女两性的生理角色和社会角色，饱受性骚扰之苦的大多是女性。在工作场合，她们受到的性骚扰往往来自上司。

如何对付这些有职有权男性的性骚扰，是女性迫切而共同寻求的答案。树立一种捍卫女性尊严、平等和权利的意识，克服自身的怯懦至为重要。没有这样的思想后盾，当我们面对性骚扰时，往往会退缩甚至屈就，令骚扰者得寸进尺，酿成自身的不幸。有一位30多岁的女性性格内向而胆怯，她的顶头上司曾在办公室用极其下流的言行对她进行性挑逗，她吓得一声不吭，任其肆意。事后，她也不敢控告，内心的恐惧一日甚似一日，到后来终于发展成严重的心理障碍，怕见丈夫以外的任何男人。还有的女性惧怕舆论和自己的亲属，把自己的被骚扰看成一桩不光彩的事，甚至把过错归咎于自身，因而忍气吞声。所以若想成功地抗拒性骚扰，重要的是女性自身心理的坚挺。

在自身的心理优势之下，可以根据自己的条件环境和对方的情况，采用不同的方法，来有效地对付性骚扰，使自己摆脱困境或窘境。

**（1）软性对抗**

回避、暗示、不露痕迹地令对方尴尬和机智地制造脱身机会，都是软性对抗的策略。对那些仅是口头骚扰的上司，你可以绵里藏针地刺他，表示你很鄙视他的这种谈吐，他就有可能收敛。对那些行为不规的上司，在第一次察觉时，就要用口头和身体语言表明你不可侵犯。如果他继续骚扰，你可以暗示如果他不停止，你会张扬他的行为，他应该考虑他的名誉和地位。这种对策一般对有色心没色胆的机关领导和重名利、怕老婆的男人比较有效。所以，为使你的对策成功，你应想法了解对方的性格、家庭等。见机行事是成功地避开性骚扰的方式。如果对方单独邀你，你可以带上朋友赴约，或者安排你的朋友也到某一地点活动，到时你假装是碰巧遇上，然后向上司介绍你的朋友，令他无法有机会向你下手。

**（2）隐私要挟**

这是在暗示、委婉拒绝等软性对抗不起作用的情况下，使用的置对方以完全被动的招数。准备一个小型录音机，找准机会录下他的挑逗之语，然后不动声色地把录音带放到他的办公桌上。另外，可以利用你和上司经常相处的机会，掌握一些他的秘密，然后以此作要挟，令他对你规矩行事。这种方法只要能做成，一般都很有效。上司们大都顾及自己的社会形象和名誉。

**（3）直接对抗**

在软性对抗无效或危急关头，必须用直接的语言警告和身体的奋力反抗，来保护自己。语言上要义正词严，表情要正义凛然，对对方起到一种威慑力。如果对方的行为已严重威胁到你的安全，你可以大声呼救，用手、脚、牙等打击对方的要害部位。只要你拼力反抗，对方的企图一般难以得逞。

向上级或有关部门申诉。可以用书面或口头的形式告发你上司的卑劣行为，如果你的女同事也遭到和你一样的骚扰，你最好联合她们一起控告，这样成功的把握更大。如果你控告成功，你的上司可能会被降职、受处分或调离，你的困境可以彻底解除。即使他的职位没有受到影响，名誉也会一落千丈。你的大胆和勇气也许会使他不敢对你轻举妄动。当然为了避免被穿小鞋，也可以换个单位。虽然你牺牲了一份工作，但你的行为可以使别的女同胞避免受害，采取这样的行动需要极大的勇气。但如果每一个受到性骚扰的女性都有这样的勇气，那么敢于把卑劣的手伸向女性的骚扰者会越来越少。

性骚扰的情况很复杂，没有绝对的年龄和职业界限。他们对女性的占有欲很强，对女性有着很大程度的爱好，并时时产生性冲动。这类心理不正常者，见到漂亮女人大多会产生愉悦感，想多看几眼，多与她说几句话，靠得近一点儿，甚至想抚摸她的身体……·····

# 性骚扰心理的常见类型

性骚扰者到底是出于什么样的心理呢？

性骚扰心理的产生，与人的性欲求心理的异常有很大的关系。性欲，或性欲求，是人的性意识活动中最主要的一种性心理因素，它构成人的性行为的内驱力。有性欲求并不一定会导致性骚扰或性犯罪。只有在性欲求通过正常渠道达到满足时才不会导致违背社会道德规范与社会规范而走向邪路。人的性需要受到性意识的驱使，而性意识变成性行为的中介是性活动的动机，性动机激发当事者去行动，使人进行性取向、性对象的选择，以求得性欲的满足。性需要越强烈、越迫切，由其所引起的性动机越稳定、越有力。但人的性意识，又决定着人的性冲动的方向。一个性意识不健康的人，就必然决定着其性冲动的方向朝着邪路上发展，并不能以自己的性观念、性道德来约束自己的性冲动。人如果没有这种自约力，加之没有正常的途径来满足性冲动，则会在其他因素的促动下，使性冲动转化为性骚扰，或性越轨、性犯罪。

另外，人的性压抑也会使人形成性骚扰心理。积欲长期得不到合理、正常发泄的人，则会以歪曲的形态发泄自己的积欲。

性骚扰心理的类型主要有以下几种类型。

**（1）心理变态型性骚扰**

有一种性骚扰心理，属于心理变态型的。此类心理变态者，一般产生于早期的性压抑，或者其他的性心理变态。他们的性欲望特别旺盛，对女性具有特殊的好感与嗜好，只要一天不与女性接触，就会像丢了魂似的。他们明知自己的做法会引起别人的反感，但往往控制不住自己的性欲望，属于一种变态心理。

变态式性骚扰是某些性心理不够健康的男性所特有的行为。例如暴露癖、窥阴癖、恋物癖等等，这种行为通常在比较隐蔽的环境中进行。处于青春期的少年男性是这种性骚扰的高发人群，这种性骚扰者尽管尚未对受害者产生直接和公开的伤害，但这种伤害却始终处于不断升级的状况。此种性骚扰和个人的自控能力、社会的关注有很大关系。

一位接受治疗的性变态者则这样解释他堕入性骚扰者行列的经历：

我有了这个改不掉的毛病，我也不知道是怎么回事。小时候，邻居家有一个阿姨长着一头长发，飘飘然然，好像仙女一般。每次见到她，她的长发都非常打动我，也许病根就是那时留下的。上大学之后，大家时兴谈恋爱，我的嘴很笨拙，很难有女孩子喜欢我。快毕业的时候认识了一个长着长发的女孩子，但不久遭到她的抛弃。由此引发了我爱剪女孩子的长发而取乐的癖好：在公共汽车上我偷偷剪女孩子的头发，让她们难堪……有一段时间，电台、电视台都报道有个在公共汽车上专门偷剪女孩子长发的流氓，我也非常紧张，但欲罢不能。我看书上说还有性心理障碍这种心理疾病，就想去看一看这方面的医生，看看我究竟怎么了？

### （2）心理障碍型性骚扰

此类性骚扰心理者，本没有性心理方面的缺陷或疾病，驱使其对妇女进行性骚扰的动机，只是出于自身极端的利己主义。

这类人，因为存在心理上的障碍，所以他们身上的大男子主义思想特别严重，他们从来看不起女性，轻视女性，不但在工作中如此，就是在生活上也是如此。对女性漠不关心，冷漠无情，专以玩弄女性为乐事。他们常以对女性的性骚扰来满足自己的虚荣心与享乐欲望。

此类心理者，对女性的占有欲很强，对女性有着很大程度的爱好，并时时产生性冲动。这类心理不正常者，见到漂亮女人大多会产生愉悦感，想多看几眼，多与她说几句话，靠得近一点儿，甚至想抚摸她的身体。由于他们缺少道德的约束力量，往往只顾眼前的痛快，不顾后果如何麻烦。但其心理弱点是，在作案后常常会感到恐惧，事情干完后，常会担心被侵害的一方去告发自己，而坏了自己的声誉，甚至怕毁了自己的前途与事业。

有这样一个例子：一个大学毕业生分到某钢铁公司工作。他性格孤僻，且个子较矮，所以内心常有一种自卑感。他已经到了成婚的年龄，但是还没有找上对象。他对异性有强烈的渴望，无法遏止自己的性冲动，见到漂亮女性就耳热心跳，但是又自惭形秽，不敢主动与同龄女性交往。于是，他把目光盯在年龄小一点儿的少女身上，勾引她们，借机对她们进行性骚扰，或性强暴。很显然，他的性成熟与他的生理需求及其人格上的不健全，处在一种悖逆状态之中。他像一个迷途者在自造的痛苦中冲撞，玩弄了很多女性，最终受到了法律制裁。

还有另一种情况，有的青年男性因失恋受到刺激，在性问题上变得十分怪戾，对异性产生偏见，形成报复心理，疯狂地对女性进行性骚扰、性强暴，以发泄不满和仇恨。有一个男性青年就是这样，他被女朋友抛弃后心理受到严重刺激，于是他对女性的认识出现扭曲。他以为：凡是女的都不是好东西，她们不过是性欲发泄的对象、工具。在这种心理支配下，开始对青年女性进行报复，常常拦路骚扰青年女性，甚至实施强奸。他像一只疯狗那样没有固定目标，向一切女人疯狂地攻击。这种男人是十分危险的。女性朋友如果遇上这种发疯的男性，八成是要吃亏的。

### （3）依权仗势型性骚扰

此种心理类型多为某些领导者，也是十分普遍的性骚扰手段之一。这类性骚扰一般是某些人利用自己的权力、金钱等优势对女性进行挑逗。他们一般对受害者进行升迁职位、增加薪水、给予某种物质奖励等等允诺，以求"顺理成章"地进行性骚扰。

大量事实表明，性骚扰行为大多发生在熟人之间，被骚扰者与骚扰者有这样那样的关系。其中，以来自女性所熟悉的又有某种优势、权势的男士的性骚扰更为多见。比如女性的上级领导、顶头上司、经理、老板、合资企业的外方代办等。这些人对部下有支配权、利益分配权。他们凭借自己的地位、权威和实力，居高临下，仗势欺人。或借职务之便，以权力相威胁；或以利益相引诱，软硬兼施，向女性提出性要求，以图占女性的便宜，满足自己的性欲和占有欲。

据有关单位调查统计，在被骚扰的女性中，遭到直接上级领导骚扰的占总数的65％。另据对40个骚扰案例分析，有67％的职业妇女反映上司利用职务之便，对她们进行过行为的或语言的性骚扰。从这两个比例数可以看出，青年女性遭到领导者的性骚扰带有相当的普遍性。

有的领导者缺乏法制观念，他们并不把对女雇员的性骚扰当成问题看待，甚至还当成理所应当的事情，是权力的体现。也就是说，他们把性骚扰当成显示自己权威和力量的机会，这就大谬不然了。

有的领导对自己身边的女秘书进行骚扰，遭到拒绝时，却以为冲了自己的面子，不懂礼貌，十分不满，说："我是领导，我看得上你就不错了，如果不服从，你就滚蛋。"在一些外商独资企业里，有的外方经理把西方文化观念、性解放意识也带到中国来，对中国女子进行性骚扰的现象更为严重。一旦出现问题又以东西方文化差异做挡箭牌，开脱自己，或甩出金钱，求得息事宁人。

所有这些都使得青年女性难以摆脱，陷入苦恼。

一位姓金的女士说："高中毕业后我按报纸上的招聘广告去一家合资大酒店应聘礼仪小姐。中方老板是个看上去很严肃的中年男子，我上班两个月之后，他叫我去谈话，他说我工作得比别人好，发工资最多。我刚要问为什么，他就打断了我的话，说调我去客房部当主管。一天值夜班，他叫我去他的办公室谈话，我一进去，发现他竟然一丝不挂，赤身

# 女人的战争
## *Women's war*

裸体地等着我，抱住我又摸又啃，我高声喊叫，他才放开手……我害怕极了。我舍不得这家有名的酒店的职位，当初来到这里上班的时候，亲友们都好羡慕我呀！我如果突然不干了，他们会怎么看我呢？风言风语很快就在酒店内传开了，有的说经理是个严肃的人，怎么会那么下流；有的说经理为什么不骚扰别人，她平时就花枝招展……相处快一年的男友听到这些也远去了。我真是个坏女人吗？我知道现在的社会风气，但如果哪个男人想跨越这两性之间的界线，我不答应，即使因为我捍卫尊严而丢失了饭碗……"

另一位给 W 公司经理当秘书的何娣小姐，端庄秀丽，姿色迷人，在她身上有一种典雅的神韵，很得经理的赏识。经理招聘她来后，放在自己身边，不但要她努力工作，还要她陪自己消遣。

何娣大学毕业，是个干事业的人，再加上她在家待业两年多才好不容易找到这份工作，因此工作起来十分卖力。但是，对于经理的骚扰却十分反感。她是一个正派姑娘，不愿意丢失自己的贞操，对经理的非分举动坚决不从，不管经理施压威胁，还是甜言蜜语，甚至对她一掷千金，都难以打动她的芳心。有一次经理以研究工作为名叫她去家里，对她动手动脚，并提出上床的要求。

她严辞斥责，使经理下不来台。经理屡遭惨败，不能染指，于是恼羞成怒，在工作中找茬整她，扣她的奖金，最后炒了她的鱿鱼。

她不得不再次待业。她很痛苦，但话语铿锵地说："我虽是一个微不足道的女人，但我的人格不能玷污，我要保持一颗纯正的心灵。"

可见，一些领导者对于女部下的威胁不仅在于侵犯贞操，而且还危及到她们的正当权益。有的上司还利用女部下有求于己的心态，借机进行性骚扰，占她们的便宜。

小芸是个正直姑娘，在某镇政府工作 6 年了，比她晚去的女性都转了正，可她 28 岁了还没有转正，还是农村户口，原因是某些主要领导想占她的便宜她没有答应。为此，她陷入深深的苦闷之中，不知如何是好。

有一次乡长到县里开会，带她一起去。到县城的当天晚上，乡长邀她去跳舞。她本不想去，但想到自己的转正问题没有解决，碍于面子只好去了。舞厅的灯光很暗，几乎看不清人们的脸，乡长舞跳得很不规范，有时故意将身子贴得很近，把头往她脸上凑。她尽量把头侧向一边，左手使劲撑住他靠过来的身子。

　　舞厅进入"温馨一刻钟"，灯光几乎全部熄灭了，只有一支蜡烛亮着。乡长那皱纹满布的脸凑了过来，贴在她那白嫩的脸上，并把她搂得更紧了，她有些紧张，反感。她不知道此时此刻自己该怎么办才好。她想对他说一声："请你自重些！"或是甩下他一走了之，可这样做肯定伤他的面子。自己已经得罪了一个主管，如果再把乡长得罪了，那自己可就真的转不了正了。在激烈思想斗争中，她选择了沉默，忍着。

　　好不容易舞跳完了，她逃也似地回到座位上，在慌乱之中，高跟鞋打滑绊了个趔趄，差一点儿摔倒。她将计就计推说脚崴了，踮着脚回到了招待所。谁知，乡长也跟进了她的房间。乡长说："干吗把自己禁锢得死死的，人啊，当行乐处且行乐，哪管身后万人说。你看小玉，人家才满不在乎呢！比你聪明。"她这时已经明白了小王转干比自己早的原因。她没有作声，乡长更大着胆子过来，抓住了她的手。她还是不想这样把自己交给他。她一下子把手抽了出来，又觉得这样做对乡长太那个了，就委婉地补充说："好像有人敲门。"想把他支走。

　　乡长走向门口，她如释重负。可是没想到乡长没有走，把门反而锁死了，又走了过来说："你放心吧，不会有人的。"

　　小芸心乱如麻，望着一步步走过来的乡长，心想：答应他，自己成了什么人？拒绝他？转干的事就完了。怎么办？她不知如何是好。就在她犹豫之间，乡长得手了。

　　有些领导者、上司对女部下的性骚扰，就是这样发生的。

　　有些男性领导对女性进行性骚扰，往往是明目张胆地用权力和经济手段来威胁。他们利用女性的弱点和需求软硬兼施，女性面对上司的性骚扰往往进退维谷，却又难以启齿。这些领导对手下员工进行性骚扰基本都是出于逢场作戏、寻欢作乐的目的。这些领导性骚扰女员工不是为了抛弃妻子寻找新人，他们往往不会破坏自己的家庭而与被性骚扰的女员工结合。总而言之，来自领导的性骚扰最令人难堪，难以解决。

**（4）乘弱欺凌型性骚扰**

　　有的男人，对女性进行挑逗，或性骚扰时，是研究和掌握了女性的心理特征后才会动手的。如他们觉得女性软弱，她们生怕坏了自己的名声，吃了亏不敢出声，于是得寸进尺，利用女性的这些弱点，进一步发展为大

# 女人的战争
## Women's war

胆的性骚扰。有些女性在男人对其进行性意识明显的挑逗时，却娇滴滴地东躲西闪。这样做的结果，正好给对方造成了一种错觉，以为你对他有意，反而强化了性骚扰心理者的某种欲望，使其更加放纵起来。有些初入社会的女孩儿，从未遇到各种形式的性骚扰，遇到有些性意向很明显的骚扰时，往往不知所措，而对方发现了少女的恐惧后，不仅不会停止自己的非礼举动，反而趁少女六神无主时发动更强烈的进攻。

一份新闻报道过，南宁市曾发生了一起少女购物遭遇搜身的恶性事件。

当天，正在南宁某中学读书的莫某和一个同学去某商场购物，这位16岁的女中学生做梦也没有想到自己被商场这样对待：她买了五六样东西，出来拿包时，发现有一瓶力士沐浴露没有交钱，两名保安立即把她带到一间封闭的办公室，关上门。开始一胖一瘦两名保安要她把身上所有东西都掏出来，她掏出身上的钱物、呼机等物品后，两名保安还问她怎么证明她身上没有东西了。莫某被迫撩起了衣服给他们看，这时那个瘦子站起来说："你不脱光，我就过来帮你搜。"她噙满泪水求情好几次，胖子说："我们只是例行公事，不然我们强奸你，你也没办法。"她只好转身脱下了衣服，只剩下文胸和内裤了。他们还不放过她。她忍泪脱下了文胸和内裤，他们命令她转过身来，足足两分钟。这两名保安又开出条件：要么交300元钱私了；要么交500元罚款送到派出所。莫某没答应私了，两名保安遂以莫小姐盗窃为由向当地的派出所报案，但却隐瞒了强逼少女脱衣服和交钱敲诈的细节。派出所得知真实情况后，立即传唤两名保安，将两人刑事拘留。

据调查，绝大多数的性骚扰都会给妇女带来恐惧和麻烦，而对儿童实施性骚扰，将给儿童幼小心灵带来无法愈合的创伤。

现代化的社会应该是法制的社会，人们期待着社会的进步，法律的健全。

性骚扰折射出当代社会的经济、文化和道德阴暗的一面，解决这个问题首先要正视这个问题。虽然我国到目前为止还没有任何关于性骚扰的法律条文，但这种社会不良现象必然会遇到遏止。人类是有智慧的生物群体，我们既然能正视和着手解决战争、和平、贫困、发展、鼠疫、霍乱、癌症、艾滋病等众多困扰人类发展和生存的问题，为什么不能解决性骚扰这个问题？人类之所以是有智慧的生物群体，就是因为他们能不断战胜威胁自己的困难。我相信性骚扰问题必然会在人类社会消失，这个目标不会遥远。

当一个社会的物质文化生活水平处于匮乏时代，性骚扰事件就相对地"匮乏"。反之，当一个社会的物质文化生活水平处于丰富时代，性骚扰事件就相对地"丰富"。由此可见，"饱暖思淫欲，饥寒累果腹"的比喻正是对两种不同物质文化水平社会的写照。

# 较易遭遇性骚扰的几类人群

当代中国，随着物质文化生活水平的不断提高，性骚扰事件的频次增加也就并不奇怪了，只不过这种有违道德与法律的性骚扰事件，却为规范人的道德行为的法律底线带来了定位的困惑。

经常看见不同的媒体都在频频报道一些性骚扰事件，那么究竟有哪些职业最容易遭遇性骚扰呢？

**（1）导游**

随着人们生活水平的提高，旅游成了人们生活的一种时尚。在新浪新闻中心的2007五一黄金周专题中看见一个消息《漂亮女导游黄金周频遭男游客言语性骚扰》。导游本身就是一个容易遭遇性骚扰的职业，更何况那些漂亮的女导游。当然大多是一些言语上的性骚扰，一些男游客经常用一些"荤段子"来骚扰女导游经常出现。也不怪有些导游在文章中写道："难道遭遇性骚扰就是导游工作的一部分？难道我们导游员就不能用法律武器保护自己的权益？遇到性骚扰只能哑忍？拒绝性骚扰就会被客人投诉？"

**（2）护士**

护士被尊称为"白衣天使"，他们给人的印象永远都是那么体贴、温柔、细心。美丽的女护士在医院大受男病人的欢迎。浪漫、多金的追求者众多，当然，也自然少不了遇到很多的性骚扰。在医院，护士遭遇医生性骚扰的不在少数，当然都在各种掩护之下进行，如果护士不从，很容易被扣上"缺乏职业道德"的大帽子。同时，一些不怀好意的男病人也经常用一些言语，甚至于一些动作对护士进行性骚扰。一般，只要没有遭到性侵害，这样的性骚扰便算没有突破底线。

**（3）保姆**

保姆属于家政服务业。随着生活水平的提高，人们对家政服务的需求也越来越多。现在的家政服务业虽然逐渐职业化，但从业者大多文化层次低、自我保护能力弱，很担心因让雇主不高兴而丢掉了工作，面对性骚扰往往不知所措。男性雇主也正是抓住了她们的这些弱点，从态度暧昧发展成性骚扰。这样报道也是屡见不鲜，其表现形式大致有：男雇主若无其事地向她们暴露身体，要求她们触摸身体、裸体或者穿内衣随意走动，找各种机会不怀好意地看她们甚至偷窥。更有甚者，有的雇主会把这种性骚扰发展成为性侵害，强迫她们发生性关系或者进行性行为。

**（4）秘书**

女秘书的身份很特殊，长期工作在公司管理者和行政领导的身边，因此与领导单独相处的机会很多。同时其升迁、聘辞直接受到领导的左右。如今，在人们的心目中"女秘书"似乎成了情人的代名词。在这样的社会大环境中，她们可能面对很多的性骚扰。有些领导赤裸裸地在工作时间用语言、身体挑逗她们；以获得或者保持某种工作中的好处（包括加薪、提拔、提供培训机会、调动）为条件，向她们提出性的要求，如果她们不服从其性要求，便以压制、打击相威胁。在这样的情况下，也许她们中的大多选择了默许。从而也将这样的性骚扰演变成为一种"交易"，成为日后升迁一个重要砝码。

**（5）空姐**

空姐作为一种服务行业，以姣好的容貌体态为很多人注目，同时也会遭遇很多的性骚扰。这种性骚扰不仅仅来自飞机上不怀好意的乘客，甚至于空姐们上班途中，每逢走到转角处或偏僻区域时，就会有施工人员上前调戏，还有人爬到女卫生间顶上揭开屋顶挡板偷窥甚至偷拍……

**（6）演员**

演员好听点叫明星，不好听的叫戏子，再差些的叫做临时工，要在演艺圈生存，一定要有手腕，把丑陋无比的长官、制作广告厂商、淫媒、商人弄得服服贴贴，才有机会稳坐八点档大位。一起又一起的"潜规则"事件，其核心无疑是那些漂亮的女演员遭遇性骚扰的例证。N多的艺人在博客上张贴文章，大爆艺人饱受导演、主管、广告商等等性骚扰过程。当然，这些人中有演员，也有模特，还有N多的选秀选手。也不怪有人说：演员遭遇性骚扰是一个永恒但很难说清楚的一个话题。

**（7）学生**

在女性遭遇性骚扰如此普遍的现实面前，青春亮丽的女大学生自然无法幸免。女大学生经常在家教时、在求职应聘时、在影楼拍照时、医院看病时、在公共汽车上、在泳池里都会遭遇不同程度的性骚扰。当然，还有一些来自于自己的老师或者是同学，近几年来，不是经常报道有的导师以上床作为是否录用或者答辩是否通过的必要条件吗？

**（8）教师**

在2003年，武汉女教师何某状告上司盛某性骚扰最终胜诉。据悉，这是全国首例"性骚扰"胜诉案。同样的报道也是比比皆是，如海口一女教师校内遭遇性骚扰愤而辞职等事件也频频发生。女教师所遭遇的性骚扰大多来源于那些身边的同事，当然还有一些也来源于部分品行极差的学生。

**（9）的姐**

随着社会的进步，男女平等的思想体现得越来越充分。女性司机现在越来越多，"的姐"也成了一个新名词。的姐就是那些开出租车的女司机，这也是遭遇性骚扰与性侵犯中不可忽视的一个群体。在这一群体中，经常遭遇一些男性乘客的言语骚扰，甚至于性侵犯。经常有报道称：的姐被强暴、抢劫等，甚至于遭到杀害。

**（10）特殊**

这里所说的特殊，是指一些特殊行业服务行业中的那些女性从业者。

# 女人的战争
## *Women's war*

在销售、餐饮、宾馆、休闲等服务领域，女性遭受的性骚扰最容易被人们忽略。在这样的工作场所中，人们很容易将"调情"、"示爱"与"开玩笑"混淆，把本职工作与性厌恶模糊化。面对顾客对雇员进行性骚扰时，如果事情不太出格，老板一般都会置之不理，个别老板为了避免大的损失，甚至要求其女员工去诱惑顾客。这些行业的老板要求从业者有相关的服务能力，即使顾客有些过分，她们也只能"和气生财"。

在这个道德沦丧，物欲横流的年代，性已经成为家常便饭。作为性爱前菜的引诱和挑逗，也越来越赤裸，越来越放肆。面对明目张胆，形色各异的性骚扰，你是选择忍气吞声半推半就，还是态度坚决，抵抗到底？

# 防狼应对方案

性骚扰不同于"强奸"、"伤害他人"等罪名，其形式往往是对异性进行猥亵的言论和要求，碰触异性的身体，扭拧异性身体的某一部位或企图发生性关系。被性骚扰者常常会导致严重的心理创伤。现实生活中，在市场、车站、公共汽车上、拥挤的人群中等特殊场合，往往易出现性骚扰者。那么，作为年轻女性，如何预防性骚扰呢？

当在公共场所遇到性骚扰时，要及时避开此地，换个位置。并对有性骚扰企图的人暗示，把你的拒绝态度表示得明确而坚定，告诉对方，你对他的言行感到非常厌烦，若他一意孤行下去将产生严重的后果，对他是不利的。

消除贪小便宜的心理。在外面不要轻易接受异性的邀请与馈赠，应警惕与个人工作、学习、业绩不相符的奖赏和提拔。

对于那些总是探询你个人隐私，过分迎合奉承讨好你，甚至对你的目光和举止有异样的异性，应引起警觉，尽量避免与其单独相处。

外出时，尤其在陌生的环境，若有陌生的男性搭讪，不要理睬。要注意那些不怀好意的尾随者，必要时采取躲避措施。

警惕那些行为不端的成年男性的骚扰，一旦发现有异常，可及时报告有关部门和人员。

为了预防性骚扰，作为年轻女性在日常生活中应避免穿袒胸露背或超短裙之类的服饰去人群拥挤或僻静的地方。对于有些不可避免接触的人，如发觉他有性骚扰的企图时，要采取各种措施予以抗拒。更重要的是，每一个年轻女性都要增加一些有关性骚扰方面的知识，以维护自身利益。

**（1）公共场所遇到骚扰：直接警告**

骚扰方式：被他人用暧昧的眼光上下打量或予以性方面的评价。

处理方法：若有陌生的男性搭讪，不要理睬，及时避开，换个位置，可以的话立刻抽身离开。对有性骚扰企图的人，首先要用眼神表达你的不满；若对方并无收敛，可直截用言语提出警告，把你的拒绝态度表示得明确而坚定，告诉对方，你对他的言行感到非常厌烦；若他一意孤行可报警，请警察协助。

**（2）面对电话骚扰：不要用激烈言辞**

骚扰方式：通过打电话，"你怎么忘了我？"、"你怎么会不认识我？"对方会想尽各种理由跟你闲聊。他很有可能会一而再、再而三地打电话。

处理方法：遇到上述情况最好不要用激烈的言辞反唇相讥，因为这可能会引起对方的兴奋，应该用严正的语气说："你打错了电话！"若对方是个经常骚扰的陌生人，只要他打进电话，应该马上挂电话，不要理他；或者告诉他这部电话装有追踪器或录音设备。最后，要记得告诉父母事情的经过。如果对方要到家里来，马上报警处理。

**（3）收到淫秽物品：正面表明态度**

骚扰方式：赠送与性有关的礼物或展示色情刊物。

处理方法：不要畏缩或偷偷将其处理掉，要用坚定的语气向对方说："你的行为实在无聊，若你不收回，我会投诉。"并将事情转告其他相识的人，留下物品作为证据；消除贪小便宜的心理，不要轻易接受异性的邀请与馈赠。

**（4）交通工具内遇到骚扰：大声斥责**

骚扰方式：遭遇故意抚摸或擦撞。

处理方法：对于有性骚扰行为的男性，千万不要退缩或不好意思，可以大声斥责："请将你的手拿开！"；可以狠打其手，也可以告知同行的伙伴，引起公众的注意，使侵犯者知难而退。

对情节恶劣严重的可报警；另外如果穿了高跟鞋，可以毫不客气地使劲踩他的脚。

**（5）受到熟人骚扰：不要单独与其相处**

骚扰方式：遭遇故意抚摸，或言语上的挑逗。

处理方法：当你遇到这样的情形时，往往不好意思太严厉地去斥责，其实这时候你一定要板起脸来，一次给个痛快，否则最后偷笑的是人家，受折磨的只是你自己。有了第一次后绝对不单独与其相处。

**TIPS：**

（1）以最安全途径出入，避免夜归及走僻静路径。

（2）避免单独与陌生男子乘电梯，尽量站近警钟位。

（3）信任自己直觉，发现有人心怀不轨，立即躲避。

（4）与朋友家人多照应，让他人知道自己行踪。

（5）小心门户，拒绝让陌生人入屋。

（6）避免与初相识男子独处，或服食药物与饮用不知名饮品。

（7）明确以"不"表达不愿意态度。

（8）学习有效自卫术，善用随身物品（例如锁匙、戒指，甚至雨伞或用鞋）作反击武器。

（9）遇事保持冷静警觉，随机应变，大叫"救火"比叫"救命"有效，快而准地攻击对方弱位（例如眼睛、耳、鼻、或下体等）。

（10）谨记犯案者特征，并与对方谈话拖延时间。

封建时代尚有"士可杀不可辱"的话，为什么在科技飞速发展的今天，性骚扰却如此蔓延呢？道德的沦丧固然是性骚扰蔓延的根源，但法律上的盲点，从另一种角度上说则是促使性骚扰如此猖獗的根本所在，就连法律上也对性骚扰这个名词没有确切的定义和划分，难怪性骚扰之盛了。但是，我们的生命尊严提醒自己：对性骚扰说不！·····

# 性骚扰如何取证

我国法律上认可的证据就是传统的人证、物证和视听资料，受害人在收集证据时只能从这三方面入手。

人证　被他人性骚扰，可找到目击者为自己作证。

律师点评：在找证人时，不但要找到目击者，而且目击者还要肯出庭作证，为了防止伪证，证人不能与当事人有利害关系。就目前来看，大多数人不愿作证。由于性骚扰的行为隐蔽，很难有人发现，所以被害人很多是吃哑巴亏。

物证　收到骚扰短信、电子邮件、纸条或收到与性有关的礼物或他人展示的色情刊物，要留下物品作为证据。

律师点评：不要畏缩或偷偷将其处理掉，要用坚定的语气向对方说："你的行为实在无聊，若你不收回，我会投诉。"并将事情转告其他相识的人，留下物品作为证据；消除贪小便宜的心理，不要轻易接受异性的邀请与馈赠。

视听材料取证　录音、录像和照片等视听材料都可以作为被性骚扰的证据，如果长期被骚扰，应该随身携带录音机和摄像机、照相机进行取证。

律师点评：如果被性骚扰，可随身携带录音机和摄像机进行取证，但不可设陷阱取证，就是不能勾引对方对自己性骚扰，然后进行录音或录像。录音需要公安机关进行声音鉴别，拍摄下的照片和录像要清晰。图像中骚扰的动作和骚扰人的面部成像不清楚，都不足以构成证据。

**Women´s war**

# 第十章
# 女人为心态而战

·················································

女人最需要轻松的自我，
假如生活给你太多的挫折，
你一定要相信自己，
才能抓住生活中一束束幸福的阳光。
善待自己的每一天，
就等于给自己生活沙盘上多置一粒幸福的种子。
生命的质量取决于每天的心态，
女人对幸福的感觉来自于健康的心态。

·················································

《老子》里有句：大成若缺。意思是说，大的成就仍像有缺陷，仍显得不完美，完美只是一种假设，存在于想象中。所以极力追求完美就会被完美所累，就不会快乐，正确的方法是不追求完美。••••••••

# 逃出完美主义陷阱

"哪怕遇到火灾或地震，我也绝不会不化妆就跑出去。"你听到过类似的话或身边有这样"视妆如命"的女性朋友吗？人生确实有许多的不完美，但我们可以选择走出不完美的心境，而不是在"不完美"里哀叹。这样，你才会成为一个真正意义上的快乐女人。

完美主义是一把"双刃剑"，有利也有弊。一方面它是使人不断向上的动力；另一方面这种对完美的追求也是一个沉重的包袱。在现代社会的多方面压力下，它让完美主义者看到自己对现实的无能为力，从而变得急躁、自卑、甚至急功近利。

在佛教的《百喻经》中，有这样一则可笑而发人深省的故事。在印度有一位先生娶了一个体态婀娜、面貌娟丽的太太，两人情如金石，恩恩爱爱，是人人称羡的神仙美眷。这个太太眉清目秀，性情温和，美中不足的是长了个酒糟鼻子。柳眉、凤眼、樱嘴，可在她的瓜子脸蛋上，却酿了个酒糟鼻子，好像失职的艺术家，对于一件原本足以称傲于世间的艺术精品，少雕刻了几刀，显得非常的突兀怪异。于是这位太太终日对着镜子，一面抚摸着这只丑陋的鼻子，一面唉声叹气，埋怨上帝的残忍。

这位丈夫也是看在眼里，痛在心里。一日出外去经商，行经一贩卖奴隶的市场，宽阔的广场上，四周人声鼎沸，争相吆喝出价，抢购奴隶。广场中央站了一个身材单薄、瘦小清癯的女孩子，正以一双汪汪的泪眼，怯生生地环顾着这群如狼似虎、决定她一生命运的大男人。这位丈夫仔细端详女孩子的容貌，突然间，被深深地吸引住了。好极了！这女子脸上长着一个端端正正的鼻子，不计一切，买下她！

这位丈夫以高价买下了长着端正鼻子的女孩子，兴高采烈，带着女孩子日夜兼程赶回家门，想给心爱的妻子一个惊喜。到了家中，把女孩子安顿好之后，以刀子割下女孩子漂亮的鼻子，拿着血淋淋而温热的鼻子，大声疾呼：

"太太！快出来哟！看我给你买回来最宝贵的礼物！"

"什么样贵重的礼物，让你如此大呼小叫的?"太太狐疑不解地应声走出来。

"喏！你看！我为你买了个端正美丽的鼻子，你戴看看。"

丈夫说完，突然出其不备，抽出怀中锋锐的利刃，一刀朝太太的酒糟鼻子砍去。霎时太太的鼻梁血流如注，酒糟鼻子掉落在地上，丈夫赶忙用双手把端正的鼻子嵌贴在伤口处，但是无论丈夫如何努力，那个漂亮的鼻子始终无法黏着于妻子的鼻梁。

可怜的妻子，既得不到丈夫苦心买回来的端正而美丽的鼻子，又失掉了自己那虽然丑陋、但是却货真价实的酒糟鼻子，并且还受到无妄的刀刃创痛。而那位糊涂丈夫的愚昧无知，更是叫人可怜！

有位友人的母亲，很是关心女儿胸部的大小，从她发育开始，就让她穿调整型内衣，让她失去少女挑选内衣的乐趣，她穿的内衣，就是千篇一律的一种款式，有时，她也不免抱怨，可是她的母亲都劝她要"长久忍耐"，必有出头之一天。

"你现在只是忍耐一小段时间而已，你要知道，胸部大小会影响婚姻品质，到时候如果不幸福了，才是真正的可怜。"母亲总是如此勉励她。

我觉得，她母亲的这种观念才可怜。婚姻的幸福不可能只在胸部大小上面，一个女人的价值也不只是在婚姻上面。

追求完美几乎是现代女性的通病：对于自身来说，胸部不够大去隆胸；腰部不够细去减肥；臀部不够美去健身；竟然连父母遗传下来的单眼皮很多女人也不肯轻易放过，要割上一刀。对于婚姻家庭的苛求就更不用说了。然而不幸的是，有些人以为自己是在追求完美，其实她们才是最可怜的人，因为她们是在追求不完美中的完美，而这种完美，根本不存在。

有一回去参加一位女性激励大师的演讲，她说到有个洁癖的女孩：

# 女人的战争
## *Women's war*

"因为怕有细菌，竟自备酒精消毒桌面，用棉花细细地擦拭，唯恐有遗漏。"

这位有洁癖的女孩，难道不知道人体表面充斥细菌，比如她自己的手，可能就比桌面脏吗？

"我建议她：干脆把桌子烧了最干净！"

在一家餐厅里，也有对母子因为怕椅子脏，而不敢把包包放在椅子上，但人却坐在椅子上，要上菜时，因为怕包包占太多桌面，而让菜没位置，服务员想将包包放在椅子上，马上被阻止："不用了，我们有洁癖，怕椅子不干净。"

上完菜后，旁人实在忍不住，问："有洁癖还来餐厅吃饭？自己煮不是比较安心？"

"吃的东西没关系，用的东西我们就比较小心了。"

天哪！这是什么回答！吃的东西不是反而该小心的吗？

一个孩子犯了一个错，母亲不断地指责，因为她要为孩子培养完美的品格，孩子拿出一张白纸，并且在白纸上画了一个黑点，问："妈，你在这张纸上看到什么？"

"我看到这张纸脏了，它有一个黑点。"母亲说。

"可是它大部分还是白的啊！妈妈，你真是个不完美的人，因为你只会注意不完美的部分。"孩子天真地说。

有位吴女士，是个极正义的人，对于世界上竟有这么多不义的人很痛恨，她一直很想杀光世界上的坏蛋，好让世界完美。

有一天她突然接到一封上帝的来信，上帝说，这位吴女士也是个坏蛋，因为她的心中从来就没有爱。

要求完美是件好事，但如果过头了，反而比不要求完美更糟。就像我们居住的屋子，永远不可能如展示屋那样整齐干净，如果一味地强求，反而会使居住成为噩梦一般，为了维持干净，难道我们不在马桶上大便吗？

在日常生活中，我们很容易看到完美主义者的各种表现：如有的人不允许自己在公共场合讲话时紧张，一到发言时就拼命克制自己的紧张，结果越发紧张，形成恶性循环；有的人不允许自己的工作仅仅是一般，他们一定要做得最好，可事实经常是把自己累得够呛，工作却未必如想象的那般好……这些想把生活中每一件事都做得非常完美的人，一般不会是一个强者，他们缩手缩脚，患得患失，害怕缺憾。完美主义的问题正是在于"恐惧缺憾"，害怕令人失望以及避免感到内疚。这也就是一些完美主义者追求完美的内在动机。

世界上有太多的完美主义者了，他们似乎不把事情做到完美就不善罢甘休似的。而这种人到了最后，大多会变成灰心失望的人。因为人所做的事，本来就不可能有完美的。所以说，完美主义者根本一开始就是在做一个不可能实践的美梦。

他们因为自己的梦想老是不能实现而产生挫折感，就这样形成一个恶性循环，最后让这个完美主义者意志消沉，变成一个消极的人。所以，培养"即使不完美，不上不下也没关系"的想法是相当重要的。

如果你花了许多心血，结果还是泡了汤的话，不妨把这件事暂时丢下不管。你就有时间来重整你的思绪，接下来就知道下一步该怎么走了。"既然开始了就要把事情做好"这种想法固然没错，可是如果过于拘泥，那么不管你做些什么都将不会顺利的。因为太过于追求完美，反而会使事情的进行发生困难。

武田信玄是日本战国时代最懂得作战的人，连织田信长也相当怕他，所以在信玄有生之年当中，他们几乎不曾交过战。而信玄对于胜败的看法实在相当有趣，他的看法是："作战的胜利，胜之五分是为上，胜之七分是为中，胜之十分是为下。"这和完美主义者的想法是完全相反的。他的家臣问他为什么这么说，他说："胜之五分可以激励自己再接再厉，胜之七分将会懈怠，而胜之十分就会生出骄气"。连信玄终身的死敌上杉彬也赞同他这个说法。据说上杉彬曾说过这么一句话："我之所以不及信玄，就在这一点之上。"

实际上，信玄一直贯彻着胜敌六七分的方针。所以他从十六岁开始，打了三十八年的仗，从来就没有打败过一次。而自己所攻下的领地与城池，也从未被夺回去过。对于信玄的这个想法奉为圭臬的是德川家康。如果没有信玄这个非完美主义者的话，德川家族三百年的历史也不一定存在。要记得，不能忍受不完美的个性，只会给你的人生带来痛苦而已。

有些人很勉强自己，不愿做弱者，只愿逞强，努力做许多别人期待自己却不愿做的事，这种人，才是真正的弱者。人一对你抱期望，就怕辜负了人，硬是勉强也要实现承诺，到头来才发现，原来是自己太软弱。

# 女人的战争
## *Women's war*

从根本上必须承认的，是自己的心。只有承认软弱，才可能坚强；只有面对人生的不完美，才能创造完美的人生。

荣获奥斯卡最佳纪录片的《跛脚王》，便是叙述脑性麻痹患者丹恩的奋斗故事。丹恩主修艺术，因为无法取得雕刻必修学会，差点不能毕业。在他求学时，有两位教授当着他的面告诉他，他一辈子都当不了艺术家。他喜爱绘画，却因此沮丧得不愿意再画任何人的脸孔。

即便如此，他仍不怨天尤人，努力地与环境共存，乐观地面对人生。他终于大学毕业，而且还是家族里的第一张大学文凭。

"我脑性麻痹，但是我的人不麻痹！"同是脑性麻痹患者，也是联合国千禧亲善大使的小朋友包锦蓉说。

丹恩说，许多人认为残障代表无用，但对他而言，残障代表的是：奋斗的灵魂。

生活中，摆脱完美给你生活带来的压力和阴影，其实也很简单，以下就是一些行之有效的小方法。发散你的思维，也许你会更快找到全新的生活。

### （1）学习过健康的生活

选择自己喜欢的健身班进行锻炼，或养成晨跑的习惯，矫健的身影和红润的脸色会比任何粉妆更使你年轻生动；工作之余逃离城市，让自己以最自然的状态亲近自然，要学会享受阳光，热爱生活。

### （2）从心理上承认有不完美才是真正的人生

生活绝不可能一帆风顺，遇到挫折和处于低谷时，自信和乐观尤为重要，切不可自暴自弃。学会换个角度看问题，正因为生活中有让你感到沮丧、绝望的问题，你才会付出更多努力，才更懂得珍惜所得到的，即便是事情不尽如人意，即便失败，可那和成功一样构成你丰富的人生体验，那才不枉活一世。如果真有万事如意，心想事成的人，那他的生活还有什么激情，你以为他会觉得人生有意义，他会幸福吗？

### （3）不要对自己过分苛刻

不要对自己太苛刻，工作上给自己定一个"跳一跳，能够着"的目标，只要对得起自己的努力和良心，不要太在意上司和同事对自己的评价。否则，遇到挫折就可能导致身心疲惫。不要为了让周围每一个人都对你满意而处处谨小慎微，还是要有点"我行我素"的气魄，不然让所有人都满意唯自己不满意对你又有什么好处呢？

### （4）学会放松和排解不愉快

情绪的过分紧张和焦虑，会影响一个人解决问题的能力；而生活中常常会遇到一些始料不及的事，应学会放松，调节自己的情绪，保持生活的规律和睡眠的充足，以饱满的精神状态面对并解决问题。学会倾诉和寻求帮助来排解不愉快，生活中绝大多数人都有一颗助人为乐的心，找一个听你诉苦的朋友不会是太难的事。

### （5）不要让自己的完美主义倾向变成负担

每个人或多或少都有一些完美主义倾向，其实并不需要太过担心。应该看到完美主义者有着众多的优点，比如严格自律、意志坚定，执著，仔细周到，计划、秩序、组织性强，这些优点只要发挥得当，不要只重细节而忘了主要目标，完美主义者绝对是一个训练有素的出色的员工，应有足够的信心去面对工作上的压力。

快乐是一种主观感受。外界环境能够影响人们的情绪，但不能决定人们的心境。面对风花雪月、良辰美景，许多人精神愉悦，心情舒畅，而林黛玉却对月伤怀，见花落泪。客走他乡，行舟远方，许多人满怀惆怅，思乡情切，而李白"登高壮观天地间，大江茫茫去不还。黄云万里动风色，白波九道流雪山"，壮怀激烈间没有丝毫离愁别绪，其实，乐园就在你心里。

# 乐园就在你心里

心态是人情绪和意志的控制塔，从成功学的角度看，它可以分为两种，积极的和消极的，正是这两种心态决定了行为的方向与质量。

心态就是内心的想法，是一种思维的习惯状态，生活中随时可见不同的人对同样一件事持有不同的看法，并且都能成立，都合逻辑。比如同样是半杯水，有人说杯子是半空的，而另一个人则说杯子是半满的。水没有变，不同的只是心态。心态不同，观察和感知事物的侧重点也就不同，对信息的选择就不同，因而环境与世界都不同。

我们的境遇并不完全是由周围的环境造成的。

犹太人弗兰克在二战期间曾被关进奥斯维辛集中营3年，身心遭受极度摧残，境遇极其悲惨。他的家人几乎全部死于非命，而他自己也几次险遭毒气杀。在亲身体验的囚徒生活中，他仍然不懈地客观地观察、研究着那些每日每时都可能面临死亡的人们，包括他自己。

当他赤身独处囚室时，忽然顿悟了一种"人类终极自由"，这种心灵的自由是纳粹自由无论如何也永远无法剥夺的。他可以自行决定外界的刺激对本身的影响程度。因此，"什么样的饥饿和拷打都能忍受"，"在任何特定的环境中，人们还有一种最后的自由，就是选择自己的态度。"

他还发现了弗洛伊德的错误，作为该学派的继承人，他反驳了自己的祖师。弗洛伊德认为：人只有在健康的时候，心态和行为才千差万别；而当人们争夺食物的时候，就露出了动物的本性，所以行为和动物几乎无以区别。而弗兰克却说："在集中营中我所见到的人，完全与之相反。虽然所有的囚徒被抛入完全相同的环境，但有的人消沉颓废下去，有的人却如同圣人一般越站越高。"

人与人之间只有很小的差别，为什么有人"消沉颓废下去"，有人却"越站越高"，造成这种差别的根本原因就是人生的态度是积极的还是消极的，巨大的差异就是成功与失败。

多少人埋怨社会无机会，世道不公平，责怪别人冷漠无情，责怪自己生不逢时……可是我们想过没有，无论在任何社会环境里，总有人充满希望、快乐和幸福。

同样都是聪明的孩子，学习成绩却有好坏优劣之分。学习不好，不是智力问题，而是不认真听讲，不认真做作业。"认真"是什么，认真并不是智慧，而是心态！

同样是工人、职员，有人为五好员工、劳动模范，有人却为阿混，真正的区别仅在于谁更积极、更努力、更负责，而不是聪明才智和技能。积极、努力、负责都是"心态"。

社会精英、领袖伟人，他们的成就，取决于付出甚至牺牲的多少。愿意付出、牺牲，绝非方法问题，确确实实来源于心态。

爱迪生说："天才是99%的汗水加1%的灵感。"

爱因斯坦说："人们把我的成功归功于我的天才，其实我的天才只是刻苦而已。"

马尔比·巴布科布克说："最常见同时也是代价最高昂的一个错误是，认为成功有赖于某种天才、某种魔力、某种我们不具备的东西。"

伟人之所以伟大，仅仅因为他们的心态更积极。

哲学家布伦说："我们只有一种忧虑，就是深怕失去乐园；我们只有一个欲望，就是渴望得到它。"乐园就在我们的心里。如果用成功学的观点来看，这个宝藏就是心态。

你掌控着自己的心态，因而你主宰着自己的命运。影响你心态的，不是上司，不是同事，不是父母，也不是失败，而是你自己。外界事物的变化，别人的所思所行，都不是我们的责任。我们只为自己的反应负责，这就是我们的态度。我怎么想、怎么反应，全凭你自己，积极还是消极。

如果你是积极的，你看到的就是乐观、进步、向上的一面，你的人生、工作、人际关系及周围的一切就都是成功向上的；如果你是消极的，你看到的就是悲观、失望、灰暗的一面，你的人生自然也就乐观不起来。你的心态决定了你自己。

积极的心态，就是心灵的健康和营养。这样的心灵，能吸引财富、成功、快乐和身体的健康。消极的心态，却是心灵的疾病和垃圾。这样的心灵，不仅排斥财富、成功、快乐和健康，甚至会夺走生活中已有的一切。

诺曼·考辛斯是加利福尼亚大学洛杉矶分校医学院神经病学与生物行为学系的副教授。早在25年前，医学家就告诉他活不多久了。但他以坚定不移的信心和决心，否定了医生的预言。35年来，他一直是《星期六评论》的编辑，还写过《人类的抉择》等15本书。

1954年，考辛斯39岁，为了进行人寿保险而去检查身体时，心电图表明他有冠状动脉阻塞的迹象。保险公司拒绝为他保险。医生告诉他只能再活1年半，而且还得放弃工作和体育活动，成天呆坐不动才行。

考辛斯不愿意改变他那种积极活跃的生活方式。他宁愿以锻炼来保持心脏健康，下决心为了生存下去另辟新路。

# 女人的战争
## *Women's war*

1961 年，考辛斯又得了一种致命病——僵直性脊椎炎。他又开始搞了一个大胆的自我治疗程序：大量服用维生素 C 和自我实行"幽默疗法"。他每天看滑稽电影和幽默读物。他后来发现，10 分钟真正的捧腹大笑能起到一种麻醉作用，至少能让他有两个小时摆脱疼痛睡上一觉。

1981 年，考辛斯第三次和死神较量。当时他心脏病发作了。他深知在紧急情况下惊慌是足以致命的，所以他告诉自己：首要的是情绪别激动，要平静，相信自己能坚持下去，一切都会好的。

经验使考辛斯相信：人的精神较之药品更有力量，而且消极的力量，如紧张、压力等都会使身体衰弱，而积极的力量，如快乐、爱情、信念、欢笑、希望等都能起到相反的作用。没有人能断言我们战胜自身消极情绪的能力不会引起我们身体内部生物化学反应的积极变化。我们能够安排自己的生活，去求得生存。

你必须培养阳光心态，以使你的生命按照你的意愿提供报酬，没有了阳光心态就无法成就大事。

## 阳光心态的修炼

有时候，积极思想之所以无效，最重要的理由之一是，我们没有真正去实行这一原则。积极思想需要不断训练、学习及持之以恒。你必须乐意主动去实行，有时候要经过一段时间后才能见效。

我们总是在意想不到的时候产生出不愉快的想法。所以重要的是，不但要学会如何排除掉不愉快的想法，还要学会怎样把腾空了的地方装上健康而积极的念头和想法。

汤姆刚刚疲累地做完了一天的工作，回到家里冲一个澡，热水冲在身上，使他感到非常舒服。

正在怡然自得的时候，他突然想起了昨天和经理吵架的事情。一下子，满脑子都充满了不愉快的回忆。

但是，汤姆正在痛痛快快的淋浴，不可能在此时此刻解决和经理发生的那个问题。

那么，看看他此刻是怎么做吧！

汤姆拿出自己的"情绪吸尘器"，把有关和经理的种种想法统统排除掉。他知道，此刻根本解决不了跟经理争吵的事情，但是能够把澡洗得痛痛快快。你也可以这样做，一旦你在这样做的时候尝到甜头，头脑里浮现出的愉快景象会使你觉得舒畅得多。

假如不久你又想起了那些泄气的往事，赶紧再"除尘"，再去想象美好的事物。

不论你有多少次觉得需要使用"情绪吸尘器"去打扫，就去用吧。只要你一不自觉地想起了泄气的事情，就必须有意识地行动起来，把那些念头赶跑。

本·霍根是一名非常出色的高尔夫球手，他自称去球场练球是"训练肌肉记忆力"。当他上场时，总是重复练习同一动作，直到他的肌肉能"记住"动作的规律为止。他们的思考习惯也是如此。我们必须重复训练思维习惯，直到当我们遇到麻烦时，思维能有如我们所希望的那样做出反应为止。我们的大脑必须被训练成积极思考的模式。

不管什么时候，只要脑子里出现泄气的想法和问题，就要采取措施。只有你自己才能够控制你的头脑。要用"情绪吸尘器"把它们赶走，留出地方来装即将到来的欢乐时光和成功胜利！

亚伯拉罕·林肯说过："人下决心想要愉快到什么程度，他大体上也就愉快到什么程度。你能决定自己头脑中想些什么，你能控制自己的思想。"

积极思想只有在你相信它的情况下才会发生功用，而且你必须将信心与思想过程结合起来。很多人发现积极思想无效，原因之一便是他们的信心不够。因为小小的怀疑和犹豫，不停地给它泼冷水。因为他们不敢完全相信：一旦你对它有信心，便会产生惊人效果。

无论什么时候，只要脑子里出现了消极的想法，就把"情绪吸尘器"

动起来，把消极的想法清除掉。

不要再谈论和回味那些消极泄气的事情了，有什么用吗？没有！所起的作用只不过是带来更多的消极因素，产生更多的泄气念头，出现更多忧心忡忡的烦恼。有消极因素是不可能取得成功的。出现了消极因素，就要清除干净。这样，你才能着手盘算如何愉快起来，才能有时间觉得痛快。

要谈论欢乐的时刻，鼓舞未来的计划，为自己以往的回忆和现在体验到的积极因素感到高兴。于是，随着这些积极的话语便会产生出积极的行动和情绪。

俗话说："人比人，气死人。"女人容易看到的往往是别人比自己好的地方，并因此心境难平。我们应该像那只乡下老鼠一样，更着重自己已拥有的生活，再心平气和去改进问题与不足。··········

# 快乐的女人不攀比

莎士比亚说："妒忌，你使天使也变成了魔鬼。"的确，攀比妒忌之心如同女人心底里隐藏的一株杂草，一旦开始发育了，它便会使女人疯狂起来，不但毁了别人，也毁了自己。

一天，一个形容枯槁的中年女人来到班耐尔医生的诊所。一进门她就喋喋不休地抱怨自己如何的不幸，丈夫离她而去了，工作也搞得一塌糊涂，刚刚上中学的孩子也不愿回家陪陪她，又因炒股票而欠了一大笔债……

"那么，你丈夫为什么离开了你？"

"我也没说什么，只说邻居杰克很能干，又开了一家快餐店，而且生意红火得不得了，而相比之下，李奥——我丈夫简直是个笨蛋，连一个蛋糕房都弄不好还要赔本。"

"孩子们呢?"

"他们,简直不像话,每次考试总是 C 或 D,害得我每次家长会都很没面子。"

"那你为什么要炒股票?"班耐尔医生继续问道。

"噢,天啊,邻居罗斯太太炒股赚了一大笔,她的那部卡迪拉克就是炒股票赚的,她行为什么我不行?"

班耐尔医生问完这些问题后,没有说什么,而是给她讲了一个有关乡下老鼠和城市老鼠的故事:

城市老鼠和乡下老鼠是好朋友。有一天,乡下老鼠写了一封信给城市老鼠,信上这么写着:"城市老鼠兄,有空请到我家来玩,在这里,你可以享受乡间的美景和新鲜的空气,过着悠闲的生活,不知意下如何?"

城市老鼠接到信后,高兴得不得了,立刻动身前往乡下。到那里后,乡下老鼠拿出很多大麦和小麦,放在城市老鼠面前。城市老鼠不以为然地说:"你怎么能够老是过这种清贫的生活呢?住在这里,除了不缺食物,什么也没有,多么乏味呀!还是到我家玩吧,我会好好招待你的。"乡下老鼠于是就跟着城市老鼠进城去。

乡下老鼠看到那么豪华、干净的房子,非常羡慕。想到自己在乡下从早到晚,都在农田上奔跑,以大麦和小麦为食物,冬天还要不停地在那寒冷的雪地上搜集粮食,夏天更是累得满身大汗,和城市老鼠比起来,自己实在太不幸了。

聊了一会儿,他们就爬到餐桌上开始享受美味的食物。突然,"砰"的一声,门开了,有人走了进来。他们吓了一跳,飞似的躲进墙角的洞里。

乡下老鼠吓得忘了饥饿,想了一会儿,戴起帽子,对城市老鼠说:"乡下平静的生活,还是比较适合我。这里虽然有豪华的房子和美味的食物,但每天都紧张兮兮的,倒不如回乡下吃麦子,来得快活。"说罢,乡下老鼠就离开都市回乡下去了。

"那你的意思是说,我就什么都不去想,什么都不去做,任生活就这样糟糕透顶下去?"这位太太盯着班耐尔的眼睛问。

"不,不,我是说,你应该在发火前,多讲讲这样的故事,然后再想办法去解决你们面临的问题。记住,我是说真正的问题,而不是在与别人比较出来那些所谓的'问题'。"

听了班耐尔的解释，那位太太终于明白了医生暗指的意思，高高兴兴地出了诊所的大门，脸上浮动着愉快的生气。

俗话说："人比人，气死人。"女人容易看到的往往是别人比自己好的地方，并因此心境难平。我们应该像那只乡下老鼠一样，更看重自己已拥有的生活，再心平气和去改进问题与不是。对于别人的优越，你再气，也于事无补，反倒是伤害了自己的心身，有什么好处呢？这才是对的。

英国诗人雪莱曾说：如果你十分珍爱自己的羽毛，不使它受一点损伤，那么，你将失去两只翅膀，永远不再能够凌空飞翔。·····················

# 做逆境中的 "火凤凰"

处于困境中的女人，要想突破以生活和命运为基础的樊篱，必须设法调整自己的心态，以一种积极上进的心理去面对人生，迎接挑战，并积极打破一切烦恼、忧虑的屏障，那么她也就获得了一半的成功。

根据科学家多年的分析研究，最后得出了女人逆境求生存的十大心理要素，具体如下：

### （1）笑对逆境的心态

塞尔玛陪伴丈夫驻扎在一个沙漠的陆军基地里。丈夫奉命到沙漠里去演习，她一个人留在陆军的小铁皮房子里，天气热得受不了，甚至在仙人掌的阴影下，也有摄氏52度的高温。她没有可以聊天的对象，因为她身边只有墨西哥人和印第安人，而他们不会说英语。她非常难过，于是就写信给父母，说要丢开一切回家去。她父亲的回信只有两行，而这两行字永远留在她心中，完全改变了她的生活：

两个人从牢中的铁窗望出去，

一个看到泥土，一个却看到了星星。

塞尔玛一读这封信，就觉得惭愧。她决定要在沙漠中找到星星。

塞尔玛开始和当地人交朋友，他们的反应使她非常惊奇：她对他们的纺织、陶器表示兴趣，他们就把最喜欢而舍不得卖给观光客的纺织品和陶器送给了她。塞尔玛研究那些引人入迷的仙人掌和各种沙漠植物、动物，又学习有关土拨鼠的知识。她观看沙漠日落，还寻找海螺壳，这些海螺壳是几万年前，当这片沙漠还是海洋时所留下来的……原本难以忍受的环境，顿时成了令人兴奋、流连忘返的奇景。

是什么使得这位女士的内心发生了这么大的转变呢？

沙漠没有变，印第安人也没有变，但是这位女士的念头和心态全变了。一念之差使她把原先认为恶劣的情况，变为一生中最有意义的冒险。她为发现新世界而兴奋不已，并为此写了一本书，以《快乐的城堡》为书名出版了。她从自己造的牢房里看出去，终于看到了星星。

在一般人当中，为什么失败平庸者居多，这主要都是心态的问题。一般人遇到困难，总是挑选逃避现实之路。"我不行了，我还是退缩吧！"结果陷入失败的深渊。成功者遇到困难，总是保持积极的心态，用"我要！我能！"、"一定有办法"等积极的意念鼓励自己，于是便能想尽办法，不断前进，直到成功为止。例如，爱迪生经过了几千次失败的试验，也决不退缩，最终成功地发明了照亮世界的电灯。

### （2）懂得提高自己的生产力

威玛·鲁道夫是个早产儿，在22个手足中排行20。小时候，她患了肺炎及猩红热。4岁时，又得了小儿麻痹症，左脚因而萎缩。医生以为她一辈子都无法步行了，但是她的家人却不愿放弃，他们每天轮流为她的腿按摩好几个小时。终于在铁鞋的协助下，慢慢迈开了步伐。她躺在床上，无法上学的时间长达两年之久。

11岁时，她终于可以不再使用她痛恨的铁鞋。她把铁鞋扔得远远的。威玛终于得到了自由。

威玛热爱跑步，有时会逃课到附近的体育场去跑步。跑得兴起，甚至会跑上一整天。不到一年，她就开始向附近的男孩子挑战，十之八九都占了上风。15 岁时她扔开铁鞋仅仅四年之后，她应邀与著名的田纳西州立大学女子田径队一起受训。16 岁时，她获得参加 1956 年奥运会的荣誉，不过只获得铜牌。接着，她得到田纳西州立大学的体育奖学金，同时接受艾德·谭波的培训。谭波是该校 1960 年奥运队教练，威玛在队中成为超级明星。正式比赛的前一天，她严重扭伤足踝，但是仍然获得 100 米及 200 米两项金牌，后来又在 400 米获得第三面金牌。

威玛·鲁道夫的表现真是令人无法置信！我相信她不是克服种种困难得到成功，而是因为有种种困难，缔造了她的成就。别人视为理所当然的健康，她却视为珍宝。快乐所带给她的热情，使她受训时特别卖力，超越了其他运动员。

你也有自己的理想之星吗？紧紧跟随那颗星，你一定会有更美好的前景。

在各个机构所作的许多研究中，都发现以负面态度回应逆境的人，生产力远逊于以正面态度回应者。1996 年，全美排名第六的大企业，作了员工个人 AQ 与生产力的比较。初步调查显示，员工的表现和他如何因应逆境有极大关联。由企业领袖的观感，也可明显得知高 AQ 的人生产力远高于低 AQ 的人。萨利格曼针对大都会人寿保险公司员工的调查中显示，以负面态度回应逆境的人销售成绩、生产力和表现，都比以正面态度面对的人差。

### （3）保持创造力

纽约市鲍德温村雷诺小学的罗曼妮·威治女士，是位非常杰出的教师。从她身上可以看出，对孩子奉献、鼓励、关爱、要求孩子追求美好的表现，会对孩子产生多么大的影响。这位为教育奉献的好老师和她的学生都极具创意。每次遇到问题，他们都能迎刃而解，创造出新契机。

1993 学年度中，他们制作了一出了不起的歌剧《歌剧之始》。想想看，一群九十岁的孩子要写剧本、制作歌剧、表演，还有一个五年级学生要担任交响乐团的指挥，这是何等庞大的工程！威治女士说，对她而言最困难的一件事，就是"放手让孩子们自己决定及执行一切"。

整个制作费用只有 125 美元，单是脚灯的租费就要这么多了。于是，孩子们开了一个募款会，额外得到 1200 美元——二至五年级学生制作了五套卡片，每套六张，是以各式各样音符制作的，精彩极了。此外，他们还用纸盒制作座椅，真是别出心裁。

最重要的是，这场歌剧演出极为成功，并且还为其他演出播下了种子——包括一出有关移民的音乐剧。总之，威治女士和学生所制作的东西几乎无往不利，孩子们因此得到许多成长的机会。从他们身上也可以看出，只要有适当的指导，有才华的年轻人将会有十分杰出的表现。

我们应该帮助年轻人成长，不要一味地批评、挑剔。恭喜威治女士和她杰出的学生，相信有心提携孩子的父母、师长都会踏着你们的脚步，指导孩子做更多类似的活动，使他们的创意得以发挥，并且建立自信及个性。

创新本是种希望行为，人们期盼先前不存在的事可能发生。据未来学者乔·巴克尔的说法，创造力也会来自绝望，因此人需要克服不确定逆境的能力。若认为自己的作为不会有任何影响，怎么可能会有创造力？受后天影响的无能为力破坏了聪明才智者的创造力，无法承受逆境的人也无从产生创造力。

### （4）拥有活力

胡仙女士是福建永定县人，70岁的她虽被称为"亚洲最富有的女人"，却终生未婚。她的事业遍布欧、美、澳洲，一年至少有一半的时间奔波在这几大洲之间。贵为富家的女性仍如此辛勤工作，其敬业精神令许多男性也难望其项背，但无论是服装还是车子，其生活之简朴同样令同辈们感到不可思议，难以置信。

胡氏集团昔日靠着胡文虎两兄弟的辛勤工作，早已成为一个集民品、房地产、矿业、银行以及保险等行业的庞大商业王国。

当虎标永安堂主人，亦是星系报业有限公司总裁的胡文虎于1954年去世时，留给胡仙女士的遗产只有香港《星岛日报》、《星岛晚报》和几幢毫不起眼的大厦。当年的胡仙还不过才20岁出头，其继承的遗产中，《星岛晚报》甚至尚有未偿清的债务。临危受命的她却没有哭泣，下定决心要建立起自己开创的"新王国"。虽然贵为报业董事长，但胡仙并无骄气，总是很虚心地请教，非常平易近人。

皇天不负苦心人，在胡仙的苦心经营下，不到五年，日报和晚报的销量就已荣登香港报业之首。扭转了公司颓势的胡仙并未就此停步，仍不断地学习，不仅全面地革新生产设备，而且还将具有浓厚家族色彩的报纸变成了一份具有世界性、综合性特色的报纸。

几十年来，胡仙致力于报业，其印刷厂早已遍布纽约、旧金山、温哥华、多伦多、巴黎等世界各国，甚至可以说，只要有华人的地方，就有《星岛日报》。如今，拥有12种不同海外版的《星岛日报》已成为世界上第一份国际性的华文报纸。

事业心极强的胡仙女士并不满足于报业这一行业，除了出版报纸以外，她还往印刷、造纸、影像制作、制药、牙医护理、旅游、房地产等行业扩展。

一分耕耘，一分收获。勤勉工作为胡仙女士带来的不只是滚滚财源，更有许多的荣誉，如：1968年世界华文报业协会成立时，她被选为会长；1970年成为国际新闻协会有史以来的第一位女主席；1974年英国授予O·B·E头衔；1975年香港中文大学授予荣誉法学博士学位；1988年以第一位非美国公民身份，被美国俄亥俄州大学授予卡尔·范·安达大奖。虽然胡仙女士一生未婚，但辉煌的事业给了她充实的人生。

### （5）勇于冒险和尝试

珍妮·凯若勇气过人，由于她的努力，全美各地有许许多多无名英雄才因此引起大家的注意，得到应有的鼓励。这一切改变，都是珍妮·凯若带来的，她是一个有胆识、肯投入、想象力丰富，并愿意比别人付出更多心力的人。

为了使大家注意到国内所发生的一些趣事，她特别把焦点放在一些默默行善，使美国变得更美好的人身上。她辞掉工作，以信用卡借了2.7万美元，身兼作者、制作人、导播、推销、企划、创作人，完成了《无名英雄》这个电视节目。第一集在1991年12月23日播出。接下来三年中，每年都在黄金时段重播六七次。

珍妮·凯若说，如果早知她目前会知道的事，她或许就不会开始做这个节目了。想想看她的条件：单身母亲、没有钱、毫无制作电视节目的经验，却必须和那些经验丰富、有大把预算，又可以利用最先进科技制作节目的单位较劲。

这个节目对珍妮及许许多多其他人造成很大的影响，包括一位摄影师——他觉得能站在摄影机后面拍摄那些了不起的人，自己也变得"重要"起来。"但是，"他说，"面对这些无名英雄，我才体会到，他们才是真正的英雄。能够拍摄他们，是我的荣幸。"的确，这一切都是珍妮·凯若造成的。同样地，你也可以给其他人带来建设性的不同。

如果你对现实无能为力，就不可能会冒任何风险，甚至会觉得冒险没有意义。你觉得自己的作为不会造成任何改变，就丧失跃向未知领域的活力。然而，事实上积极思想完全可以克服那些消极的东西。不是只靠一厢情愿地想："我觉得我可以做到，我觉得我可以做到……"而是要探索原因，找寻缘由；是肯定自己做得对；是把生命中的逆境用你心中的勇气化解掉，这样你将成为一名真正的女中豪杰。

### （6）聚集能量，提升竞争力

洛莉·威尔森在《达拉斯晨报》的一篇文章中指出，"德州墨裔美人商会联合会"推选布兰妲·瑞斯为德州年度风云女性。这个有九千名会员的团体，每年选出一位事业经营最成功、最热心参与社区活动，以及最有专业贡献的职业妇女加以表扬。

瑞斯女士是一位独立的职业妇女，她拥有"革新电脑集团"。刚进企业界时，她在银行任职过一段很短的时间。但是她后来发现，有一位女同事竟然在同一个工作岗位待了四十年，立刻断定这个工作并不适合她。她先申请进入纽奥良大学，后来又决定到海军服役，不过，她日后还是回去完成了大学学业。

除了在海军服役时学到种种与荣誉、纪律有关的事之外，她云游四海的经历也使她体会到必须找寻自己的专长，并且加以投资。大学毕业后，她发现自己对电脑特别擅长，因此空闲时就为没有耐性的朋友设定电脑系统。起初是免费服务，但是她后来发现，可以利用电脑知识来创业。1986 年，她在家乡纽奥良创立了第一个软体设计公司，后来迁移到达拉斯。

身为海军老兵的布兰妲，早已见过各种场面及人物，因此面对一屋子大公司的大老板，她仍然可以泰然自若地展现她的电子设备。她无需向他们弯腰作揖，因为她能完全配合科技的改变，勇敢地迁移、扩展公司。有目共睹的优异成果，使她荣登"德州年度风云女性"。

恭喜你！布兰妲·瑞斯！你为我们立下了好榜样，教导我们把自己的专长发挥到极致。

我们身处不进步便被淘汰的年代，不论在企业或个人生活中，都必须改进自己，才能避免在事业生涯和人际关系中退化。在测量游泳选手的 AQ 表现时，AQ 较高的人有进步，AQ 较低的人则相反。

### （7）保持斗志的毅力

同为女性，我们有什么理由为自己找借口，让自己成为男人的附属品？

请看滑冰世界冠军叶乔波是怎样以她的顽强精神，向人们展示了一名成功女性的风采吧！

10 岁开始踏上滑冰场的小乔波是个追求完美的孩子，严酷的训练让年幼的她疲于奔命，但为了心中的梦想，她一路坚持下来。18 岁那年，她的头椎受伤，经北京、沈阳几家大医院诊断后得到了相同的结论：再继续练将有瘫痪的危险。继续与放弃的艰难选择摆在乔波面前，生性好强的乔波毅然选择了前者。

看似娇柔的乔波以顽强的意志力忍受着令人望而生畏的"牵引术"，将头椎治愈了，她忍受超越极限的苦练使自己重新飞旋在溜冰场上。

1988 年，已进驻冬奥会选手村三天的乔波突然被国际滑联取消参赛资格，并被罚停赛 15 个月，理由是她所吃的中药里含有禁药成分。

这一次的打击无疑是沉重的，23 岁的她还能有多长的运动生涯？面对这并非自己造成的过错，乔波欲哭无泪，但她却并未屈服！4 年后的冬季奥运会上，乔波以一连串令人震惊的成绩，让世人刮目相看。

这时叶乔波已 28 岁了，去留的抉择又困扰着她：是急流勇退，还是继续努力争取 1994 年的冬季奥运会金牌？斟酌再三，叶乔波再次以超人的毅力留下来，为自己设定了更高的目标，超越荣誉的决心使她战胜了病痛。超越自我的信心使她不再患得患失，她要完成的是一项神圣的事业。胜利固然重要，失败同样值得鼓励，只要不断奋斗，就能发挥自身的价值，叶乔波用不断的奋斗来充实自己的人生经历。由于各种诱惑容易使人偏离既定目标，她必须以超乎寻常的意志来抵御诱惑。叶乔波将自己的乐趣建立在追逐目标的奋斗中，建立在实现目标的那一刻。

成功者总会经历无数的磨难，命运再次和这位顽强的女性开了一个玩笑，冬季奥运会前夕，叶乔波突然患盲肠炎，必须动手术。努力 4 年的叶乔波不禁泪流满面，心想难道自己 4 年的艰苦奋斗又将付诸流水吗？倔强的乔波恳求医生用中医疗法，意志力坚强的乔波三天后便奇迹般地回到了训练场。叶乔波再一次战胜命运的捉弄，凭着自己一流的技术和意志，获得了成功。

毅力是登峰造极的精髓，是在面对挫折或失败时依然不断尝试的能力。长期下来，少有其他特性能如毅力那般创造成果，若配合创意，更能发挥积极作用。

### （8）提高自己的应变能力

灾难及悲剧往往会造成出人意料的成就及长足的进步。1883 年 8 月，一场龙卷风袭击明尼苏达州的罗彻斯特，但是龙卷风去后的废墟中，却建立了举世闻名的梅尔医院。最近在《投资人日报》上有一篇丹尼尔·卜墨菲写的文章，叙述圣法兰西斯修道院创办人艾弗瑞·莫丝带着缺乏医疗训练的修女，协助照顾在龙卷风中受伤的人。她在当地时，极力设法说服镇上最资深的医生，他终于答应在她募款建立一所医院后，担任该院的院长。这位医师的大名是威廉·瓦若·梅尔，他所主持的圣玛丽医院则是名闻遐迩的梅尔医院的前身。

20 世纪初，圆形象鼻虫席卷美国南方棉花田，阿拉巴马州南部受灾尤其严重。就是这一场灾难使当地农民认识到必须使农作物多样化，他们开始种植花生、玉米、新鲜蔬菜、黄豆……结果使整体经济大为改进。阿拉巴马州恩特普莱市民甚至因此在市中心立碑感念象鼻虫。

从这些例子中，我们知道：遇到灾变时，不要一味地惊慌、埋怨，想想看它能带给你什么样的启示，或许反而会因祸得福呢！

面对不断涌来的变化，接纳不确定的未来和变动的环境的能力就举足轻重。甚至最有经验的登山专家，也得面对落石、多变的天气、突如其来的洪水和火山爆发的挑战。然而，若认为自己所做的一切不会有任何影响，就会在变局中丧失应变能力，而这可能就是促使你放弃的主要原因。

许多人认为改变教人惊慌失措，觉得这是影响层面广泛的长久威胁，无力控制。虽然迄今尚无任何这方面的正式研究，但由我的调查可以明显看出一个趋势：乐于接纳改变的人能积极面对逆境，用逆境加强决心；而不能接纳改变的人唯有面对失败。

美国西部公司丹佛公司重组时，自觉有能力掌握变局的员工，不但保住工作，而且有优良表现；觉得无望的员工则在健康、工作动机和表现等方面，都打了折扣。

### （9）不屈服挫折和压力

已故的玛丽·柯罗丝丽常说："一个有坚定信念的人，胜过一百个只有兴趣的人。"有坚定的信念，才能不屈服于挫折和压力，才能做到持之以恒，完成预定的计划。

一个有坚定信念的推销员，对自己推销的产品深具信心，因此态度、肢体语言、声音、表情等方面也在反映出这种态度，使顾客感觉产品的确有价值，十之八九会购买——不是因为对产品或服务有信心，而是因为相信这位推销员。

我们的感觉是会感染他人的，例如勇气经常会感染他人，坚定的信念也同样具有传染性。对自己所传授的知识有坚定信心的老师，必定能够让学生具有同样的信心。玛丽·凯曾说过一句话："很多人都因为别人对他们的深切期望，而达到出乎自己意料的成就。"简单地说，就是因为别人对自己的信念，使自己产生信心，有了更高的成就。

的确，信心是由于相信及知道自己所教导、从事或推广的东西绝对正确而产生的，这些信念感染了生活圈周遭的人，那些人和社会都会因此获益。

一个有坚定信念的人，必定会全心全意把这些信念传递给他人。一个有坚定信念的伟大领袖，必定能以他的坚定信仰吸引许多信服他的人。同时，有坚定信念的人一定会乐在工作，并且远比那些缺乏信念的人更成功。

生活中绝不会缺乏压力，不论是工作上的压力或丧失所爱、被炒鱿鱼、生病受伤、觉得孤单寂寞，都会产生压力。不能接纳逆境的人，经常受挫折折磨，有些人很久才复原，有些则永远不会复原。

在更极端的情况下，无能力控制的感觉使你丧失弹性——也就是恢复能力。攀登者必须要有弹性，因为经常得面对登山的种种逆境。有时千辛万苦，沿着特定的路径向上攀爬，结果却发现难以跨越的障碍。这时必须克服身心双方面的失望和疲惫，重新规划新路径，有时甚至得先退再进，继续登峰造极。

研究坚韧的知名学者欧勒特证实，以坚韧的态度——控制、挑战、投入面对挫折的人，在面对困难时能采取各种弹性方式回应。而不能以坚韧态度回应挫折的人，则会因逆境而软弱。

### （10）勇于承担责任，然后找出根源

韩晓是一家贸易公司的前台文秘，她的日常工作除了接送来往客人以外，就是整理打印一些外发传真和文件。一次，经理让她打印一份报价单，由于一时疏忽，她把一个小数点的位置安放错了，结果拍出的价格当然就与真实价格相差很大。经理接到对方回复的时候，发现了这一问题，便来到前台找她，其实经理并没有狠狠怪她的意思，他只想以此来警告她：今后工作一定要认真而已，可是韩晓却一副无辜的样子加以否认，使得经理对她大为光火。

在现实生活和工作中，犯了错误在所难免，只要把它承担下来，找到出错的根源加以改正，没有谁会太在意这些。但是如果一个人，明知道自己是错误的，却不敢担当下来，就会让人觉得作为人的不诚实，必然失去他人的信任。

夕阳西下，明朝还会东升；这次不行的话，只不过是从头再来一次；事情不会像你想象得那么好；但也不会像你想象得那么糟。·················

# 不为打翻的牛奶哭泣

在人生道路上，不仅仅有阳光和鲜花，还有很多是乌云和冰雹，在事业或其他方面的挫折接二连三地袭来时，一种忧虑烦恼的情绪也许会在心头挥之不去，而这种心境对渴望成功的你来说是无形的障碍。

### （1）让事情和工作充实自己

要使自己驱散消极忧虑的情绪，最好的办法是找些事情来做，让工作

充实自己。当你投入工作之中，或者为某些事情忙碌时，烦恼自然会离你远去。

海军上将柏德在南极探险时，一个人在那冰冻的大地上停留了 5 个月，极地气候的寒冷，条件的艰苦，白昼与黑夜一样暗，使他必须保持忙碌以免疯狂。他后来在他的著作《孤寂》中写道："每晚，把灯吹熄前，我养成检查明日工作的习惯。我指派自己花一个小时在逃生隧道上，半小时调整水平仪，一个小时弄直油灯，再花两小时换上新的橇板……这个方法很管用，有能力分配这些时间，让我自己感到拥有很强的自主性，不这样做，日子毫无目的，没有目的的日子，终必烟消云散，消逝无痕。"

如果不让事情使你的日子过得充实，整天无所事事，忧虑和恐惧就会像神话中的小妖精，在不知不觉中摧毁我们行动与意志的力量。保持忙碌，使自己的日子更充实，烦恼人生将离你而去。

### （2）不要生活在过去中

国外有一则著名的"不要为已倒的牛奶哭泣"的故事。其大意是：一天早上，我们到实验教室上课，我们老师的桌上放着一瓶牛奶，我们坐下后，看着牛奶，不知这跟卫生课有何关联。老师站起身来，把牛奶一把扫入水槽，并大声对我们说："不要为已倒的牛奶而哭泣。"他叫我们围在水槽边看那些碎片，他说："看清楚！我要你们一辈子记牢这一课。"牛奶流走了，你看到牛奶流走，却再不能把它收回。但如果事先做好防范，就不会使牛奶倒掉，但现在太迟了，我们只能忘了它，去做一件事。任何人都知道，任何已过去的事我们都无法改变，哪怕仅仅过了三分钟。但我们大部分人都会为过去的错误而烦恼，并长时间陷入其中不能自拔，对过去的错误，后悔烦恼都是毫无意义的，唯一有益的办法就是冷静分析过去的错误，吸取有用的经验教训。世上没有后悔药，任何后悔都不会挽救已发生的失败或错误，唯一的办法就是"不要为已倒的牛奶而哭泣"，重新投入到新的事情当中。

### （3）从精神上先接受最坏的结果

我们都有这种心理，当某一结果不好的事件即将发生时，我们往往束手无策而陷入焦虑当中。出现这种情况时，我们不妨先从精神上接受即将发生的最坏结果，使自己放松下来。如果一直焦虑下去的话，就不能集中精力做好其他的事，因为忧虑的时候，思想就会到处乱转，从而使我们丧失做决定的能力。

当我们强迫自己面对最坏的情况，并在精神上接受它之后，我们就能够冷静下来面对不利的情况，使我们处在一个可以集中精力解决问题的地位。

从精神上先接受最坏的结果，从心理学角度来讲，它能够把我们从那个巨大的灰色云层里拉下来，让我们不再因为忧虑而盲目摸索。它可以使我们双脚稳稳地站在地面上，如果我们脚下没有坚实的土地，又怎能冷静面对不利情况从而作出正确的决定呢？林语堂也说过类似的话："能接受最坏的情况，在心理上，就能让你发挥出新的能力。"

现实生活中，许多人不愿接受最坏的打算，不肯由此以求改进，不愿意在灾难中尽可能地救出点东西来，只会使事情越变越糟，甚至到无可挽回的地步。所以，聪明的我们只能从精神上先接受最坏的情况，冷静面对，从困境中寻求希望，进而摆脱困境，重新赢得成功。

**（4）不要轻易放弃心中的梦想**

在大多数情况下成功并不是轻易就能取得的，在成功到来之前，往往要经受各种各样的挫折。有些意志不够坚定的人也许在这些挫折面前悲观失望，放弃自己心中的梦想。"我能力有限，也很软弱，现实社会又是多么的残酷，看样子我是无法实现自己的梦想了，不管什么事我也干不成了。"如果一遇挫折就对前途产生动摇的话，潜意识就不会播下不良的种子，终将导致失败。如果坚信成功，由此而产生的巨大动力会大大提高我们的工作效率。韩国前总统金泳三在中学时就立下远大的志向，并在房间里挂上写着"未来总统金泳三"的条幅，他始终坚信自己将来能够成为韩国总统，并朝着这一目标不断努力，无论遇到什么挫折，也从不放弃自己的梦想，终于在战胜了一系列挫折之后当选为韩国总统，实现了中学时的梦想。

永不放弃心中的梦想，朝着正确的方向不断努力，成功一定会很快到来。

**（5）做命运的主人**

决不能把"命运"两字看得太神秘了，以至于不论大小事情，自己都毫无主张，一切皆听凭"命运"安排。青年人，当一时不能成功时，应当检讨自己，是哪方面出了问题，然后通过努力及时改正，而不是一味任由所谓"命运"的安排。

若你的能力有限，你应及时运用它、发展它；若智慧欠缺，你就要热切地通过各种途径来增长智慧，使自己的头脑变得更加聪明，若身体不够强壮的话，你就应多参加各种有益身心的体育活动，使你的体魄更健壮。只要我们能认识自我，及时弥补自身的弱点，使自己不断得到完善，命运也就把握在自己手中了。

### （6）面对不利的环境学会忍耐

成功之所以令人欢呼，是因为成功来之不易。在成功到来之前，往往会遇到各种不利的环境和条件，这就需要我们先学会忍耐和等待。

二战时，欧洲战场上出现了一边倒的战事，法国很快就被德国法西斯占领，整个欧洲大陆几乎都在德国控制之下。德国开始对英国本土进行破坏性很大的飞机轰炸。面对这种猛烈地攻击，英国民众普遍认为，战争很快将以英国的失败而告终，只是时间的问题。但当时的丘吉尔以对德国的强硬和不妥协而当选为首相，他面对英国如此不利的形势，号召民众说："我们现在正度过一个最恶劣的时期，在事态变好之前，可能还会有比现在更糟的情况出现。可是如果我们能忍耐坚持的话，我相信情形一定会变好的。"在丘吉尔的领导下，英国军民团结一致，英勇抵抗德军的攻击。不久希特勒战争目标转向前苏联，大大减轻了对英国的威胁，接着德军在前苏联战场上战败，英美开辟了第二战场，英国的忍耐终于获得最终的胜利。罗拔席勒说："就算一切都被认为不可能时，也不可以承认失败。"

### （7）从失败中看到成功

坚强的性格首先表现在不怕挫折和失败，能够经受数十、数百乃至成千次失败的打击，而矢志不移、不屈不挠。强者和弱者的区别，很大程度上就是表现在对待失败的态度上，世界上的事情往往是这样：事业未成，先尝苦果。壮志未酬，先遭败绩。追求的目标越高，失败的机会也自然越多。有人渴望成功，却经受不住失败的打击，他们经过一阵子的奋斗，遭到一次乃至几次失败后，便偃旗息鼓、放弃不干了，因而最终只能成为一事无成的弱者。

许多人不明白"胜败乃兵家常事"，他们往往不能认识到表面上的失败长远看可能是有益的，在他们看来，要么失败，要么成功，既然失败了，那就不会成功。在"我失败了三次"和"我是失败者"之间有天壤之别。而且，心理上的失败也不等于实际上的失败。有的时候，心理上感到失败了，而实际上他正在前进过程之中，一个人只要心理上不屈服，他就没有真正失败，如果你在失败时，仍表现得像个胜利者，信心十足充满干劲，那情况会大不一样。

许多人在看到强者的成功时，羡慕不已，嚷嚷着要敢于冒风险，却对自己行动中哪怕是微不足道的失败都沮丧不已，这就算不上"大丈夫"的行为，要想成就大事业，就不要害怕和失败打交道，因为失败乃成功之母。

### （8）不能急功近利

任何成功不是一朝一夕便能取得的，罗马有句俗语："罗马不是一天建成的。"就简明地道出了做事不能急功近利的道理。

急于求成，过分看重追求眼前的成效，幻想鱼与熊掌兼得，好大喜功，好高骛远，不愿艰苦奋斗，不愿放弃既得蝇头小利都是急功近利的具体表现。急功近利者更容易头脑发热，看到眼前利益加局部利益而不考虑长远利益和整体利益，蛮干乱拼，为将来的惨败埋下了种子。

有些青年人，大事做不来，小事又不做，见异思迁，这山望着那山高，从不扎扎实实埋头苦干，幻想一觉醒来便获得成功，其结果只能是事倍功半或是半途而废。

要想成功，我们应把眼睛盯在目标上，把力量集中在具体工作上，脚踏实地努力学习和工作，打好坚实基础，才会走上成功大道。

### （9）坦然面对得失

世上有很多东西，如荣誉、成功、爱情、健康、财富等，都是人们努力追求的。世上没有绝对完美的人生，刻意追求的东西往往又不能轻易得手，由于天分、智力、勤奋、机遇等主客观因素，人们不可能事事顺心，要风得风，要雨得雨。俗语说："有得必有失，有失必有得。"

得失之间的利弊让人难以捉摸。得要偿失，得要大于失，是人们追求的理想，但在我们追求成功的过程中，有时失要远远大于得。面对一时的得到与失去之间的明显的不平衡，有些人可能会因此而深深陷入苦恼之中。当代诗人徐志摩曾说："得之，我幸；失之，我命。"的确，当我们苦苦追求的某一美好事物从眼前一晃消失时，我们面对既成的现实时，烦恼苦闷是丝毫不起作用的，我们只能理智地看待得失，坦然相对，泰然处之。

世上真正成功的人常能举重若轻，临危不惧深思熟虑地作出决定；并且彻底地实行这一决定，在行动上没有任何不必要的踌躇和疑虑。

### （10）果断地面对选择

果断的性格，能使我们在遇到困难时，克服不必要的犹豫和顾虑，勇往直前。有的人面对困难，左顾右盼，顾虑重重，看起来思考全面，实际上茫无头绪，不但分散了同困难作斗争的精力，更重要的是会销蚀同困难作斗争的勇气。果断，能帮助我们坚定有力地排斥胆小怕事、顾虑过多的庸人心理，把自己的思想和精力集中于执行计划本身，从而加强了自己实现计划、执行计划的能力。

现代社会竞争激烈，我们面对情况也不停变化，在变幻复杂的形势下，能够很快地分析形势，当机立断，作出正确的决定，就能赢得机会。

都说女人容易情绪化，恼怒、气愤、伤心、痛恨、悔恨……情绪化这三个字时不时就来纠缠你一番。工作、婚姻、社交、家务，常常让你分身乏术，恨不得能长出个三头六臂出来；而上司、同事、朋友，个个都有"忙上添乱"的潜质，让你几欲将他们全部添入黑名单。偏偏，婚前那个任你差遣、任你打骂、处处哄你开心的人早已经变了脸，原先的出气筒摇身一变而成生"火"炉。••••••••••

# 宣泄不良情绪的密码

心灵不可能是一泓永远宁静的湖水，当众多的不良情绪翻涌混浊的波澜时都积聚在心头，轻则自己难受，重则会演变成一场肆虐周遍的"飓风"。看来，非得通过些特殊手段，将这些不良情绪发泄掉、排解掉了。

人是有感情的，但更是有理智的，一个心理健康的人能用理智驾驭情感，而不做情感的俘虏。情绪应该宣泄，但宣泄必须合理。例如，生活中有的人不分时间、地点、场合，对引起自己不愉快的对象发牢骚，甚至采取违反道德的攻击行动，这种不当的发泄，常引起不良后果。还有的人将不良情绪胡乱发泄，找替罪羊。如在工作中不顺心回家向爱人、孩子出气，或向服务对象出气。其实，无论工作会令你多么烦恼和困苦，都不应将气转移至家人的身上，更不能转移到服务对象身上，这不仅是拿别人的错误惩罚自己，更是伤害自己最近的人的愚蠢表现。

**（1）深呼吸**

学会控制自己的怒气，是排解不良情绪的第一步。一个动不动就大发雷霆的女人，绝不是一个可爱的女人。不计后果地把自己的怒气发泄出来，自己不见得有什么好处，却往往会严重伤害到别人。大发雷霆结束了，看似怒火消了，自己却被懊恼情绪紧紧包围。"我怎么会这样?""我有这么可怕吗?"

在怒火即将化为熊熊烈焰的时候，一定要记住深呼吸、深呼吸，然后在心里默念"不要发火……"

**（2）向闺中密友倾诉**

每个女人都有一到两个死党，遇到心情不好的时候，和死党煲电话粥，或者一起出去喝咖啡聊天，把心里的不愉快统统宣泄出来。这里特别提倡和死党约好在一家环境幽雅的咖啡馆见面，因为你总不会让自己蓬头垢面地招摇过市吧，赴约之前的梳妆打扮和搭配服装，会让你的心情变得好很多的，尝试一下新鲜的妆容，换一下口红的颜色，都能转移你的种种不良情绪。而当你真的坐下来准备向女友倾诉的时候，会发现，原来的种种不满都已经无关紧要了。

**（3）高歌释放**

音乐对治疗心理疾病具有特殊的作用，而音乐疗法主要是通过听不同的乐曲把人们从不同的病理情绪中解脱出来。殊不知，除了听以外，自己唱也能起同样的作用。尤其高声歌唱，是排除紧张、激动情绪的有效手段。当人们不满情绪积压在心中时，不妨自己唱唱歌，歌的旋律、词的激励、唱歌时有节律的呼吸与运动，都可以缓解紧张情绪。俗话说，一唱解千愁。

### （4）清静、无言也是宣泄

以清静、雅致的态度平息心头的怒气，排解沉重的压抑，往往是知识型的社会成员的选择。他们情绪不佳时，既不怒吼、高歌，也不与任何人说起，只是默默地培花、弄草或摆布邮票或挥毫书、画，或逗鸟、垂钓……他们采取这类独到的宣泄方式，是因为他们哪怕在散步时都能悟出人生的许多道理来。一位"准文家"曾谈起自己的生活体验说："每当情绪起伏不平时，我就到阳台上看星星、赏月亮，夜空在闪烁的星光背后显得格外幽深。那时，我会觉得个人的成败、荣辱在宇宙面前实在不值得耿耿于怀；遇上流星，更是给我一份惊喜、一份启迪……"

对于普通人来说：生活的哲理不是那么简单就能悟出来的，恼了、闷了，如果不想对谁说、又不甘心毫无表示，便选择了更独特的宣泄方式，比如近年来风行一时的"T恤衫文化"，便是在胸或后背鲜亮地印上醒目的大字，如："别理我，烦着呢!"、"别爱我，我没钱!"等等，言简意赅，不想别人来打扰，坏情绪也全印在了T恤衫上，心中的怒气、怨气逐渐在人们异乎寻常的目光中消逝。不过，这主要是年轻人的专利。

### （5）不妨痛哭

哭是人类的一种本能，是人的不愉快情绪的直接外在流露。现实生活中除了过度激动外，哭总是由不愉快引起的。因此从医学角度讲，短时间内的痛哭是释放不良情绪的最好方法，是心理保健的有效措施。因为人在情感激动时流出的泪会产生高浓度的蛋白质，它可以减轻乃至消除人的压抑情绪。有关专家对此进行研究，其结果表明健康男女哭得要比有病者哭得多。不过只是在内心受到委屈和不幸达到极大程度时才哭，如果遇事就哭，时时哭哭啼啼，事事悲悲泣泣，反而会加重不良情绪体验。

### （6）生命在于运动

规律性运动可能是解除压力的最实际方法。做四十分钟的运动，可以减少压力长达三个小时，若是相同时间的休息却只能让你轻松二十分钟。同时，若是愈紧张，运动之后就愈能感到愉悦。现代都市男女热衷瑜珈、

SPA 这些让心灵和身体都彻底放松的减压法，然而也有不少年轻人更享受那种剧烈的、将运动元素融入其中的减压方式，像搏击操、哑铃操等，便是时下的热门之选。

### （7）给自己放一天假

读一篇小说，坐在窗前发呆或什么也不做。这时候关键是你内心的体味，一种宁静，一种放松。当然，要一个忙得不可开交的人突然放下所有的事物，的确不容易，但是每个人都需要有段空白时间。现实生活竞争激烈，如果不留些时间给自己，将会使自己显得紧张、烦躁和焦虑不安，相对地也会影响到他人。

### （8）一次只担心一件事情

女人的焦虑往往超过男人。哈佛大学的研究人员对 166 名已婚夫妇进行了 6 个星期的研究，发现了因为女人们更爱方方面面地考虑问题，所以女人们比男人更经常感到压力。她会考虑自己的工作、体重，还有每个家庭成员的健康等等。

### （9）寻求心理医生

据近期国家卫生部门公布的数字显示，我国每年有 20 万人以自杀的方式结束生命。可以说，自杀的人中，除极少数人是迫不得已而为的外，有相当一部分人是由于心理障碍一时无法得以排除而致。

当一个人在心理失去平衡时，如果能主动找心理医生治疗，让心理医生帮助他克服心理上的障碍，他压抑的情绪会得到妥善地化解。

有效地排除人们的不良情绪，让每个人都能轻松地工作、生活，已越来越引起社会学家、心理学家的重视。为了帮助人们顺利地宣泄不良情绪，如今，社会有关方面做出了很大的努力，为人们宣泄不良情绪提供了更好的选择：为数不少的电台或心理咨询机构开通了咨询热线、亮出动听而耐人寻味的节目名称或叫作《午夜心桥》、或称为《今夜不设防》等等，心绪不佳的人们可以于夜深人静之时拨通一个奇妙的号码，然后尽情地一吐胸怀，连对最亲近的朋友也不愿说的隐衷可以毫无顾虑地和盘托出，或者尽情地听接线员悦耳的声调、痛快人侃上一通人生的哲理，然后舒出一口气，便心平气和了，这无疑是一种极佳的解脱方式。

现代人的心理失衡是一种不健康状态，已经成为一种严重的社会问题。因此，必须设法摆脱心理失衡使思维正常运作，走出心灵的误区。··········

# 世纪女性的心理自助

我们常常戏言："老公要求一个'德、智、体、美、劳'全面发展的老婆"，女性经济独立对自己的要求至少是一个较好的职员。所以提高女性自己的心理调整能力是保持心理健康的首要前提。

要做 21 世纪的新女性，那么你就必须有调节自我心理的能力。

### （1）拥有自信

在这个世界上，每一个人都是独一无二的。据遗传学家研究表明，我们的父母生一个和我们非常相像的孩子的可能性是 1：1020 亿，构成我们生命组成的属性永远不会被复制。而且每个人生活的环境不同，性情、气质也完全不同。

有自信的女人不会整天张狂霸气。超越男人的方法，不是把他们压迫在自己的霸权之下，而是活得跟他们一样地舒展、自信；也不是整天向男人发出战书，或者摆出一副"皇帝轮流坐，今年到我家"的进攻态度。

自信的女人，不是目空一切，而是优雅、轻柔、笑靥生辉。不管别人如何说、如何做，你永远坚定地知道：自己最了解自己，自己最能够用合适的方式来调整自己。他们无非想从你的激烈反应中得到一些快乐，而你其实只需要淡然一笑，轻身掠过。你依旧保持着微笑和热情，你依旧不惮以最好的想法去揣测他们，因为没有人可以伤到你，你只需要不断地升华自己，珍爱自己。

自信，不是自大，自信是相信自己，也只有相信，自己才会幸福。

### （2）学会宽容

这个世上，有哪个女人不自私不小气，便是古时，亦大多相同。红楼梦中，宝钗是宽容，却终得不了真性情男子的情爱，渐老渐俗。黛玉偏小气，然实叹命薄。空有一腔诗情画意，一柱唯美灵魂，亦只能早早伴花而葬伴水而逝。时至今日的现实生活之中，宽容对于女人，却是必须。宽容对于女人来说正因为难得才显得可贵。

有一部电视剧里的一个主人公说："女人何苦难为女人哦？"为什么男人相互间可以拍肩高谈阔论，可以给人胸襟坦荡的感觉，女人却永远给人狭隘、自私的形象？女人要想真正立正于这个世界，不再依靠男人，恐怕还需要学会宽容，学会更加地自信和独立，才能坦诚地接受同伴，携手共进，从而获得真正的女人的解放。

一个宫廷聚会上，一位非常漂亮的小姐，正在用嫉妒的眼神看着不远处另一位美丽的小姐。其实，她的美已经征服了周边所有的人，可是，她看见那边那位同样美丽的小姐向一位男士露出了同样可人的笑容。于是，她愤怒了，她把她当成了敌人……

人们常常用大海一样的胸怀来形容宽宏大度的人，一个女人的宽容对于家庭来说是幸福的保证。

在长期的家庭生活中，吸引对方持续爱情的最终力量，可能不是美貌，不是浪漫，甚至也可能不是伟大的成功，而是一个人性格的明亮。这种明亮是一个人最吸引人的个性特征，而这种性格特征的底蕴在于一个女人的宽容。当然宽容也不是没有界线的，因为宽容不是妥协，虽然宽容有时需要妥协；宽容不是忍让，虽然宽容有时需要忍让；宽容不是迁就，虽然宽容有时需要迁就。但宽容更多是爱，在相爱中，爱人应该是我们的一部分。

### （3）完整独立的自我

女人不是男人的肋骨。上帝在创造了男人以后，觉得男人太寂寞了，所以他又创造了女人去帮助他。可见，即使女人来自男人的肋骨，她也没有依靠男人的理由。很多女人喜欢把男人当做饭票，把婚姻看成理想的职业，认为爱情不过是在漫漫人生中找到一个可以依赖的人。可是，男人首先是个人，然后才是男人，女人所面临的难题他同样会面临，和女人一样，他也缺少依靠。另外，就和赌博一样，把赌注都押在一起是非常冒险和危险的。在爱情中过于依赖，不但影响爱的质量，万一有所变故，自己岂不是什么都没有了吗？

新女性有完整独立的人格。在经济上，她不依靠任何人，因为她懂得坚实的经济基础，是维护自我尊严的必需。通过经济的独立，她享受着成就的满足感。在精神境界，她不是某个男人的附属品，懂得通过交友、读书、娱乐，充实自己的内心。所以，即使没有爱情的滋润，仍然活得自在而辽阔。她不为不爱自己的男人流泪，也不会因为男人的承诺而用一生去等候。她，只相信自己，不用依赖也能活得很好。

### （4）柔情加坚韧的铜钱性格

新新女性的性格犹如铜钱，外圆内方，在柔情似水的外表下，跳动着一颗坚强的心。她已经脱离了狂热女性主义者的幼稚，从不摆出一副百毒不侵的女强人的面孔，以为这样就是坚强。她深深懂得，刻意追求的强悍，与女人真正的内心世界反差太大，是毫无韧性的坚硬。因此，她用最温柔的行为出击，争取最合理的待遇与最合适的位置。而且，她从不像工作狂那样抛弃男人与爱情，她理性的去爱，不依赖爱情，却充分享受它带来的甜美；不控制情感，却把它向美好的目的地引导。男人亲近她，却从不敢轻侮她。

### （5）动感的活力四射

新女性，把全副精神用来打理事业。她们踏实、勤奋，即使只是一份工作，她们也会用对待事业的热忱去经营。做一个有干劲的女人，不是叫你在事业上和男人斗个你死我活，而是要你问自己：从第一份工作开始，我有没有为自己设定一个奋斗的目标？我，要的究竟是什么？男人会酸溜溜地说：成功女人，一定同时面对情感上的创伤。即使如此，她们仍然会善于把挫折转化为事业成功的动力，至少，不会一蹶不振。她们知道，每天规规矩矩地上下班是不够的。对事业，有点野心很好。女人，要用得体的方法为自己争取得更多。

### （6）我们每天在进步

身处日新月异的科技世界，不进则退。新新女性明白这点，所以她们不断自我充实，提升自我的知识和技能。她也许没有天生的优势，但绝对相信后天的创造。她比男人更加努力进取，不是对自己没信心，而是比男人更有雄心。所以，男人开始有紧迫感。

### （7）家庭事业两平衡

我国现代科技界的女性大都承担着事业与家庭双重角色，她们能否缓解角色冲突的压力，处理事业与家庭的关系？近期，由山东大学社会学系教授林聚任等组织完成的一次对169名女科技人才（其中包括18名女院士）的调查表明：她们绝大多数人（占80. 4%）认为自己是同时兼顾事业与家庭的，完全选择重事业的人占14. 9%，而完全选择重家庭的人仅占4. 8%。

新新女性是走钢丝的能手，在家庭和事业之间求得平衡。眼见险象环生，忽地来个漂亮翻身，又是一副悠然美态。她不是一个一成不变的角色，她流动在职业女性与贤妻良母之间，什么场次，什么角色，毫不含糊。

### （8）幽默是最大的智慧

阴沉，是内心的病症。脸上的笑容不仅传递着心里的欢愉，也是赠送给世界的一份美好礼物，因为笑容可以传染。没有幽默的态度，不懂得自嘲，心事永远打着死结，拥堵于胸，一生得不到快乐。新新女性知道幽默，知道自我开解，知道原谅，知道轻松。因为，她把快乐放在自己手心，不系在别人的言行上。

### （9）美丽——女人的永远追求

女人贪心，当然，对美一定要贪心。女人的美丽不一定天生丽质，但肯定知道如何装扮自己。让每一天的心情跟着衣妆一起神采飞扬。她们美丽着，不为取悦男人，不是虚荣的表现，是女人热爱生活与维护自尊的表达。

### （10）这个女人真"酷"

够酷的女人遇事冷静，临危不乱。她不愿意因为女人的特殊身份而享有特权：遇到危情，吓得脸色苍白，痛哭流涕，往男人的肩膀上靠，用眼泪作为捍卫自己的武器。她独立、有头脑、有能耐，可以用智慧，用个性魅力征服危难。更难得的是，她懂得在什么时候安慰男人，并且把男人的自尊照顾得很好，赢得他真心的喜爱。

幸福的女人不仅仅应该充分了解自己的生存优势，发掘自己的人生智慧，更应该拥有一种达观而快乐的心境。她们更坚信：活着就是为了快乐，这是生命中最真实的意义。·····················

# 尝试做个幸福女人

### （1）抑郁——受伤害的首先是自己

日常生活中，有抑郁倾向的女性占一定比例。当她的眉头紧锁，用敏感的眼神和敏感的心灵去揣摸别人的一言一行时，自然伤害到的首先是她们自己。而"伤害"她们的人却常常一头雾水地不知自己做错了什么。

心理处方：①多活动，除了做家务，养成散步的习惯。②多听轻松音乐。③充分利用颜色的心理效应，多穿暖色调，不穿黑色调衣服。④多与人交往，与性格外向开朗活泼的人交往。⑤挺胸抬头走路，可逐渐建立自信心，从而减少抑郁。

### （2）虚荣心——扭曲了的自尊心

一般说来女性比男性的虚荣心强，所以虚荣心带给女性的痛苦大一些。

实际上虚荣心强的人，她的深层心理是心虚，为了追求面子，打肿脸充胖子，表面的虚荣和内在的心虚总在斗争。因此虚荣心强的人至少受到来自两方面的心灵折磨。

心理处方：①追求真善美。②克服盲目攀比心理，一定要比就和自己的过去相比，看看各方面有没有进步。③珍惜自己的人格，崇尚高尚的人格。

### （3）唠叨——好心不得好报

女人的唠叨，对整个家庭来说都是噩梦。疲惫一天的丈夫回到家里，便陷入毫无头绪的抱怨和呻吟中，这时他最想做的，就是蒙头冲出家门去。而年轻活泼的子女，更不能忍受无休止的唠叨，就算他们真的很爱你，但是大量的荷尔蒙会使他们做出更让你伤心的反应来。

心理处方：①把握动机与效果相统一，唠叨的过多往往适得其反。多反思唠叨的危害。②心理位置对换。

### （4）嫉妒——心灵上的癌瘤

嫉妒是痛苦的制造者，是婚姻的破坏者，是心灵上的癌瘤。

心理处方：①树立正确的竞争心理。看到别人在某方面超过自己时，不要盯着别人的成绩怨恨，更不要把别人拉下马，而是要采取正当的策略和手段，在"干"字上狠下工夫。②树立正确的价值观，肯定别人的成绩，虚心向别人学习。③提高心理健康水平。心理健康的人总是胸怀宽阔，做人做事光明磊落；而心胸狭窄的人，才容易产生嫉妒。

### （5）传闲话——一块臭肉臭一锅汤

女人传闲话，有时会起到一块臭肉臭一锅汤的作用。据专家分析研"经常爱传闲话的人，心理一定不平衡，在这种是非的传播中，她的心理可暂时得到'打一针麻醉药'的作用。心理越不平衡时，这一针就越得打。"

心理处方：①把住牙关。病从口入，祸从口出。②多工作多学习。无事才会生非，忙起来就顾不上了。③与人为善，多看多讲多学习别人的优点。

西方有一位著名的悲剧大师曾说："人活着就是吃苦。"现实生活中有人也确实如此。她们以悲观沮丧的眼睛面对世界，甚至把生活看成是痛苦的炼狱。

## 快乐女人因为有快乐心

其实，幸福的女人从不把自己与悲剧相联系，她们懂得如何品味生命中的和风细雨及现实生活中的酸甜苦辣。她们更坚信：活着就是为了快乐，这是生命中最真实的意义。

凡事往好处想，就像除夕之夜时，家里的小孩因一时疏忽打碎了一只盘子或碗，这原本不是什么大事。可作为母亲在解决这类事情时却大不相同，有些母亲会认为这样很不吉利，于是大发其火，打了孩子，结果一家人也就过了个赌气年；而聪明的母亲却会立马笑着说："哇，好呀，这叫碎碎平安，说明今年很吉利哩！"结果大家更加开心了！

凡事都有"好"与"坏"之分，尤其当它反射到我们心灵镜面上的时候，由于掺杂了主观臆断的因素，我们心中的"好"与"坏"也就偏离了原来的真实本质。所以懂得如何快乐生活的女人，遇事从不看消极的一面。

为一些无所谓的心理障碍伤脑筋是很划不来的。也许你应该积极地表现自己健康开朗的一面，这才是对的。这里要劝那些与人交往采取消极态度的女人，尽可能赶快改变她们的处事态度。也许你会觉得改变自己的性格并不是那么的简单。这时候你不妨从模仿你所羡慕的人开始，以这种方式来改变自己的性格。当然最终的目的还是要你打破框框，走出属于自己的风格来。如果你能做到这一点，那就太好了。那些在工作表面上表现得相当杰出的上班族，其实有一大半都是这类型的人。她们很容易就会找出一种方式或一种理由，来化解心中的迷雾和不快乐的情绪。

"做女人难，做竞争社会的女人更是难上加难。"身为现代女人，对这句话的感触一定颇多：我们要享有与男人一样的价值及社会肯定，我们要在家里给夫儿撑起一片足够晴朗的天空，我们还要充实自己、滋润自己，把自己从里到外地打理成既贤淑又温柔、既挣得到钞票又会撒娇、既上得厅堂又下得厨房的"新好女人"。

"新好女人"有时会很累。尽管她们可能家庭和睦、事业有成，可是生活中的种种困厄、烦心、不平衡、竞争、攀比、惧怕经常汇成生活中的苦海，使她们的心找不到家。

有这样一些女人，她们聪明美丽、有钱有亲，又有男人宠着疼着，可她们说："我要是能……就好了。"她们的心并不快乐。

也有这样一些女人，她们没有诸多的生存优势抑或生存际遇，她们做事要历经周折，不太顺意。可是她们活得气定神闲、悠然自得，她们说："生活就是这样，所以别无他样。"

这两种女人有不同的处世态度和方法，结果会有很大的不同。女人和男人毕竟有所不同，故我们常有许多不同于男人的苦恼烦忧。为着渡出我们人生的"苦海"做一个成功幸福快乐的妇人，我们需要找到自己的"智慧之舟。"这舟是有的，那就是建立起女人的好心态。

这种心态，其实是人生智慧在我们精神性格中的深厚积淀。女人拥有好心态，就是拥有了一份幸福生活的美好资本。